KB253364

별종, 괴짜

그리고
아스퍼거 증후군

아스퍼거 증후군 청소년을 위한 생활지침서

Luke Jackson 지음
이주현 옮김

학지사

Freaks, Geeks & Asperger Syndrome: A User Guide to Adolescence
by Luke Jackson

엠마 – 제인을 기억하며
얼마나 작고, 얼마나 아름다우며,
얼마나 사랑스럽고 또 얼마나 그리워했나.

만약 한 사람이 그의 동료들과 보조를 맞추지 않고 있다면 그것은 아마 그가 다른 북소리를 듣고 있기 때문일 것이다. 그 사람이 자신이 듣는 음악에 맞추어 걸어가도록 내버려 두자. 그 북소리의 음률이 어떻든, 또 얼마나 먼 곳에서 들리든 간에.

❧ 헨리 데이비드 소로, 1854 ❧

자신이 어디에도 속하지 않는다고 느끼는 사람들에게,
다르다는 것은 쿨하다는 것을 항상 기억하라!

1

아스퍼거 증후군에서는 사회적 상호작용과 의사소통의 어려움, 제한적 관심사, 둔감한 운동신경, 민감한 감각 등의 증상들이 관찰된다. 이러한 특징을 이해하지 못할 때 자칫 반항적인 것으로 이해하여 체벌 등이 이루어질 수 있는데, 이는 아스퍼거 증후군을 지닌 아이들과 부모, 교사들 간의 관계 악화로 이어지는 경우가 많다. 또한 이러한 상황은 아이들의 마음에 상처가 되고 이차적인 정서장애를 초래하기도 한다.

"사랑하면 알게 되고 알게 되면 보이나니 그때 보이는 것은 예전과 다르리라."

유홍준의 『나의 문화유산 답사기』를 통해 널리 알려진 이 문구는 아이들을 보호하고 도움을 주어야 하는 부모, 교사 그리고 이 사회에 꼭 필요한 경구다.

아스퍼거 증후군을 지닌 아이들을 돕기 위해서는 정신과 의사, 특수교사, 치료사, 부모 등의 통합적이고 체계적인 접근이 중요하다. 그중에서도 아이들과 가장 가까이에서 오랜 시간을 함께하는 부모와의 애착 형성과 올바른 자녀 양육과 관련한 부모 교육이 가장 중요하다고 하겠다. 내가 미국에서 돌아와 서울대학교병원 소아정신과에서 '모아 애착 증진 프로그램'을 만들어 진행해 온 것도 이러한 이유에서다.

평소 아스퍼거 증후군에 관심이 많았던 이주현 선생이 부모와 아이들이 쉽게 읽고 도움을 받을 수 있는 좋은 책을 번역하여 출간하게 된 것은 많은 사람들에게 값진 일이다.

소아정신과의 역할이 사회적으로 점차 중요해지고 있는 지금, 소아정신과 의사들의 책임과 사회적 봉사도 중요해진다. 이주현 선생의 이러한 작업은 좋은 본보기라 하겠다.

2009년 5월
한국자살예방협회 회장
서울대학교병원 소아정신과 교수
홍강의

 추천사

2

스웨덴의 한 역학조사에 의하면 아스퍼거 증후군은 정상 지능의 아동 1만 명당 10~26명의 비율이 최소한의 소견으로 여겨지고, 그 유병률은 점차 늘어나고 있다. 이것은 실제 아스퍼거 증후군의 증가라기보다는 아스퍼거 증후군에 대한 인식의 증가 때문이라고 할 수 있다. 자폐 스펙트럼 장애는 최근 소아정신과에서 가장 많은 관심 속에 연구되는 분야다.

『별종, 괴짜 그리고 아스퍼거 증후군』은 아스퍼거 증후군을 지닌 열세 살짜리 소년이 직접 쓴, 매우 흥미로운 책이다. 이 책은 아스퍼거 증후군에 대한 유머 있고 위트 있는 표현뿐만 아니라 '자기 자신이 되라.'는 인생에 대한 철학적 고찰까지 담고 있다. 그러한 의미에서 아스퍼거 증후군에 대한 단순한 개괄서의 차원을 넘어 우리 사회의 다양한 개성을 가진 사람들의 차이에 대한 완고함과 편협함을 되돌아보게 하는 힘이 있다. 이 책은 아스퍼거 증후군을 단지 하나의 장애가 아니라 또 다른 삶의 형태로 받아들이고 그들이 자신의 강점을 키워 낼 수 있는 사회적 배려의 필요성을 다시 한 번 느끼게 해 준다.

현재 우리나라에서는 아스퍼거 증후군 청소년들을 도울 수 있는 연구들이 많이 이루어지고 있지 않다. 앞으로 많은 젊은 연구자들이 이 분야에 대한 연구에 매진하여 우리의 아이들과 부모들에게 실질적으로 도움이 되는 다양한 성과를 보여 주길 바란다.

이런 좋은 책을 소개해 준 이주현 선생님의 노고에 감사드리고, 이 책이 많은 부모와 아이들에게 도움이 되리라고 기대해 본다.

2009년 5월
대한신경정신의학회 이사장
서울대학교병원 소아정신과 교수
조수철

 추천사

드디어 우리는 아스퍼거 증후군 진단을 받은 열세 살 소년이 쓴, 아스퍼거 증후군을 지닌 청소년들을 위한 책을 가지게 되었다. 루크 잭슨(Luke Jackson)은 그의 동료들을 고무시키는 도전에 있어서 전문가다. 그는 아스퍼거 증후군이라는 진단에 대한 주관적 입장에서의 설명에서부터 왕따와 데이트 게임에 대한 경험담까지 여러 주제에 대해 조사했다. 루크는 같은 처지의 청소년들에게 멘토가 되었고 독자들과 마치 대화하듯이 글을 썼다. 아스퍼거 증후군에 대한 여러 연구들은 아스퍼거 증후군을 지닌 사람들이 다른 사람들의 생각이나 감정을 개념화하기 어렵다고 언급하지만 루크는 동료 청소년들의 생각과 부모와 교사들의 염려에 대한 명료한 통찰력을 가지고 있다. 그는 또한 동료 청소년들에게 어필할 수 있는, 뛰어난 유머 감각을 가지고 있다.

이 책에는 다른 문헌에서는 찾아볼 수 없는 설명과 전략들이 각 장에 포함되어 있다. 루크는 아스퍼거 증후군 진단을 받는 것과 이것을 아주 긍정적인 태도로 받아들이는 것의 중요성을 설명한다. '나는 어떤 사람들이 장애라고 부르는 것을 재능이라고 부른다.' 그의 이와 같은 유추와 묘사는 독특하다. 이 책은 매혹과 집착, 감각 인식, 음식, 수면, 십대들의 언어, 학교에서의 사교적 활동의 어려움, 숙제, 왕따에 대처하기, 데이트 중에 해야 할 일과 하지 말아야 할 일, 도덕적 딜레마와 아스퍼거 증후군을 지닌 이들을 특히 혼란스럽게 하는 관용구에 대한 설명 등의 주제들을 포괄한다. 이 책을 읽으면서 나는 삶의 경험들을 묘사하는 그의 능력에 대해 감탄하기 시작했고 부모와 교사 그리고 전문가들에게 정말로 도움이 될 그의 조언들의 가치를 깨닫게 되었다. 나는 이제 루크의 지혜를 나의 임상적인 작업에 받아들임으로써 도움을 받게 될 것이다.

이 책은 '다르다는 것이 쿨하다는 것을 항상 기억하는, 자신이 어디에도 속하지 않는다고 느끼는 사람들에게' 헌정되었다. 종종 불안하고 우울하게 느끼며, 괴롭힘을 당하는 자아 존중감이 낮은 아스퍼거 증후군 청소년들에게 루크의 책은 감정적 원기회복제가 될 것이다. 그의 스타일은 유쾌하고 교육적이지만 나는 또한 치료적이라고 덧붙이고 싶다. 이 책은 아스퍼거 증후군에 대한 우리의 이해를 증진시킬 것이며, 태도를 바꾸게 하고 황량한 절망감을 통찰력과 웃음으로 바꾸어 줄 것이다.

토니 애트우드

  서문

아스퍼거 증후군을 가진 사람들은 일상적인 반복과 익숙함을 좋아한다. 그리고 나도 다르지 않다. 이 책을 읽는 여러분, 특히 이미 나의 다른 책을 읽은 경우에는 나의 글 쓰는 방식과 내가 말하는 내용을 예측할 수 있기 때문에 지루해할 수 있다는 점을 나는 이미 알고 있다.

비록 지루할지라도 나는 몇 명에게 감사 인사를 하고 싶다. 지금이 다른 어떤 경우보다 그들에게 감사 인사를 하기에 제일 좋아 보이기 때문이다. 여러분 중에 이미 이 감사 인사를 읽은 분들은 제발 나를 이해해 주기 바란다.

먼저 이 책과 나의 인생 전반에 큰 도움을 주신 나의 어머니(별칭 슈퍼우먼)에게 큰 감사를 드리고 기립 박수를 보낸다.

출판사 사장님 제시카, 책을 출간하는 것을 도와주었을 뿐만 아니라 좋은 친구가 되어 준 것에 대해서

사라, 안나 그리고 레이첼, 음……, 이 책의 데이트 장을 쓰는 데 도와준 것에 대해서

매튜, 조셉 그리고 벤, 나의 좋은 형제가 되어 준 것에 대해서. 함께 즐겁게 논 모든 시간에 대해 감사한다.

마릴린 르 브르통, 나에게 무(無) 글루텐/카세인 식이요법(gluten-free/casein-free(GF/CF) diet)에 대해 영감을 불어넣고 격려해 준 것에 대해서. 이것이 없었다면 나는 오늘 이 자리에 있지 못했을 것이다.

폴 샤톡, 기대에 어긋나지 않는 연구로 나를 그토록 기분 좋게 해 준 것에 대해(미안, 폴, 지난번 책에서 깜박했어요.)

줄리아 리치, 내가 별종이 아니라는 것을 깨닫게 해 준 것에 대해

나의 태권도 사범님 마스터 워딩턴, 내가 새롭게 자신감과 운동신경을 발견하도록 도와주신 것에 대해 감사드린다.

차 례
CONTENTS

CHAPTER 01

소개 – 나와 나의 가족 ⋯ 17

CHAPTER 02

아스퍼거 증후군과 자폐 스펙트럼 ⋯ 25

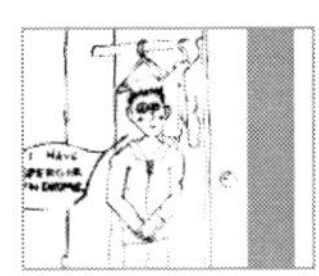

CHAPTER 03

말할 것인가, 말하지 않을 것인가 ⋯ 41

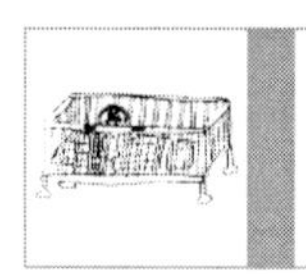

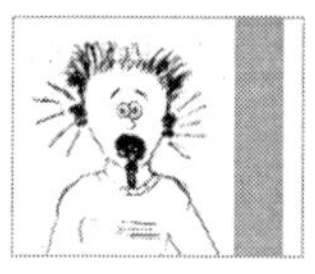

CHAPTER 01

소개 – 나와 나의 가족

나의 이름은 루크 크리스토퍼 잭슨이다. 나는 갈색의 짧은 머리카락을 가졌다. 비록 기름기가 줄줄 흐르지만. 나는 한때 그것을 젤로 뾰족뾰족하게 세웠었다. 책 뒤쪽의 저자 소개에서 내 사진을 볼 수 있다. 나는 녹색빛이 도는 푸른 눈을 가졌다. 그것은 마치 바다처럼 보인다. 엄마는 내 눈이 '깊다'고 하셨다. 나는 그것이 우스꽝스럽게 들린다는 것을 안다—눈은 단지 각막에서 안구까지의 깊이밖에 되지 않는다. 나는 종종 내 자신이 깊다고 이야기한다. 그것은 내가 생각을 많이 한다는 것을 의미한다. 나는 내 나이에 비해 꽤 작다. 하지만 나의 가족들 모두가 그렇다. 나는 그것이 유전임에 틀림없다고 생각한다.

나는 내 자신이 쓸모 있고 꽤 친절하다고 생각하고 싶다. 나는 매우 예의 바르다. 그리고 내가 생각하기에 그것은 매우 중요하다.

나는 이 책을 여러 가지 이유에서 썼다. 십대가 되면서 나는 모든 종류의 질문들을 물어보아야 했고 완전히 새로운 형태의 어려움에 마주치게 되었다. 인터넷에서 나의 질문들에 대답을 해 줄 책을 찾고 또 찾았지만 그런 책은 없었다. 특히 아스퍼거 증후군을 지닌 청소년을 위한 책은 전혀 없었다. 청소년을 위한 책은 풍부했지만, 나 같은 사람(나는 곧 내가 왜 다른지 설명할 것이다)을 위한 책은 없었다. 나는 글쓰기를 좋아하고 다른 사람들을 돕는 것을 좋아한다. 그래서 내가 이 책을 씀으로써, 아스퍼거 증후군인 청소년들이 가지는 어떤 질문들에 대답을 제시하고, 동시에 부모님들과 돌보는 사람들이 자신의 자녀를 좀 더 이해할 수 있게 되기를 희망한다. 이 책을 쓴 또 다른 이유는 어떤 종류의 전문가들이든지 이것을 읽고 나와 비슷한 많고 많은 사람들을 이해하기 시작하기를 희망하기 때문이다.

그래서 만약에 당신이 전문가라면 이 책을 그냥 덮어 버리지 말고 내가 깜찍한 아이라고 생각해 주길……. 제발 읽고 좀 더 공부해 주세요. 나는 여러분이 공부하는 동안 스스로 즐기기를 기대한다!

내 자신에 대해 좀 더 쓰기 전에 내 가족에 대해 이야기하고 싶다. 내가 생각하기에 우리 가족은 꽤 흥미롭다. 나의 가족은 나를 비롯해 6명의 형제들 그리고 엄마, 이렇게 8명이다. 엄마, 물론 우리들은 그녀를 엄마라고 부르지만 그녀의 실제 이름은 재클린 캐롤이다. 나의 큰형 매튜 리처드는 열여덟 살이고, 첫째 누나 레이첼 루이스는 열여섯 살, 둘째 누나 사라 엘리자베스는 열네 살이다. 최근에 나는 열세 살이 되었다. 나의 동생들, 안나 레베카는 열한 살, 조셉 데이비드는 여덟 살, 그리고 막내 벤 커티스는 다섯 살이다.

큰형 매튜의 일생의 야망은 해군이 되는 것이다. 이것은 아이러니인데, 왜냐하면 엄마는 절대로 총이나 그 비슷한 장난감조차 좋아하지 않기 때문이다. 우리 집에는 장난감 총이 있었던 적이 한 번도 없지만 매튜는 이제 매주 해군 사관학교에 가서 진짜 총을 닦는다! 매튜는 미숙아로 태어났다. 태어났을 당시 매튜는 '설탕봉지'(모두들 그렇게 이야기한다)보다 가벼웠다고 한다. 막내 벤이 태어났을 때 우리 모두가 그를 보러 신생아실에 가곤 했는데, 그곳의 간호사들끼리 "너 매튜 기억해? 걔는 24주짜리였어."라고 이야기하곤 했다. 얼마나 이상한 표현인가! 이것은 그가 임신 24주째 태어났다는 것을 의미한다. 그는 난독증과 통합운동장애(이것은 몸치라는 뜻이다)를 가지고 있다. 이런, 그는 몸치다! 그는 꼴사나운 군용 부츠에 덮인 정말로 큰 발을 가졌다. 그는 구부정하게 서고 쿵쿵 소리를 내는 트롤을 닮았다. 그의 어깨 위에 큰 곤봉만 얹는다면 그림이 딱 완성될 텐데! 우리는 대부분의 시간을 친하게 지냈다. 그는 좋은 형이고 우리는 함께 재미있게 지낸다.

레이첼은 여러 방면에서, 사실 모든 방면에서 아주 재능이 많다. 레이첼이 하지 못하는 것은 없다. 그녀는 매우 사교적이고 인기가 많다. 특히 남자들에게! 레이첼은 노래하고 노래하고 노래한다. 그녀는 가수가 되고 싶다고 말한다. 그녀는 정말로 좋은 목소리를 가졌지만 그 소리가 나의 신경을 거슬리게 한다는 것을 인정해야만 하겠다. 그녀는 예술, 특히 그리기에 정말로 뛰어나다. 그녀의 그림 중 어떤 것들은 정말로 놀라워서 그녀가 종종 나를 괴롭힘에도 불구하고 칭찬을 하지 않을 수 없다. 그녀가 나를 괴롭히는 것은 그녀가 나와 완전히 정반대이기 때문이라고 생각한다. 그래서 우리는 서로를 잘 이해하지 못한다.

사라도 몇 가지 재능이 있는데, 그녀는 현란한 댄서다. 그녀는 최근 학교 연극에서 춤추는 암탉이었고 이 방면에서는 누구도 그녀를 능가하지 못한다. 사라는 웃음을 유발하는 아주 많은 점들을 가지고 있지만 가장 재미있는 것은 그녀가 이러한 사실을 전혀 모른다는 것이다. 그녀는 청력에 문제가 있는 것처럼 보인다. 엄마가 그녀에게 "차 한 잔 가져다줄래, 사라?"라고 말하면 사라는 엄마를 의미심장하게 쳐다보고 "오오(Ooh)"라고 대답한다. 그것이 대부분의 일에 대한 그녀의 대답이다. 그녀는 완전히 머리가 텅 빈 것처럼 보이지만 이제 나는 그녀가 생각을 많이 하고 열심히 일한다는 것을 안다. 학교에서 그녀는 매우 조용하다. 그녀는 실제로 나와 많이 비슷하다. 그녀는 정말로 문자 그대로 사물을 받아들이고, 우연히 그녀를 찌르거나 건드리면 누구라도 경계한다. 그녀는 자신의 공간을 침입하는 것을 좋아하지 않는다!

내가 생각하기에 안나는 점점 레이첼처럼 되어 갈 것 같다. 그녀는 인기 있고 다 자란 것처럼 행동하려고 꽤 힘들게 노력한다. 그녀도 아주 훌륭한 댄서다. 하지만 안나가 정말로 재능이 있는 것은 시를 짓는 것이다. 그녀는 정말 빨리 시를 생각해 낼 수 있다. 그녀는 나의 형제들과 나에 대해서 몇 편의 시를 썼다. 그녀는 벤을 정말 잘 돌봐주고 내가 생각하기에 우리 가족들 중 누구보다도(물론 엄마는 제외하고) 벤을 가장 합리적으로 대한다. 그녀는 작은 엄마 같다. 안나는 음

 별종, 괴짜 그리고 아스퍼거 증후군

식을 좋아한다. 특히 단 것을! 그리고 이것이 안나를 설명하는 결정적인 한마디다! 그녀가 지금 우리 곁에 있는 것은 아주 도움이 된다. 왜냐하면 그녀는 요리하는 것을 좋아하고 항상 새로운 요리를 시도하기 때문이다. 그녀는 아주 훌륭한, 글루텐과 카세인이 없는 몇 가지 수프(이것은 우리가 먹는 특별 식이요법으로 나중에 말할 것이다)를 만든다.

조셉은 경청에 큰 어려움을 가지고 있고 과잉행동적이다. 그는 더 이상 뛰거나 돌아다니지는 않는다. 최근에 아주 많이 좋아졌지만 그는 여전히 경청하고 집중하는 데 심각한 어려움을 가지고 있다. 조셉은 ADHD(attention deficit/hyperactivity disorder), 즉 주의력결핍 과잉행동장애를 지니고 있다. 특별 식이요법을 해 온 이후 ADHD에서 과잉행동(H)은 꽤 많이 사라졌지만 주의력(A)의 문제는 여전히 남아 있다. 그의 학교에서는 그가 경청하고 집중할 수 있는 방법을 찾기 위해서 노력하고 있다.

지금 우리 반에 조(조셉의 애칭)처럼 행동하는 남자아이가 있는데, 그는 진짜 분별이 없고 솔직히 말하면 대부분의 시간 동안 매우 웃긴다. 그 애는 다른 사람의 이야기를 듣지도 않고 가장 어리석고 충동적인 행동을 한다. 후에 그 애가 주의력결핍 과잉행동장애를 가지고 있다는 것을 알고 모든 일들이 갑자기 이해되었다. 조가 훨씬 '엉망진창'이긴 하지만 그는 거의 조와 같았다.

조는 내가 지금까지 만난 사람들 중 가장 상상 이상의 사람이다. 나는 그가 위대한 소설가가 될 거라고 생각한다. 이것에 대한 가장 확실한 증거가 그가 '이야기'할 때 사람들은 어디까지가 진실이고 어디까지가 허구인지 구별하지 못한다는 것이다. 가끔 나는 조가 어느 쪽을 진실로 알고 있는지 의심스럽다! 엄마는 조가 너무 그럴 듯하게 이야기를 해서 누군가에게 어떤 것에 대해 나쁘게 이야기해도 그 사람들이 그대로 믿을까 봐 매우 걱정하신다.

나는 몇 년 전에 엄마가 조를 데리러 학교에 갔을 때 있었던 일을 기억한다. 조의 보조 선생님은 반에서 조를 데리고 나왔다. "안녕, 조, 오늘 즐거웠니?" 하고 엄마가 쾌활하게 물으셨다. 그러자 조는 "아, 네. 감사하게도 우리 선생님이 오늘은 저를 한 번도 안 때리셨어요."라고 말했다. 불쌍한 그의 선생님은 얼굴이 빨개지고 심지어 엄마도 충격을 받은 듯 보였다. 만약 자폐 스펙트럼 상에 있는 사람이 상상력과 관계된 문제를 가지고 있다면 그것은 확실히 조를 이야기하는 것일 것이다 —그것은 현실과 환상 사이의 선이 어디에 있는지를 알아내는 능력에 장애가 있는 것이다!

우리 형제의 맨 끝, 막내는 벤이다. 벤도 너무 일찍 태어나 뇌출혈을 일으켜 근육 조정에 문제가 있다. 잘 때 다리에 경련을 일으키곤 했고 몸이 뒤로 젖혀졌었다. 벤이 허리를 가누고 앉기까지는 2년 반 이상이 걸렸다. 그렇게 자신 있어 하지는 않지만 지금은 걸을 수도 있다. 그는 점프하는 것을 좋아하지만 절대로 그것을 할 수 없다. 벤이 뛰려고 할 때 다리가 비틀거리는 것을 보면 안타깝다. 그가 머리를 축 늘어뜨리고 나름 빨리 걷는 것을 보면 마치 그의 몸이 머리를 따라잡으려고 애쓰는 것처럼 보인다. 외출해서 익숙하지 않은 곳에 가면 벤은 기어 다닌다.

벤 역시 자폐증이 있고 때로는 완전히 이상하다. 그가 곧잘 했던 행동은 물건을 한 줄로 세우기와 얼굴 앞에서 손가락 튕기기다. 우리는 모두 특별 식이요법을 하는데(아까도 말했었지만 이것에 대해 뒤에서 좀 더 설명할 것이다) 벤은 그 후로 정말 많이 바뀌었다. 이제 벤은 전처럼 '자기만의 세계에 갇힌' 자폐증 아이가 아니라 '활동적인데 조금 이상한' 아이다.

벤은 감각에 큰 어려움이 있다. 모든 것이 그에게는 극단적이 되는 것 같다. 벤은 손가락으로 귀를 막은 채 많은 시간을 보내고 지금은 말을 더 잘하기는 하지만 거의 모든 것에 '지나치게 시끄럽게' 소리를 지른다. 그는 옷을 입는 것도 싫어하고 만약 옷을 입으려면 라벨을 다 잘라 내야 한다. 벤은 멀리서도 라벨을 알아본다. 엄마는 수년 동안 벤이 감각 자극에 예민하지 않도록 만들려고 온갖 애를 쓰셨고 이제는 풀이나 마른 모래를 만지고 잠시 동안은 물감도 참을 수 있다. 아무도 손가락으로 귀를 막은 채 평생을 보낼 수는 없으니 이러한 일들에는 가능한 한 많은 도움이 필요하다.

벤은 다른 사람이 이야기하는 것을 이해하는 데 매우 힘이 드는데, 식이요법을 한 이후의 차이는 그래도 이해하고 싶어 한다는 점이다. 그는 사람들에게 다가가 몸을 핥고 얼굴을 바짝 대고 '날씬한 새디' 를 노래한다. 그는 매우 이해하기가 힘들고 말도 잘 못해서, 보고 있으면 정말 재미있지만 사실은 벤이 참 안 되었다는 생각이 든다. 벤에게는 대부분의 시간이 혼란스럽다. 그는 믿기 어려울 정도로 플레이 스테이션을 잘한다. 엄마보다 훨씬 더 잘한다. 하지만 그것이 그렇게 어렵지는 않다.

보시다시피 우리 가족은 나이와 개성이 다양하다. 비록 가끔은 서로를 화나게도 하고 싸우기도 하지만 우리는 재미있게 지낸다.

　나는 말이 잘 안 되는 것 같아 보이지만 자주 쓰이는 표현들에 관심이 매우 많다. 그것들은 관용구라고 불린다. 우리 가족들과 연관되어서 떠오르는 것들은 '요리사가 많으면 수프를 망친다(Too many cooks spoil the broth.).'와 '손이 많으면 일이 쉽다(Many hands make light work.).'는 것이다. 각각의 표현이 무엇을 뜻하는지 중간에 일일이 설명하는 것보다는 내가 사용한 관용구들과 그 뜻을 책 뒷부분에 모아 두었다. 그것은 여러분이 계속 읽도록 하는 좋은 장치이기도 하다! 그러니 만약 내가 중간중간에 애매한 문장을 쓰면 책 뒷부분으로 가서 확인해 보기 바란다.

 별종, 괴짜 그리고 아스퍼거 증후군

CHAPTER 02

아스퍼거 증후군과
자폐 스펙트럼

나의 가족에 대해 읽고 여러분은 '그래, 꽤 재미있네. 하지만 책을 쓸 정도는 아닌데.' 라고 생각할지도 모른다. 그럼, 이제 여러분에게 내가 왜 이 책을 썼는지를 이야기하겠다.

나의 특이한 점은, 어떤 사람들은 장애라고 부르지만 나는 재능이라고 부르는 것─ '아스퍼거 증후군'을 가지고 있다는 점이다. 아스퍼거 증후군에 관한 책들은 많이 있지만 실제로 아스퍼거 증후군을 가진 사람이 쓴 책은 적다고 알고 있다. 나는 내 자신과 삶에 대한 나의 관점에 대해 쓴 글이, 다른 사람들이 그들 자신과 그들의 자녀들을 더 잘 이해하는 데 도움이 되기를 바란다. 나는 이제 겨우 열세 살이니 삶에 대한 나의 견해가 성인들과는 다를 수 있다. 그리고 다르지 않을 수도 있다. 엄마는 항상 내가 서른이 되어 가는 열세 살이라고 말씀하신다. 그 말은 내가 지금 내 나이보다 더 어른스럽게 말하고 행동한다는 것을 뜻한다.

비록 내가 십대이고 아스퍼거 증후군이 있지만 나는 내 책이 나보다 더 어리거나 더 나이가 많은 사람들을 도와주고, 단지 아스퍼거 증후군만이 아닌, 자폐 스펙트럼 상의 어딘가에 있는 사람들도 도울 수 있기를 바란다. 비록 자폐 스펙트럼 상에 있는 사람들은 우리와 매우 다르지만, 사고하고 세상을 지각하는 방식에는 많은 유사점들이 있다. 나는 이것을 나의 남자 형제들을 통해서 알고 있다.

나는 도움을 주는 것을 좋아하고 자폐 스펙트럼 상에 있는 다른 아이들을 돕는 것을 특히 더 좋아한다. 만약 아스퍼거 증후군을 지닌 십대 청소년들이 이 책을 읽고 있다면 여러분이 무리 속에서 돋보이는 것을 얼마나 힘들어하는지 그리고 얼마나 절실하게 무리 속에 섞이고 싶어하는지 나도 알고 있다고 말해 주고 싶다. 이 책에는 여러분을 위해 내가 줄 수 있는 모든 조언들이 담겨 있다. 내가 평범한 소년(여기에 대해서는 확실히 말할 수 있다!)이고 지극히 개인적인 관점에서 글을 썼지만, 아스퍼거 증후군을 지닌 소녀들이나 그들의 부모님들과 보호자들은 이 글이 여러분에게는 적용되지 않는다고 생각하지 마라. 많은 부분 연관되고, 도움이 될 거라고 나는 확신한다.

이 책에는 아스퍼거 증후군에 대한 약간의 설명이 있지만 이 책이 아스퍼거 증후군을 소개하는 목적은 아니므로 그렇게 자세하지는 않다. 그런 책들은 아주 많다. 〈추천 도서〉 목록을 보라. 아스퍼거 증후군은 자폐증이라는 우산 밑에 있다. 자폐 스펙트럼에 대해 생각할 때, 하나의 우산 밑에 많은 사람들이 서로 다른 자리에 서 있는 상황을 떠

 별종, 괴짜 그리고 아스퍼거 증후군

올려 보면 이해하기 쉽다. 이런 비유에서의 문제점은 어떤 사람은 다른 사람들보다 비를 훨씬 더 많이 맞는데, 그것이 실제로 한 우산 밑에서는 일어나지 않는다는 점이다.

비는 결코 내리지 않고 퍼붓는다(It never rains but it pours)—우산에 관한 이야기가 내게 이 표현을 상기시켜 준다. 나는 '메뚜기 같은 마음(Grasshopper mind)'을 가지고 있을 뿐이다. 어떤 비유도 몇몇 종류의 자폐증을 가지고 있는 다양한 사람들을 정확하게 설명할 수 없다고 확신하므로 나는 더 이상 그것을 비교하는 데 애쓰지 않겠다.

아스퍼거 증후군은 흔히 가벼운 자폐증으로 설명된다. 비록 좋은 점이 나쁜 점보다 많은 것은 확실하지만 분명 가볍지만은 않다. 이 책을 읽고 있는 아스퍼거 증후군을 지닌 많은 분들, 여러분이 다른 행성에서 온 것임이 틀림없는 것처럼 느꼈던 날들 중의 하루를 지내고 있다면, 자신이 단지 '가벼운' 문제를 가지고 있다고 느끼는가?

어떤 사람들은 아스퍼거 증후군을 의사소통장애라고 부른다. 어떤 면에서는 우리가 다른 사람들과 의사소통을 하고 있을지라도 그것은 전화선들이 서로 혼선되어 잘못된 메시지들을 받는 것과 같기 때문에 그 표현이 정확하다고 생각한다. 우리와 의사소통을 하는 다른 사람들에게도 마찬가지로 이러한 왜곡이 어느 정도는 일시적으로 일어난다.

아스퍼거 증후군 여러분, 내가 여기서 약간 애매하게 이야기했다면 미안해요. 나는 사람들이 그렇게 이야기하는 것을 싫어하는데 여기서 내가 그렇게 하네요. 그럼에도 불구하고 나는 책을 쓰고 있어요! 전화선이 우리에게서 아스퍼거 증후군이 아닌 사람에게로 간다고 했을 때 단어들이 선들을 따라 옮겨 가면서 뒤섞이고 왜곡된다는 것이다.

어쨌든 다른 책들에서는 자폐증과 아스퍼거 증후군에 대해서 이렇게 말한다. 확실히 자폐증과 아스퍼거 증후군 모두에 있어서 사람들은 세 가지의 장해(impairments)를 가지고 있다. 나는 내가 읽은 것으로부터 이것에 대해 조금 알고 있다(그리고 물론 개인적인 경험으로부터도). 이러한 장해들은 의사소통, 사회적인 상호작용 그리고 상상력에 관한 것이다. 반복적인 행동, 집착과 감각적인 문제들도 비록 항상 존재하지는 않지만 종종 그 문제들의 일부가 된다. 엄마는 어디에

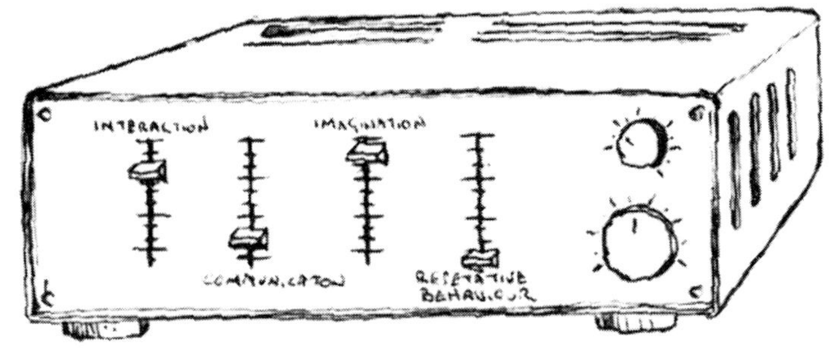

■ 사라의 그림

선가 읽었다고 내게 이야기해 주었는데 누군가 이런 문제들을 이퀄라이저에 비교했고 자폐 스펙트럼에 있는 모든 사람들이 각각의 문제에 대해 다른 레벨을 가지고 있다는 것이었다. 나는 이것이 정말 훌륭한 비유라고 생각하고 이것을 생각한 사람이 누구든지 간에 감사하다!

의사소통, 사회적인 상호작용과 상상력에 관한 문제들은 모두에게 다르게 작용한다. 자폐 스펙트럼의 보다 낮은 단계에 있는 어떤 사람들은 전혀 말을 못할 수도 있다. 반면에 아스퍼거 증후군을 가지고 있거나 고기능 자폐증인 사람들은 조금 다르게 이야기하고, 얼굴 표정과 몸짓과 같은 많은 다른 형태의 의사소통을 이해하는 데 어려움이 있어 보인다. 비록 대다수의 사람들이 이해하는 것처럼 빠르게 이해되지는 않겠지만(그리고 그렇게 이해하고 싶지도 않지만!) 이러한 것들을 어느 정도까지는 배울 수 있다고 나는 생각한다.

확실히 나는 매우 현학적이고 천천히 단조롭게 이야기한다. 누나들은 종종 내가 그렇다고 이야기한다! 또 언제 내가 상대를 지루하게 하고 있는지 모르기 때문에 의사소통에 문제가 있다는 이야기를 듣는다. 나는 그 말이 맞다고 생각한다. 나는 컴퓨터에 대해서 말하기를 좋아하는데, 대개 다른 사람들이 그렇지 않다는 것을 알아차리지 못한다. 실제로 나는 괜찮은 사람이지만 컴퓨터에 관한 생각을 하고 있을 때에는 다른 어떤 사람에 대해서도 생각하지 못한다.

사회적인 상호작용에 관한 문제들도 매우 다양할 수 있다. 눈맞춤이 빈약하거나 거의 없을 때는 내가 아무리 반박한다고 해도 사회적인 상호작용에 문제가 있어 보인다. 그것은 눈맞춤을 원하는 사람들에게는 문제다.

우리 집에 오는 사람들은 벤이 사회적인 상호작용에 어려움이 있다는 것을 알아차리지 못한다. 집에서는 꽤 사교적이고 편안하기 때문이다. 벤은 밖에 나가면 사람들에게 다가가서 그들의 발을 핥거나 그들의 얼굴 바로 앞에서 씩 웃고 계속해서 "이름이 뭐예요?"라고 이야기한다. 아무리 여러 번 사람들이 대답을 해도 그는 계속해서 씩씩거리고 같은 말을 반복하고 또 반복한다.

조도 역시 사회적인 상호작용에 문제가 있지만 확실히 나와 같은 식은 아니다. 조는 낯선 사람들에게 다가가서 그들과 잡담을 나누고 그들에게 우리의 신상 이야기를 하고 온갖 종류의 개인적인 질문들을 하며 내가 알기로는 다른 사람들이 무례하다고 생각할 만한 이야기들을 한다. 우리는 최근에 신발 가게에서 발 치수를 잰 적이 있다. 그때 여자 분이 조에게 질문을 했는데 그는 무시했다. 그녀는 반복해서 물었고 조는 "오, 미안해요. 나는 당신 눈이 사시라서 당신이 내게 이야기하는 것인지 몰랐어요."(그녀는 정말 사시였다)라고 이야기했다.

나는 단지 의사소통과 사회적인 상호작용에 관련된 이러한 문제들

 별종, 괴짜 그리고 아스퍼거 증후군

이 사람에 따라 각각 다르고 자폐 스펙트럼의 모든 영역들을 통해서 다르다는 것을 설명하고 있을 뿐이다. 아스퍼거 증후군을 지닌 사람들은 종종 다른 사람들과 어울리기가 어렵고 그들이 무엇을 하기로 되어 있는지(기대되는 사회적 행동)를 간파할 수가 없다. 얼마 전 우리 지역에서 자폐증 팀이 아스퍼거 증후군 사교 클럽을 시작했다. 이 말에 참 모순이 있는 것처럼 보여서 우리는 웃었다. 우스운 것은 비록 우리가 능력에 있어서는 서로 다를지라도 우리의 관심사가 모두 똑같아서 쉴 새 없이 컴퓨터에 대해서 이야기할 수 있고 서로 용인될 수 있다는 점이다. 내가 나와 같은 사람들의 그룹에 속해 있다는 것을 아는 것은 좋은 일이다. 나는 꽤 잘 적응을 했고, 뽐내는 것은 아니지만(여기서 누나들의 낄낄거림!) 꽤 영리하기 때문에 가끔 나의 삶이 얼마나 힘들고 지치는지를 다른 사람들이 깨닫고 있는지 궁금하다. 내가 진짜로 어려움을 가지고 있다는 것을 알고 있는 사람들 사이에 앉아 있는 것은 정말 휴식과도 같다.

반복 행동들은 용어 자체가 이야기해 준다―물론 용어가 이야기하지는 않지만 이 용어가 자가설명적이라는 것이다! 어떤 이들은 종종 손뼉을 치거나 다른 사람들에게는 이상해 보일지도 모르는 행동을 한다. 이러한 모든 행동들은 우리를 만족시켜 주고 편안하게 해 주는 것이지만 우리의 놀라운 세상에서는 대체로 용납되지 않는다. 나는 반복 행동들을 성기를 가지고 놀거나 코를 파는 것과 같은 것으로(내가 노골적임을 양해해 준다면) 생각하는 경향이 있다. 여러분이 그것을 꼭 해야 한다면 공개적으로는 하지 마라. 물론 이러한 것들이 비자발적인 것이라면 그것은 다르다. 개인적으로 누가 손뼉을 치고 뛰는 것이

나를 귀찮게 하지는 않는다. 이 모든 것은 '정상으로 보이는 것'에 관한 것이고, 정말로 누구도 그래야만 하는 것은 아니지만 여러분에게 그것이 큰 부담이 아니고 여러분이 아닌 무엇인 척 노력하는 것이 아닌 한 어울리려고 노력하는 것이 해가 되지는 않는다.

이런 모든 문제들이 사람들에게 영향을 미치지만 그것들을 처리하는 방식은 각각 다르다. 우리는 쌍둥이가 아니고 모두 다른 성격, 외모와 행동들을 가지고 있다. 어떤 사람들은 '정상인인 척하기'를 다른 사람들보다 훨씬 더 잘할 수 있고 어떤 사람들은 그렇게 하지 않는 것을 선호하기도 한다. 나는 너무 튀지 않고 사람들과 어울리려는 노력을 하는 것과 어쩔 수 없는 것을 받아들이는 것 사이에 균형을 찾으려고 노력한다—나는 항상 약간은 달라 보일 것이다. 나는 내가 이것을 잘하고 있는지 확신하지는 못하겠다.

꼬리표 혹은 이정표?

많은 사람들이 실제로 다른 사람의 문제들에 이름을 붙이는 것이 (밥이나 프레드 같은 이름 말고!) 좋은 것인지에 대해 걱정한다. 그것은 나에게는 단순히 복잡한 어려움들 혹은 광범위한 발달지연과 같은 것이 아닌, 누군가가 가진 무엇인가에 아스퍼거 증후군이나 자폐증과 같은 실제적으로 적절한 진단을 내리는 것을 의미한다.

만약 누군가의 어려움이 이름을 갖고 있다면 그것은 실제가 되고, 그는 아마도 실지로 그것에 맞춰서 살아가기 시작할지도 모른다고

  별종, 괴짜 그리고 아스퍼거 증후군

많은 의사들과 사람들은 생각하는 것 같다. 또한 꼬리표는 나쁘고 사람들이 '자폐증'이라는 단어를 들으면 자동적으로 부정적인 생각들을 떠올릴 것이라고 많은 사람들이 생각한다. 이러한 의사들과 치료사들은 사람들의 가장 큰 관심 대상은 정신이고, 만약 증후군이나 '장애'가 있게 되면 그들이 나이가 들어도 직업을 얻지 못할 것이라고 생각할 가능성이 있다.

비록 의사들이 좋은 의도를 가지고 있을지라도 나는 여전히 그것이 틀렸다고 생각한다. 만약 누군가가 직장을 가진 후 이상하게 행동하거나 주어진 업무를 감당할 수가 없다면 그들은 짐을 싸야 할 것이다('짐을 싸다(get the sack)'라는 표현이 좀 이상하지 않나요?). 하지만 만약 누군가가 그것이 부분적인 문제라는 것을 안다면 그들이 바로 그것을 극복하도록 도울 수 있고 여전히 일을 잘할 수 있다는 것을 깨달을 것이다. 장애인에 관한 법령은 이제 고용주들이 장애가 있는 사람들을 차별하면 안 된다는 것을 의미한다. 우리들 중 많은 사람들이 많은 면에서 유능한 것 이상인데도(약간의 거만을 떨어 그 범주에 나도 포함시켜서!), 아스퍼거 증후군은 장애로 분류된다.

이 글을 읽는 여러분 중에 별종, 괴짜 혹은 과학자 또는 얼간이라고 불렸던 사람이 있으면 손들어 보세요(그렇지 않으면 이런 부류의 어떤 말이라도!). 확신하건대 대다수의 아스퍼거 증후군 아이들과 아마 성인들도 그럴 것이다. 여러분 중의 누구라도 내면으로 정말로 내가 별종 같다고 느끼는가? 여기! 나는 손을 들면서 '예이'(이것은 '예'를 의미하는 고어다) 하고 큰 소리로 외치겠다.

의사 선생님들, 치료사 선생님들, 여러 전문가님들, 우리가 이유가 무엇인지 알았을 때 느끼는 것은 이렇다. 우리가 진단명을 모르고 진단명을 가지지 않았을 때(또는 듣지 못했을 때) 그것은 여러분이 상상할 수 있는 것보다 수백만 배는 더 나쁘다.

만약 여러분이 보는 아이가 여러분이 가지고 있는 체크리스트에서 하나나 두 개가 여전히 체크가 안 된다면 아이의 정신 건강을 위해서 아이나 아이의 부모에게 아이가 아스퍼거 증후군을 가지고 있을지 모른다는 의심이 든다고 말해야 한다. 결국은 나이가 들고 우리 자신을 더 잘 이해할 수 있게 되어 감에 따라 점점 아스퍼거 증후군과 관련된 더 많은 부분들이 그렇게 눈에 띄게 명백하지는 않게 된다.

나는 토니 애트우드가 진단명을 이정표라고 썼던 것을 기억한다(〈추천 도서〉를 보라.). 이정표는 종종 사람들을 올바른 방향으로 이끈다. 사람들에게 아스퍼거 증후군에 관한 이야기를 하지 않으면 어떻게 도와줄 수 있는지에 관한 그 어떤 방향도 제시될 수 없다.

이것은 모두에게 불공평하다. 만약 아이가 진단명을 모르면 모든 치료나 학교에서의 지원을 받아들이기가 훨씬 더 어렵다. 만약에 모든 사람들이 그들의 문제가 무엇이고 어떻게 가장 잘 도와줄 수 있는지를 안다면 그 아이는 모든 면에서 더 나은 기회를 가질 수 있다.

많은 사람들이 수년에 걸쳐 어떤 것에 대해서도 전혀 진단을 받지 않고 계속해서 고군분투할 수 있다. 나는 엄마가 묻고 있었던 질문들에 대한 답을 얻었던 행운아들 중에 하나다. (비록 엄마가 말해 주지는 않았지만!) 아무도 어떤 증후군을 가지고 있다는 것을 원하지 않고 남들에게 말하고 싶어 하지도 않는다. 그래서 이런 것들은 당사자에게 알려지지 않은 채 남겨지거나 심지어 우선적으로 생각되지도 않는

■ 사라의 그림

다. 이것은 최선이 아니다. 누군가에게 실제로 많은 질문들에 답을 줄 수 있는 진단을 내리는 것은 의사 선생님들과 부모님들 모두에게 어려운 것임에 틀림없다. 결국 진짜 문제가 무엇인지를 실질적으로 어떻게 누가 결정할 수 있을까? 그 어떤 체크리스트도 어떤 문제들이 우리에게 영향을 미치는 미묘한 방식들을 다 다룰 수는 없다. 그러므로 유능한 의사 선생님이나 치료사 선생님이 반드시 그것을 알아채는 사람이 되어야 한다.

만약 환자가 좀 더 나이가 있다면 그들은 분명히 그들 자신에게 다른 무언가가 있다는 것에 대해 확신이 있을 것이고 의사 선생님들은 주의 깊게 경청해야 한다. 만약 보호자가 의사 선생님에게 자녀가 아스퍼거 증후군이나 자폐증이 있다고 말한다면 반드시 거기에 대한 타당한 이유가 있을 것이다. 어떤 부모가 자신의 자녀가 잘못되는 것을 원하겠는가?

물론 많은 사람들이 아스퍼거 증후군에 대해 들어 보지 못했을 것이고 자신의 자녀가 아스퍼거 증후군일 거라고 의심하지도 않을 것이다. 심지어 현재 훨씬 더 많이 인터넷을 이용하는데도 여전히 인터넷을 이용할 수 없는 사람들이 있을 것이고 글을 잘 읽지 못하는 사람들도 있을 것이다. 여기에 문제가 있다. 만약 의사가 적절하게 진단할 정도로 알지 못하고 부모님이나 본인도 전혀 알지 못한다면 모두들 머리를 긁적거리며 왜 자신들이 혹은 자신들의 자녀가 그렇게 많은 문제들이 있는지 궁금한 채로 유지될 것이다. 이에 대한 대답은 의사 선생님들이 아스퍼거 증후군과 자폐증에 대해서 더 자세히 알아야 하고 실제로 그 증상을 가지고 살아가는 우리 같은 사람들에게 귀를 기울여야 한다는 것이다.

내가 생각하기에 우리가 여기에서 가지고 있는 문제는 'Catch-22'(조지프 헬러의 소설 제목, 책 뒤편에 〈관용구에 대한 설명〉을 보라)다. 만약 보통의 세상이 사람들이 모두 다르다는 것을 이해하거나 받아들이지 못한다면 아스퍼거 증후군이 있는 사람들은 별종 취급을 받는 것이 두려워서 말하기를 꺼려할 것이다. 결국 아무도 전염병이 있는 것처럼 취급받고 싶지는 않을 것이다. 그러면 이러한 것들은 언급되지 않을 것이다. 그러나 사람들은 주위에, 특히 눈에 보이지 않는 정신적인 장애가 있어 보이는 사람이 있으면 긴장하고 불편해할 것이

 별종, 괴짜 그리고 아스퍼거 증후군

고, 장애가 있는 사람은 조용히 있는 것을 배우고 계속 고군분투할 것이다. 의사 선생님들과 나머지 세상 사람들은 고로 아무것도 배우지 못한다. 그리고 그러한 문제는 계속되게 된다!

이것은 상당히 스타 트랙 '게임을 끝내며'의 마지막 에피소드와 같다. 그 이야기에서 미래의 제인웨이 선장은 과거의 제인웨이 선장을 구하기 위해서 보르그에서 과거로 되돌아가고, 마지막 부분에 보르그의 여왕에 의해 동화된다. 이 이야기에는 기대되지 않았던 전개가 있다. 미래의 제인웨이 선장이 자라나 다시 과거로 가서, 과거의 제인웨이 선장을 보르그로부터 구하고 그녀 자신이 동화되는, 끝나지 않는 순환이 계속 이어진다.

나는 몇몇의 사람들에 의해서 이 침묵과 이해 부족의 악순환이 깨어지고 나아가 아스퍼거 증후군을 지닌 사람의 마음속에 있는 실체

■ 나(루크)의 그림

에 대해 이야기될 수 있다고 본다. 다른 사람들, 특히 의사 선생님들은 우리가 꼼꼼히 짜인 진단 체계에 맞지 않는다는 것을 깨닫게 할수 있다고 생각한다. 내게 있어서는 그것이 의사 선생님들이 가진 융통성 없는 생각이다!

나는 몇몇의 전문가들을 알고 있는데, 그중 한 분이 토니 애트우드이다. 그분은 오랫동안 아스퍼거 증후군에 대해 공부하고 그에 관한많은 책을 쓰고 있다. 그다음으로 리안 홀리데이 윌리가 있는데, 아스퍼거 증후군을 가지고 있는 그녀는 자신의 경험에 대해 책을 썼다. 그녀의 책은 성인들, 아마도 진단을 받지 않은 사람들이 자기 자신을보다 잘 알 수 있도록 도울 것이다. 케네스 홀 또한 아스퍼거 증후군을 가지고 있는 아이인데, 자신의 삶과 아스퍼거 증후군에 대해 책을썼고 그것을 썼을 때 그는 겨우 열 살이었다. 나는 내 책이 부모님들과 전문가들 그리고 아스퍼거 증후군을 가진 아이들 모두가 아스퍼거증후군에 대해 더 잘 이해할 수 있도록 도와줄 수 있기를 바란다.

나이가 들어 감에 따라 아스퍼거 증후군을 지닌 사람들은 종종 자신들의 문제들을 숨기고 세상에 적응하는 데에 더 능하게 된다. 누가'어떤 인간도 섬이 아니다.'라고 했는가? 내가 당연한 것을 말한다는건 안다. 당연히 아무도 섬은 아니다. 그것이 의미하는 바는 아무도규율이나 사회 없이 완전히 혼자서는 살 수가 없다는 것이다. 많은아스퍼거 증후군의 특성들이 근절되었기 때문에 내가 아스퍼거 증후군을 가진 사람이 어떻게 사고하는가에 관한 글을 쓰는 데 적임자가아닐 수도 있다. 그러나 십대의 어려움들은 나를 다시 한 번 생각하게 만들었다. 이 말에 엄마와 나의 형제들은 완전히 동의하지 않을지

 별종, 괴짜 그리고 아스퍼거 증후군

도 모른다! 하지만 어쨌든 나는 나이기 때문에 너무 많이 논평할 수 없다.

　자신의 자녀가 아스퍼거 증후군을 가졌다는 것을 알게 된 부모님들에게 내가 줄 수 있는 최고의 조언은 그저 그 아이를 있는 그대로 받아들이라는 것뿐이다. 선입견은 결코 좋은 것이 아니다. 자폐 스펙트럼 위에 있다는 것은 사선(死線)에 놓이는 것이 아니다. 그것은 사망 선고가 아니다. 그것은 끝이 아니라 단지 평생 동안 지속될 행동 양식의 이름일 뿐이다. 여러분과 여러분의 자녀의 삶은 이제 여러분이 기대했던 것과 다른 코스를 가게 될 수도 있다. 하지만 그것도 마찬가지로 중요하고 보다 매혹적이고 깨달음이 넘칠 수 있다. 아스퍼거 증후군에 대한 책들을 읽고 많은 것을 배우는 것은 좋다(그렇지 않으면 내가 책을 쓰는 수고를 할 필요가 없을 것이다.). 하지만 어떤 용어에 해당하는 아이들의 행동이 있다고 하더라도 아이들이 바뀌어야 할 무언가를 가졌다고 생각하지 마라. 그의 꼬리표에 상관없이 당신의 아이는 여전히 당신의 아이다.

말할 것인가,
말하지 않을 것인가

뉴스 전하기

많은 부모님들이 자녀들에게 아스퍼거 증후군이 있다고(자녀들이 어떤 병이 있든지 간에) 말하는 것을 힘들어한다. 짐작컨대 많은 이유가 있겠지만 때로는 아이들에게 말을 하지 않는 것이 최선이라고 생각하는 것 같다. 어떤 부모님들은 자녀들에게 이야기하는 것을 피하지 않을지도 모른다. 아마도 부모님들은 적절한 때를 기다리겠지만 이유가 뭐든 간에 나는 개인적으로 아이가 반드시 알아야 하고 빠를수록 좋다고 생각한다. 나를 믿으세요. 제가 알아요!

앞에서 벌써 말했었지만 이 시점에서 충분히 강조하지 않을 수 없다. 의사 선생님과 전문가 여러분, 지금 여기서 제대로 진단을 내리지 않는다고 해서 큰 문제를 일으키는 것은 아니에요. 제가 건방을 떤다거나 여러분들의 일에 간섭하려 한다고 생각하지는 마세요. 저는 그냥 느낀 대로 말하는 것뿐이에요. 하지만 만약 여러분들의 환자가 아스퍼거 증후군의 많은 특성을 가지고 있음에도 불구하고 여러분의 체크리스트 기준에 부합하지 않는다는 이유로 아스퍼거 증후군이 아니라고 단정한다면 그것은 오히려 환자를 더 혼란스럽게 하고 주변의 모든 사람들이 환자를 훨씬 더 별종이라고 느끼게 할 것이다.

부모님들은 의사나 전문가가 동의하지 않는 한 자녀들에게 말할 것

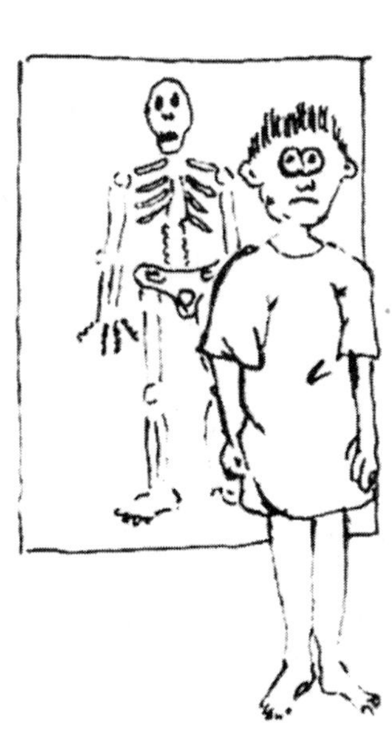

■ 레이첼의 그림

 별종, 괴짜 그리고 아스퍼거 증후군

같지는 않다. 의사 선생님이나 전문가 여러분이 가족들을 예전보다 더 걱정시키거나 화나게 하지는 않을 것이다. 가족들은 오히려 무엇이 잘못된 것이 아니라 아스퍼거 증후군이 무엇이고 어떻게 대처하는지를 알게 되었기 때문에 안심하게 될 것이다. 그러니 아스퍼거 증후군이 여러 가지 형태로 존재한다는 것을 아는 극소수의 의사 선생님이 되셨으면 한다. 여러분 중 누구라도 주목해 주시는 분께 감사해요!

나는 아스퍼거 증후군에 대해 늦게 알게 된 편에 속한다. 그것도 자폐증인 동생 때문에 엄마가 어쩔 수 없이 말씀해 주신 거다. 아마도 여러분 중에 나와 같은 경우가 많이 있을 거라고 생각한다. 아스퍼거 증후군 아이가 있는 가정에는 그보다 훨씬 증세가 심각한 자폐증을 앓고 있는 아이가 있는 경우가 많다. 내가 아스퍼거 증후군이 있는지를 알게 된 것은 이랬지만 결코 이상적인 것은 아니다. 여전히—끝이 좋으면 다 좋다고 생각들을 하시지만! (속담 써서 미안해요.)

* 걱정의 시간 *

어느 날 우리는 차를 마시러 모두 음식점(pub)에 갔다—사실 나는 이 단어의 소리를 좋아하지 않는다—어떤 의성어들은 정말로 멋있는데 이 'pub'도 그런 단어들 중 하나인 것 같지만 그렇지 않다.

바깥에는 아이들이 올라갈 수 있는 기구들과 미끄럼틀 같은 것들이 있는 놀이공간이 있었다. 바닥에는 아이들이 떨어질 경우 쿠션 역할을 할 수 있도록 톱밥을 깔아 놓았다. 톱밥이 사방에 널려 있어서 정말로 싫었다. 진짜 그런 공간을 싫어하지만 보통 '가서 놀기'를 강요당하다 보니 내

정신을 빼앗기면서 동시에 엄마를 기쁘게 할 수 있는 방법을 찾는다. 아스퍼거 증후군 아이들에게는 이것이 가능하다! 물론 나는 쿨한 십대여서 내가 할 수 있는 것은 우두커니 서서 포즈를 취하는 것이었다. 그것이 어떤 고통을 수반할지 확신할 수는 없지만 기구를 오르고 지저분해지는 것보다는 훨씬 낫다.

엄마는 레이첼에게 전혀 놀고 있지 않는 벤을 데리고 가서 놀게 하라고 했다. 벤은 걷지도 못하고 내내 히스테릭하게 웃었다. 그가 앉을 수는 있어서 레이첼은 벤을 톱밥 위에 앉혔고, 그는 내내 가만히 앉아서 톱밥을 더미가 되게 쌓아올리기만 했다. 벤은 다른 아이들이 그 주위를 뛰어다니고 있다는 것을 완전히 잊고 있었다. 사실 그는 모든 것을 잊고 있었다. 그때 레이첼이 얼굴이 사색이 되어서 엄마에게 뛰어오더니, "벤이 자폐증이라는 것을 알고 있었나요?" 하고 물었다. 엄마는 "잭슨 박사님, 고맙네요."라고 말하며 레이첼의 말을 무시했다. 그러나 나는 누나의 말을 흘려들을 수가 없었다. 나는 레이첼이 왜 그렇게 말했는지 물었다. 레이첼은 오래전에 아동발달센터 벽에 있는 '자폐증이란'으로 시작하는 체크리스트를 본 적이 있다며 항목들을 열거했다. 벤은 모든 항목에 다 들어맞았다.

벤이 조금 컸을 때 물건들을(그 자신도 포함해서) 상자에 넣었다 뺐다 하는 것을 한참 동안 계속하고 물건들을 한 줄로 세우고 중국 요리책에 특별한 이유 없이 매달리기 시작할 때 나를 포함한 모두들은 말하지 않거나 또는 말하면서 벤과 나를 비교했다. 비록 벤은 말을 못하고 걷지도 못했지만 나와 상당히 많은 공통점이 있었다. 이 시기는 나뿐만 아니라 아마 모두에게도 확실히 불편한 시간이었다. 왜냐하면 벤을 보고 있노라면 마치 과거의 나를 (혹은 그보다 더 과장되어 있는) 보는 것 같았기 때문이다. 그때까지 아무도 말을 꺼내지 않았을지라도 말이다.

이때쯤 해서 나는 내게도 무슨 문제가 있을 거라고 의심이 들기 시작했다. 벤의 정말 많은 방식들이 내가 어렸을 때랑 흡사했기 때문이다. 여기에는 한 가지 혼란스러운 것이 있기는 했다. 나는 나 자신에 관한 한 모든 것을 잘 알고 있었고 적당한 때에 이르러 말을 할 수 있었고 확실히 히스테릭하게 웃지는 않았다. 확실히 나는 비명 지르는 것을 멈추지 못하지는 않았다! 이 시기는 내게 너무 걱정스럽고 혼란스러운 시기였고 솔직히 말하면 내가 미쳐 가고 있다고 생각했다.

벤이 줄리아 리치라는 교육심리학자에게 통상적인 평가를 받고 있을 때 줄리아 선생님이 조심스럽게 내가 왜 벤과 그렇게 많은 부분에서 흡사한지 궁금한 채로 놓아두는 것은 불공평하다며 설득하셨다고 엄마가 나중에 말씀해 주셨다. 휴, 줄리아 선생님, 고마워요!

만약 누군가가 자녀에게 언제 아스퍼거 증후군에 대해 이야기하는 것이 좋을지 고민하고 있다면 내 의견은 **바로 지금**이다!

나는 줄리아 선생님이 엄마에게 주신 가디언지에 있는 기사에서 내가 아스퍼거 증후군을 가지고 있다는 것을 처음으로 알았다. 그 기사는 온통 아스퍼거 증후군에 관한 것이었고 아인슈타인도 이 증후군을 가지고 있었던 것으로 보인다고 쓰여 있었다. 기사는 얼마나 많은 아스퍼거 증후군을 가진 사람들이 성공적인 삶을 살고 있는지에 대해서 말하고 있었다. 그 사람들 중 하나가 마이크로소프트사의 사장인 빌 게이츠다. 비록 확실하게 진단받지는 않았지만 그들은 아스퍼거 증후군의 경향을 가지고 있는 것으로 보인다. 그 기사에는 아스퍼거 증후군으로 간주되는 특정한 행동들의 체크리스트가 있었다.

그 기사를 읽었을 때가 열두 살이었다. 엄마는 마치 우연인 것처럼 내 앞에 그것을 툭 던지셨다. 엄마는 내가 뭐든지 다 읽는다는 것을 알고 있었다. 기사를 다 읽고 난 후의 내 첫 반응은 안도감이었다. 마치 어깨에서 짐을 벗은 것 같았다. 나는 그 체크리스트의 모든 항목의 '증상'에 해당되었다. 읽고 또 읽고 나서 엄마에게 "정말로 내가 아스퍼거 증후군인가요?" 하고 물었다. 엄마는 "응, 그래." 하고 간단히 대답해 주셨다. 속으로 '말씀해 주셔서 정말 감사하다.'고 생각했다. (어쨌든 그때는) 괴로움보다는 안도감이 확실히 강했다.

나는 마침내 다른 사람들이 나를 이상하다고 분류하는 이유를 알았다. 그것은 단순히 내가 몸치이고 바보이기 때문이 아니었다. 내 가슴은 금세 환해지고 평생 동안 나를(엄마가 아닌) 따라다니던 끊임없는 고통이 일순간 멎었다. 마침내 내가 왜 다르다고 느꼈고 왜 별종이라고 느꼈는지, 왜 이 세상에 맞지 않는 것처럼 보였는지를 알았다. 훨씬 더 좋은 것은 그것이 내 잘못이 아니라는 것이다! 처음에는 밖으로 뛰어나가서 세상 사람들에게 말하고 싶었다. 거리로 돌진해 나가서 '이봐요, 여기 날 좀 봐요. 나는 아스퍼거 증후군이 있을 뿐 별종이 아니라고요.'라고 외치고 싶었다. 그렇지만 늘 그렇듯이 논리적인 생각이 나를 붙잡았다. 내가 만약 그렇게 하면 다소 문제가 있을 것이다. 첫째, 나는 큰 어려움에 처하게 된다! 거리로 뛰어나가는 것은 내게 허락되지 않은 일이다. 둘째, 그때 나는 잠옷을 입고 있었기 때문에 그랬다가는 감기에 걸렸을 것이다. 셋째, 거리에는 나를 아는 사람이라곤 없으니……. 어찌 되었든 나를 별종이라고 부르는

 별종, 괴짜 그리고 아스퍼거 증후군

사람들은 없었을 것이다.

　나는 이것에 대해서 조금 더 자세히 말해 보겠다. 내게 아스퍼거 증후군이 있는지 모르는 사람들이 나를 별종이라고 한다. 가만히 생각해 보니, 내가 아스퍼거 증후군이 있는 것을 알고 있는 많은 사람들도 나를 별종이라고 부른다! 아마도 그것은 내가 여러분의 자녀처럼 평범한 아이가 아니기 때문일 것이다. 나는 내 자신을 '새롭고 향상된 모델'이라고 생각하는 것을 좋아한다(이것은 이 책을 읽고 있는 아스퍼거 증후군을 지닌 사람들에게 대단한 칭찬이다!). 하지만 대부분의 사람들이 내 생각에 동의한다고 생각하지는 않는다. 어떤 사람들은 심지어 그 반대로 말할지도 모르겠다—내가 여러 면에서 부족하다고. 어쨌든 '별종'은 대다수의 사람들과 다르게 보이거나 다르게 행동하거나 말하는 것처럼 보인다. 옥스퍼드 사전에는 별종(freak)을 다음과 같이 정의하고 있다.

　1. 외관상 비정상인 사람이나 물건
　2. 매우 독특하거나 불규칙적인 것
　3. 이상하게 옷을 입는 사람
　4. 약물 중독자처럼 이상한 행동을 하는 사람

　글쎄, 이런 것들도 해석하기 나름 아닐까? 세상에 도대체 무엇이 정상, 보통, 규칙적인 것일까? 이것은 당연히 다수가 이기는 논리문제로 다시 돌아간다고 생각한다. 네 번째 정의는 확실히 이상한데 후에 설명하겠지만 자폐증을 가진 많은 사람들에게 글루텐과 카세인은 모르핀과 같은 효과를 내고 자폐 스펙트럼 상에 있는 사람들을 중독시킨다.

반복해서 말하고 있다는 것은 알지만 내가 말하고자 하는 요점을 다시 한 번 강조하면 이 장은 부모님들에게 정말 중요하다. 왜냐하면 정확한 진단을 받기 전까지, 엄마가 내게 사실을 알려 주지 않은 5년 동안 내 안의 아스퍼거 증후군을 '발견'하느라 내가 얼마나 힘들었는지 아무리 강조해도 지나치지 않기 때문이다. 엄마는 이미 내가 남과 다르다는 것을 알고 있었기 때문에 걱정하는 기간을 몇 년 줄여 줄 수도 있었을 텐데, 왜 그렇게 오랜 기간 동안 내게 아스퍼거 증후군에 대해서 말해 주지 않았는지……. 엄마에게 그에 대해 물어 봤을 때 엄마는 내가 관련 자료들을 읽고 실제로 있지도 않은 '증상들'을 경험하기 시작할지도 모른다고 걱정했기 때문이라고 했다. 이것은 정말 어리석다고 생각한다! 엄마는 오히려 내가 그것을 극복할 수 있게 될 것이라고는 생각하지 않았는지 진짜 궁금하다.

내가 아스퍼거 증후군이라는 말을 들은 이후부터는 몇 가지 궁금증이 생겼다. 아마도 이 글을 읽는 여러분도 궁금할 수 있고 아니면 막 그것들을 발견했을 수도 있다. 첫째, 내가 원했던 것은 증거였다. 어느 곳에서 내가 혈액검사를 받을 수 있을까? 내가 아스퍼거 증후군이라는 것을 결정하는 사람은 누구이고 도대체 그것을 어떻게 결정하는 것인가? 여기에 대한 답은 혈액검사, 뇌에 대한 정밀 조사, 기타 어떤 것도 아스퍼거 증후군을 증명하거나 부정해 줄 수 없다는 것이다. 여러분이 아무렇지도 않다는 것을 확인하기 위해 이런 검사들을 받았을지도 모르지만 대개 그것들은 아무것도 보여 주지 못한다.

 별종, 괴짜 그리고 아스퍼거 증후군

만약 여러분이 전에 이미 진단을 받았을지라도, 의사 선생님, 언어 치료사 또는 정신분석가 선생님들은 아마 할 수 있는 모든 종류의 검사들을 해 볼 것이고 여러분의 학교나 부모님들에게도 여러분이 어떻게 다르게 사고하고 있는지, 이유는 무엇인지를 알아보기 위해 다양한 질문을 할 것이다. 때로는 여러분은 자신이 아스퍼거 증후군을 가지고 있다는 것을 아는데 의사, 전문가 분들은 그렇지 않을 수도 있다. 그것에 대해서는 앞에서 이미 설명했다. 중요한 것은 여러분이 내가 남과 다르다는 것을 알고 스스로 받아들이는 것이다. 결국 자기 자신은 스스로가 가장 잘 아니까!

다음으로 알고 싶었던 것은 그렇다면 치유책(cure)은 있느냐는 것이다. 음, 여러분이 이 답을 싫어한다면 미안하지만 여기에 대한 답은 확실히 '아니다'이다. 우리의 차이점들을 받아들이는 것을 배운 사람들에게는 이것은 매우 좋은 일이다. 아스퍼거 증후군을 가진 사람을 치료한다는 것은 그 사람의 개성을 없애고 정말 뛰어난 능력들도 없애는 것이다.

이미 언급했고 앞으로도 자세히 더 말하겠지만 내 형제들과 나는 특별한 식이요법을 하고 있다. 이것이 아스퍼거 증후군이나 자폐증에 대한 치료책은 아니지만 우리와 여러 사람들에게는 심각한 어떤 증상들에 도움이 되었다. 아스퍼거 증후군과 자폐증에는 많은 치료법들이 있는데 어떤 방법은 누군가에게는 도움이 되지만 또 다른 누군가에게는 그렇지 않다.

케네스 홀은 그의 책 『아스퍼거 증후군, 전체와 전부(*Asperger Syndrome, The Universe and Everything*)』에서 응용행동분석(applied behavioural analysis: ABA)에 대해 이야기했다. 이것은 여러분이 긍정적인 행동을 했을 때 보상을 받게 되는 치료의 형태다. 이것이 내게는 효과가 없었지만 그나 다른 사람들에게는 효과가 있었다. 책 뒤편에 그와 관련한 웹사이트를 실어 놓았다. 나는 단지 가능한 여러 치료방법들이 있고 누군가에게는 좋은 것이 또 다른 사람에게는 그렇지 않을 수 있다는 것을 강조하고 싶다. 이것들이 치유책은 아니다. 사람들은 삶을 보다 편하게 할 수 있는 방법을 찾고 있는 것이다.

비록 자녀들이 여러 질문들을 하고 화를 내고 속상해하는 시간을 겪을 지라도 그것이 말을 하지 않는 것에 대한 변명은 결코 될 수 없다고 생각한다. 부모님들! 언제나 별종이라고 느끼는 것도 끔찍하지만 그 이유를 모르는 것은 훨씬 더 끔찍한 일이에요. 사실을 숨기는 것은 자녀들을 보호하는 것이 아니에요.

나도 아이이기 때문에 내가 사람들에게 어떻게 자녀들을 대해야 하는지에 관해서 조언을 할 만한 자격(누군가―누군지는 모르겠지만―아스퍼거 증후군에 관한 최고의 전문가는 아스퍼거 증후군이 있는 사람 자신이라고 말했듯이)이 있는지는 잘 모르겠다. 하지만 이왕 내가 조언을 하는 거라면, 자녀들이 어린 나이에 그들이 다른 사람들과 다르고 왜 그런지를 알고 받아들이도록 하는 것이 훨씬 낫다고 말하고 싶다. 그것이 쉽고 대수롭지 않은 것이라고 말한다면 자녀들은 아스퍼거 증후군이나 그 어떤 것이라도 그들의 일부이고 그들이 독특하고 특별하다고 받아들일 것이다.

만약 부모가 자녀를 의사에게 데려가 다른 사람들과 귓속말로 대화를 하며 아이에게 아무것도 말해 주지 않는다면, 그것은 아이의 자신

  별종, 괴짜 그리고 아스퍼거 증후군

에 대한 알 권리를 부정하고 있는 것이다. 심리검사도 역시 아이에게 아스퍼거 증후군이 있다고 말할 수 있는 완벽한 기회다. 무언가 다른 것을 가지고 있는 우리와 같은 아이들은 심리검사를 하고 질문을 받는 데 익숙해져 있다. 또한 우리는 다른 사람들과 어울리지 않기 때문에 대부분의 아이들은 평생 이런 심리검사를 받지 않는다는 것을 결코 알 수 없다. 이것은 정말 불공평하다! 이 주제에 대한 내 마지막 말은 **자녀들에게 알리라**는 것이다!

언제 그리고 어떻게
다른 사람들에게 말해야 하나

이 글을 쓸 때에는 주의를 확 끄는 소제목을 생각해 내려고 노력했다. 보시다시피 해내지 못했다! 그래도 한 가지 생각해 낸 것은 '옷장에서 나오기(Coming out of the closet)'다. 이것은 동성애자들이 다른 사람들에게 자신들의 성 정체성을 밝힐 때 쓰는 표현이다. 하지만 누가 옷장에 오래 있었다고 해서 자동적으로 게이라고 생각하지는 않는다! 어떤 면에서는 다른 사람들에게 자신이 남들과 다르다고 할 때 동성애자들은 아스퍼거 증후군을 지닌 사람들과 같은 걱정을 할 것임에 틀림없다.

여러분이 아스퍼거 증후군을 가지고 있다는 사실을 누구에게 말해야 하는지를 결정할 때에는 많은 어려움이 있다. 즉, 좋고 설득적인 말이 무엇이겠느냐는 거다. '자기야, 나는 루크인데 아스퍼거 증후군

■ 레이첼의 그림

을 가지고 있거든.' 어쨌든 그녀의 반응은 '도망쳐라.'일 것이다. (여러분은 몬티 파이튼(Monty Python, 영국의 코미디언 그룹)을 사랑할 수 있겠는가?) 어떤 사람들은 이와 같은 것을 알리는 것이 누군가를 떠나가게 한다면 어쨌든 알릴 만한 가치가 없다고 말할 것이다. 특히 이것을 알아 어려움에 빠질 사람이 매력적인 이성일 때는 받아들이기가 쉽지 않다! 내가 생각하기에 누군가가 여러분을 이미 알고 받아들이고 있다면 그들에게 말하는 것은 더 쉽다. 나는 명백히 십대로서 이야기하는 것이니(나는 명백히를 언급하는 버릇이 있다!) 이것은 아마도 연령대에 따라 달라질 수도 있다.

가끔은 사람들이 일단 여러분이 아스퍼거 증후군이 있다는 것을 알고 나서 태도를 바꾸는데, 그 사람들을 참아 주어야 한다고 말하는 것은 현실적이지 않다. 여러분이 좋건 싫건 그 사람이 여러분과 같이 지내야 하는 사람일지도 모른다. 선생님이 그 좋은 예다. 모든 선생님들은 '학생들은 모두 어떤 면에서는 문제가 있다.'는 것을 알아야 한다. 하지만 그들이 모르면 도와줄 수 없다. 이것은 유치원이나 초등학교나 마찬가지다. 선생님들도 사람이다. 어떤 사람은 좋고 어떤 사람은 나쁘지만(사실 어떤 사람은 노골적인 사디스트처럼 보이기도 한다.). 모두가 여러분이 문제가 있다는 것을 곧장 아는 것은 좋은 일이 아닐지도 모른다. 어떤 선생님들은 비열해서 누군가를 비웃을 수 있는 기회가 오면 흔쾌히 그렇게 할 것이다.

이 모든 것들은 신중을 요한다! 아스퍼거 증후군의 핵심이 다른 사람들의 생각, 감정과 동기들을 읽어 내는 데 능하지 않다는 점이다— 우리는 '남의 입장에 서기'가 되지 않는다(만약 여러분이 나의 어떤 선생님들을 본다면 정말로 여러분은 그러고 싶지 않을 것이다. 휴!). 이런 어려움 때문에 여러분에게 누가 도움이 되고 협력적이고 누가 우연이든 고의로든 사태를 더 악화시킬지를 알아내기가 힘들다. 나는 전혀 알아낼 수가 없어서 보통 입을 가만히 다물고 있고 엄마가 그런 부분은 해결해 주길 바란다. 아무래도 난 열세 살짜리니 나이가 들면 조금 더 나아질지도 모른다.

어떤 사람들은 캠페인 운동가로 태어나서 모든 사람들에게 즉시 자신이 아스퍼거 증후군이 있고 그것에 대해 자랑스러워한다고 말할지도 모른다. 여기에는 동성애자들과 또 다른 비슷한 점이 있다. 이 사람들은 세상의 일들을 바꾸고 소수의 사람들의 권리를 위해 싸우는 종류의 사람들이니 많은 사람들이 감사하게 생각해야 한다.

나는 다른 사람들을 돕고 계몽하고 싶다는 소망으로 내 경험을 쓰는 것이 내 본분을 다 하는 것이라고 생각한다. 하지만 적어도 책으로는 내가 누구한테 말을 해야 하고 누구한테 하지 말아야 하는지에 대해서 선택적일 수 있다. 많은 사람들이 알고 싶어하지 않고 도리어 매도할 수 있음에도 불구하고 누구에게나 이야기하고 돌아다니는 것이 용감하다고는 생각하지만 우리가 모두 다르다는 데 답이 있다. 내 방식과 관점은 할 수 있는 한 최선을 다해서 사람들과 어울리려고 노력하고, 만약 있는 그대로의 나를 좋아하지 않는 사람들이 있다면 그들 스스로 이런 사실을 즐기든지 견디든지 할 것이니 너무 신경쓰지 말자는 것이다.

다시 이야기하지만 선생님들과의 관계에 있어서는 약간 다른 문제다. 대체적으로 대부분의 선생님들이 내가 다른 아이들과 다르다는 것을 알아차렸을 때 이해하려고 애쓴다. 대개의 학교에서는 선생님들은 어찌되었든 알게 될 것이다. 어떤 경우에는 무엇인가 내게 문제가 있다는 사실을 숨길 수 있는 방법이 없을 때가 있다. 운동경기가 그 확실한 예다. 이 상황에서는 비록 선생님들이 내게 전혀 상관하지 않는 것처럼 보일지라도 어떤 것이 내게 왜 그렇게 힘든지를 이해하는 것이 정말로 중요하다!

나이가 들어 가면서 내 또래의 아이들은 그들 자신의 성격을 더 많이 개발하거나 개발하려고 애쓴다. 적어도 나는 지각없이 카우보이,

 별종, 괴짜 그리고 아스퍼거 증후군

인디언, 그 밖의 어린아이들이 되고 싶어 하는 무언가를 흉내 내는 놀이들에 낄 거라는 기대를 받지 않는다. 그것은 항상 내게는 매우 불합리한 것이었다. 이제는 나와 같은 취미를 갖은 사람들을 종종 발견한다. 이것은 정말로 새로운 경험이고, 대화할 수 있고 같이 시간을 보낼 수 있는 사람이 있다는 것은 좋은 일이다. 오해하지는 마세요. 나는 항상 외로운 사람이고 혼자 있는 것을 개의치 않지만 친구를 가지는 것도 좋은 것이다. 여러분에게 친구가 있다면 친구를 곁에 둘 수 있도록 열심히 노력하라. 나는 수년 동안 학교에서 아무에게도 말을 하지도 않았고 말하고 싶지도 않았었지만 이제는 친구가 있는 것이 정말 재미있다. 내게는 이것이 새로운 문제가 될 수도 있겠지만—친구들에게 내가 아스퍼거 증후군이 있다는 것을 말을 해야 하나? 나는 누가 나를 만나자마자 질병이 있는 것처럼 대하거나 나에 대한 평가를 내리는 것을 원하지 않는다. 그리고 아이들도 지루한 사실들과 세부적인 것들에 정말로 그렇게 관심이 있지 않다(물론 아스퍼거 증후군 아이들은 빼고!).

내가 말하고 싶은 것은 누군가 여러분의 친구가 된다면 '너는 꼬여 있어.'라는 말을 보다 좋은 방식으로 꺼내게 될 텐데 그때를 기다리라는 것이다. 만약 그들이 왜 여러분이 다른 사람들과 약간 다르게 행동하는지를 물으면 여러분은 자신이 다른 사람들과 다르게 사고하고 군중과 운동경기와 시끄러운 소리 그리고 기타의 것들에 대해 어려움이 있다고 말할 수 있을 것이다. 나는 내 뇌가 약간 다르다고 말한다. 이 말은 내가 어떤 것은 정말 잘하지만 어떤 것은 별로라는 것을 뜻한다. 만약 그들이 여러분의 친구라면 이것을 그냥 받아들이고 여러분이 대수롭게 여기지 않는 한 크게 문제삼지 않을 것이다. 아이들은 어른들과 달리 대개는 이런 문제를 대수롭지 않게 여긴다. 그들의 부모님들은 아스퍼거 증후군이 전염성이 있는 것인지 걱정할지도 모르겠다. 그런데 그렇지 않다! 오직 여러분이 할 수 있는 것은 여러분 자신이 되는 것과 아스퍼거 증후군에 대해 아무 때나 이야기하지 않는 것이다. 그것이 여러분 인생에는 대단한 것일지 모르나 대개의 아이들은 이해하지 못한다. 내가 생각하기에 좀 더 나이가 든 경우에는 좋은 친구라면 여러분들의 어려움에 매우 관심을 가지고 여러분들이 극복할 수 있도록 도와주려고 노력할 것 같다.

엄마는 본인이 생각하기에 협력적이고 정말로 도움이 되어 줄 사람들에게만 이것을 말한다. 어떤 어른들은 이와 같은 일을 말하면 정말 곤혹스러워한다. 그것이 이상한가? 나는 결코 누가 당황할 것이고 누가 당황하지 않을 것인지 알아내기가 힘들고 대개는 틀린다. 하지만 이봐요. 그건 그들의 문제예요. 불필요하게 사람들을 당황하게 하고 싶지는 않지만. 당황하거나 당황하지 않거나 사람들에게 추궁할 수는 없다. 그것은 그들을 있는 그대로 받아들이는 것이 아니다. 있는 그대로 받아들인다는 것은 상호동시적이다. 만약 사람들이 여러분을 있는 그대로 받아들이기를 원한다면 비록 그들의 방식이 이상해 보여도 여러분도 똑같이 그들을 그대로 받아 줘라.

아스퍼거 증후군을 지닌 사람들, 특히 아이들에게는 이런 것은 정말 어려운 일이다. 나는 여기서 두둔하고 싶지는 않다. 단지 누가 이런 이야기를 해도 되는 사람이고 누가 그렇지 않다는 것을 알아내는 것이 현실적으로 불가능하다는 것이다. 어떤 때는 내가 아스퍼거 증

 별종, 괴짜 그리고 아스퍼거 증후군

후군에 대해 무엇인가를 이야기하려고 하면 사람들은 바닥을 보거나 나를 피하려고 한다. 때때로 그들은 얼굴이 약간 붉어지고 주제를 바꿔서 얼른 다른 이야기를 시작하기도 한다. 그것을 보면 나는 얼른 알아차리고 애쓰지 않는다. 가끔은 그들의 그런 행동이 다른 것을 의미하는 것일지도 모르겠다. 하지만 빨개진 얼굴은 그들이 단순히 덥다는 것을 의미하지만은 않는다.

아스퍼거 증후군 아이들의 부모님들이나 도우미 선생님들, 제발 아스퍼거 증후군 아이들이 이 힘든 '누구에게 말해야 하지?'라는 문제를 해결해야 하는 책임감에서 벗어나도록 도와주세요. 그들이 나이가 들면 이런 일을 충분히 겪을 거예요.

CHAPTER 04

매혹과 고착

전문가적 관심 분야

아스퍼거 증후군을 가진 대부분의 사람들은 '강박' 또는 가장 좋아하는 주제 또는 '전문가적 관심 분야'(내가 즐겨 쓰는 표현이다)를 가지고 있다. 그것은 아스퍼거 증후군의 여러 특징 중의 하나인 것으로 보인다. 이러한 것은 사람들마다 차이가 있고 어떤 사람들은 하나도 특이한 것이 없을 수도 있다. 확실히 우리가 모두 똑같을 수는 없지 않은가?

아스퍼거 증후군을 지닌 많은 사람들이 고려할 만하거나 완고한 흥밋거리를 가지고 있다고 확신하지만 또한 우리들 중 대부분이 정말로 상당히 일반적인 흥밋거리를 가지고 있다고 생각한다. 사실 언론에서 끊임없이 우리 모두를 열차 시간표나 데이터에 대해서 또는 컴퓨터(이것은 비록 내가 주로 이야기하는 것이기는 하지만)에 대해서만 계속 이야기하는 사람들로 다루는 것은 매우 불공평하다. 우리는 어쨌든 충분히 별종이나 얼간이라고 불린다.

이것에 대해 나의 엄마와 형제들과 이야기 나눈 후 나에게는 매혹된 흥밋거리가 있는 아스퍼거 증후군을 가진 사람과 아스퍼거 증후군을 가지지 않은 사람의 차이점은 그들이 무언가에 매혹된 강도의 수준인 것처럼 보였다. 내 마음에 있는 하나의 관심 분야나 또는 내가 매혹된 어떤 것에 대해 이야기할 때는 나 자신의 생각**만** 말할 수 있다. 그리고 문자 그대로 다른 모든 것은 중요하지 않다. 나는 이러한 면이 이기적인 것처럼 보일 수 있다고 추측한다. 나는 다른 사람의 흥밋거리에 대해 생각해 보려고 노력하지만 종종 그것은 매우 어렵다. 만약에 내가 나의 흥밋거리에 집중할 때는 그것이 공룡이든지(내가 어렸을 때 계속 사달라고 졸랐다), 포켓몬, 특별한 플레이 스테이션 게임 또는 그 밖에 무엇이든지 그것들은 나에게 항상 불후(不朽)의 강박이었고, 나는 형언할 수 없는 넘치는 흥분을 느꼈다. 나는 그저 그것에 대해 이야기**해야만** 했고 그것을 멈추어야 할 때 짜증은 쉽게 심한 노여움으로 번져 갔다. 지금 나는 그것을 평가절하하고 그것이 얼마나 어리석은지 알 수 있다. 하지만 그것은 단지 그런 방식일 뿐이다.

종종 거의 대부분의 시간 동안 내 마음은 컴퓨터에 대한 생각으로 가득 차게 되고 내 자신이나 다른 사람들에 대해 생각하기 위해 컴퓨터에 대한 생각을 멈출 수 없게 된다. 강박사고—나는 이 단어를 특

  별종, 괴짜 그리고 아스퍼거 증후군

별한 이유가 있어 사용한다—는 나에게 종종 한밤중의 도둑처럼 몰래 다가온다. 어떤 때 나는 단 한 가지 관심 분야에만 흥미를 느낀다. 그 후 그 관심 분야는 마치 내 마음에 도장을 찍은 것처럼 침투하고 나의 일상적인 생각들을 단절시키고 그것을 컴퓨터에 대한 생각들로 대체시킨다.

내가 나의 전문가적 관심 분야에 강렬하게 빠져든다는 사실을 인지하는 것은 내가 내 자신이라는 것을 인지하고 나 자신을 다른 것처럼 상상하는 것과 같이 매우 어려운 일이다. 나는 다른 사람에게 내가 들은 것을 하루 종일 여러 번 반복해서 말해 줄 수 있다. 나는 이것이 내 여동생으로부터 "루크, 너는 너무 별종이야."라는 말을 정기적으로 듣게 만든 것이라고 생각한다. 확실히 나는 컴퓨터에 대해 너무 많이 이야기한다. 나는 정말 컴퓨터를 사랑한다. 하지만 나는 그것을 강박사고라고 부를 수 없다. 만약 누군가가 나를 완전히 분석한다면 분명히 컴퓨터 영역에 대한 생각과 대화가 나의 대부분이라고 말할 것이다.

나는 윈도우 XP 기반의 56k Lucent V9.0 모뎀과 펜티엄 프로세서가 장착된 컴팩 프레자리오 랩톱 컴퓨터를 가지고 있다. 우리는 광대역 인터넷 접속망을 가지고 있고 그것은 매우 빠른 속도의 접속을 할 수 있다. 위층에 사는 소녀들은 이제야 컴퓨터를 가지게 되었다(비록 인터넷에 접속되지는 않지만). 그들은 또한 HP 데스크젯 660 컬러 프린터와 스냅 스캔 1212 스캐너를 가지고 있다. 아래층에 있는 메인 컴퓨터는 엡손 스타일러스 C4OS이고 스캐너는 팩카드 벨 1200이다. 엄마는 이것들을 비교적 최근에 샀는데 왜냐하면 그것이 '예쁜 메탈릭

블루'였기 때문이다(그것을 비꼬는 의미에서 이렇게 썼다.).

나는 인터넷이 연결되지 않은 컴퓨터의 테마를 구성하는 것을 정말 좋아한다. 종종 내가 가질 수 있는 배경화면과 나의 작업표시줄과 메시지박스에 사용할 색깔 구성에 관한 백일몽을 꾼다. 내가 이것들을 계속해서 바꾸는 것이 엄마를 미치게 만든다는 것을 알고 있다. 누가 아스퍼거 증후군을 지닌 사람들이 변화를 좋아하지 않는다고 했는가? 그것이 많은 논란을 일으키지 않는다면 나는 내 컴퓨터의 테마를 몇 시간마다 바꾼다!

사람들이 '강박사고'라는 단어를 듣는 순간 자동적으로 무언가 부정적이거나 나쁜 것을 생각한다. 그것이 내가 관심 분야나 주제라는 용어를 좋아하는 이유다. 만약에 매혹적인 관심거리가 올바른 방식으로 연결되기만 한다면 그것들은 유용하게 이용될 수 있다. 예를 들면, 컴퓨터가 그 사람의 가장 좋아하는 관심거리라면 그들은 쓰기나 책 읽기보다 컴퓨터를 이용하여 더 쉽게 배울 수 있다. 또한 어떤 사람들은 성장하면서 그 특별한 관심거리에서 직업을 고를 수 있고, 아마 대부분의 사람들은 그중 하나를 찾아낼 것이다. 매혹시키는 것이 기차나 건물, 컴퓨터 또는 전기(전기는 위험한 것이기는 하지만 나는 그것에 매혹되는 것을 허락할 수밖에 없다) 등 무엇이든지 간에 아이나 어른 모두 그것에 대해 좀 더 배우고 그들의 지식을 활용하지 못할 이유는 없다.

어떤 면에서 그토록 집중할 수 있다는 것은 좋은 일이다. 매혹됨은 나를 컴퓨터에 대해 많이 배우도록 이끌어 주었고 나는 나이가 들면 확실히 이 분야의 직업을 가질 것이다. 나는 전문적인 기업을 위한 웹사이트를 만들거나 컴퓨터를 프로그래밍하는 일을 하고 싶다. 나는 둘 다 할 수 있을 것이라고 기대한다. 나에게는 세스라고 하는 아스퍼거 증후군을 가진 친구가 있다. 그는 컴퓨터에 대해 빠삭하게 알고 있다. 컴퓨터가 그의 전문가적 관심 분야일 것이라고 나는 생각하는데 그는 정말 컴퓨터를 잘 다룬다. 그는 사람들의 컴퓨터 문제를 해결해 줌으로써 그들을 돕는다. 누구든지 컴퓨터에 기술적인 어려움이 있다면 그에게 도움을 요청하면 된다. 세스는 자신의 관심 분야로 다른 사람들을 돕고 있는 것이다. 사람들이 그를 필요로 하고 다른 사람들을 도울 수 있다는 사실이 그를 기분 좋게 만들 거라고 나는 확신한다. 그가 우리 집에 왔을 때 나에게 컴퓨터 내부에 대해 많은 것을 가르쳐 주었다. 이것은 꽤 이상한데 왜냐하면 그도 나처럼 통합운동장애(dyspraxic)를 가지고 있기 때문이다. 그것은 그가 근육의 조정에 어려움을 가지고 있다는 것을 의미한다. 아스퍼거 증후군을 가진 많은 사람들이 어느 정도는 이 문제를 가지고 있다. 나는 이미 이것과 관련된 웹사이트를 책 뒤편에 실어 놓았다. 세스 또한 이러한 어려움을 가지고 있지만 컴퓨터의 내부에서 그토록 조그마한 조각을 다루는 데 아무런 문제가 없다. 컴퓨터 내부의 회로를 조금이라도 잘못 건드리면 전부를 날려 버릴(글자 그대로는 아닐지라도!) 가능성도 있다고 세스가 나에게 말했다. 그는 그럴 수도 있다. 왜냐하면 우리는 대근육 운동(gross motor skills)(팔이나 다리의 보다 큰 움직임을 말한다. 기술이 크다고 말하는 것이 아니다!)에 문제가 있기 때문이다.

세스나 다른 사람들에 대해서는 잘 모르지만 나는 쓰기에 어려움을 가지고 있다. 그것은 소근육 운동(fine motor skills)(여러분이 내 글씨를 본다면 결코 잘 쓴다고는 말하지 않을 것이다)과 관련되어 있다. 여기서 우리는 누군가가 무엇인가에 대해 관심을 가질 때 그들의 어려움들을 보다 극복하기 쉬워지거나 우회할 수 있는 길을 발견하게 된다는 것을 알 수 있다.

자폐 스펙트럼 상에 있는 사람들은 변화를 좋아하지 않는다고 언급됨에도 불구하고 대부분 사람들의 강박과 매혹들이 변화하기 때문에 완전히 진실이라고는 할 수 없다. 어떤 것은 다른 것들보다 좀 더 오랫동안 버틸 수도 있다. 하지만 많은 부모님들과 아스퍼거 증후군 또는 자폐증을 가진 아이들은 새로운 것에 마음이 끌려 이러한 매혹이 몰락하거나 다른 어떤 것과 융합된다는 사실에 동의할 것이라고

 별종, 괴짜 그리고 아스퍼거 증후군

나는 생각한다.

질문: 언제 강박사고가 강박사고가 아닌 것이 되는가?
대답: 축구에 관한 것일 때

이것은 얼마나 불공평한가? 우리 사회는 수많은 남자와 소년들이 축구로 '먹고, 자고, 숨쉬는' 사실을 전적으로 수용하는 것 같다. 그리고 누군가 그렇지 않을 때 그들이 완전한 남자가 아니라고 생각하는 것 같다. 얼마나 멍청한 일인가!

소녀들은 이러한 축구 마니아를 피할 수 있기 때문에 운이 좋다. 그러나 십대 소녀들은 인기 차트에 있는 거의 모든 노래 가사와 누가 무엇을 불렀고 어떤 남자 가수가 가장 몸매가 좋은지를 알아야만 한다는 사실을 나는 알고 있다. 그래서 나는 다른 것에 보다 많은 관심을 가진 아스퍼거 소녀들이(또는 아스퍼거 증후군이 아닌 소녀라도) 축구에 미치지 않은 소년들이 경험하는 것과 똑같은 어려움을 겪으리라고 추측한다. 내가 생각하기에 통합운동에 어려움이 있는 아스퍼거 소녀들은 십대들이 주로 하는 댄스와 관련된 모든 일상에서 어려움을 겪을 것이다. 나의 누나들은 복잡한 댄스에 몇 시간씩 소모한다. 누나들을 보면서 내가 소년인 것에 정말로 감사한다. 그것은 내가 할 수 있는 것도 아니고 내가 원하는 것도 아니다! 하지만 아스퍼거 소녀들에게는 긴 터널 끝에 희망이 있다. 왜냐하면 여러분이 열다섯이나 열여섯 살이 되면 이러한 복잡한 일상이 엉덩이를 돌리거나 가능한 한 섹시해 보이려고 애쓰는 것으로 교체되는 것처럼 보이기 때문이다. 그 후엔 무엇이 기다릴까?

만약에 한 부모가 의사에게 가서 그의 십대 아들이 축구에 대해 계속 말하는 것을 그만두지 않는다고 이야기한다면 의사 선생님은 웃으면서 100% 정상이라고 말할 것이다. 우리들도 똑같은 것을 가진 것뿐이다. 그것이 축구가 아닐 뿐. 사람들은 왜 모두가 똑같을 수 없다는 것을 알지 못할까? 나는 정말로 하루 종일 모든 사람들에게 컴퓨터에 대해 이야기하는 것을 좋아한다. 그러나 사람들은 곧 나에게 입 닥치라고 말한다. 나는 사람들에게 기대하지도 않는다.

콘솔 게임과 컴퓨터 게임

이제는 콘솔 게임과 컴퓨터 게임이 대부분의 사람들, 특히 어른들에게는 전문가적 관심 분야 같아 보이지 않지만 우리 대부분에게는 정말 확실한 관심사다. 많은 아스퍼거 증후군과 자폐증 아이들이 모두 같은 종류의 관심사에 강하게 끌리는 것을 보면 정말 이상하다. 어린 자폐증 친구들이 토마스 기차를 굉장히 좋아하는 것 같이 조금 큰 아이들은 대체로 포켓몬, 전쟁 망치 게임들과 연산, 플레이 스테이션과 닌텐도 게임, 컴퓨터에 강하게 끌린다. 그것이 아스퍼거 증후군 아이들에게만 특별히 있는 것이라고 말하는 것은 아니지만 (다른 사람의 눈에는) 우리가 약간 자제력을 잃고 정도가 심하게 빠지는 경향이 있다는 것이다.

어떤 것이 인생에서 정당하지 못한 자리를 차지하면 그것은 중독이나 집착이 된다고 엄마는 말씀하신다. 만약 어떤 것이 삶에 방해가 될 정도로 여러분의 사고나 행동을 지배한다면 그때는 여러분의 행

 별종, 괴짜 그리고 아스퍼거 증후군

동을 교정할 방법을 찾고 '서서히 줄여 나가도록' 노력해야 한다. 솔직히 말해서 나는 플레이 스테이션에 그렇게 중독되지는 않았다. 이 책을 읽는 여러분 중에 항상 플레이 스테이션을 하거나 콘솔 게임을 하는 문제가 있는 사람이 있나? 나는 엄마가 내가 이것을 좋아하는 이유를 알고 싶어 할 거라고 생각한다. 그래서 말인데 엄마, 그것은 엄마를 위한 거예요! 내가 플레이 스테이션을 좋아하는 이유는 아무 이유 없이 다른 사람들의 삶을 구경하기만 하고 게다가 항상 똑같은 것이 반복되는 TV와 달리 플레이 스테이션에서는 게임을 하는 사람이 실제로 등장인물들을 조정하고 아주 많은 방식의 문제 해결책이 있기 때문이다. 삶은 때때로 정말 통제되지 않아 보인다. 아마도 대부분의 사람들에게 그럴 것이다. 그래서 여러분이 조정할 수 있는 삶의 부분으로 물러나는 것이 좋은 거다.

텔레비전은 실제 삶의 연장과 같고 실제의 삶은 가끔 해결하기가 너무나 힘들다. 텔레비전에는 여전히 다른 사람들과 교류하는 사람들이 있고 알아내야 할 얼굴 표정들이 있고 해석해야 할 감춰진 의미와 사건들이 있다. 나는 확실히 그런 것을 보며 나의 여가시간을 보내고 싶지 않다. 그건 하루의 나머지 시간 동안 충분히 겪는다! 플레이 스테이션에서는 게임자가 다음 단계로 가는 활동의 경로를 알아내기 위해서 추리력과 논리를 사용할 필요가 있다. 그것은 모두 추측 가능하지만 너무 지루할 때는 추측하기 어렵다.

플레이 스테이션에 대한 논쟁이 우리 집에서는 여전히 진행 중이다. 나는 플레이 스테이션을 할 때 내 캐릭터가 어디로 가야 할지, 다음에 무엇이 일어날지에 관한 것 말고는 먹는 것, 입는 것도 잊어버리고 어떤 것도 생각하지 않는다. 엄마는 플레이 스테이션이 근육의 동작이나 집중력에 나쁘다고 생각해서 그것이 얼마나 멋진 것인지를 결코 알아보려고 하지 않는다. 조종에는 타이밍과 근육 동작이 많이 연관되어 있다. 엄마는 **너무** 논리적이어서 이러한 종류의 게임들을 이해할 수가 없다. 엄마는 '타즈(괴물 이름)'나 벌레들이 상자들을 더럽히고 사과를 따기 위해서 뛰어다니는 일은 전혀 없다고 말씀하신다. 내게는 그것이 매혹적이다―현실로부터의 완전한 탈출.

내가 플레이 스테이션을 하고 있을 때 누가 경기를 망치면 약간 화가 난다는 것을 인정하기는 해야겠다. 우리 형제들은 '약간 화난다'는 것이 지나치게 약하게 들린다고 지금 소리치고 있을 것이다. 네, 나는 **진짜** 화가 나요! 엄마가 들어와서 플레이 스테이션 하는 것을 그만하게 할 때! 때로는 다른 사람들이 플레이 스테이션을 하고 있는 것을 지켜보는 것도 행복하다. 코앞에 해결책이 있는데 찾지 못하고 헤매고 있으면 안타깝기는 하지만 지켜보는 것만도 행복하다. 그것은 독서와 같다. 독서를 할 때 머릿속에서 이런 식으로 그려지는 그림들이 있다. 그것은 나만의 작은 세계다.

플레이 스테이션을 하는 것을 지켜보는 것은 그러한 세계가 앞의 스크린에 있는 것만 빼고는 정말 비슷하다. 아무리 엄마가 충고해도, 내 얼굴에 드러나지는 않지만 즐겁다. 내 얼굴은 제대로 감정을 보여 주는 법이 없다! 남이 하는 것을 보고 있으면 실제로 할 때는 볼 수 없는 문제에 대한 다른 해결책들을 볼 수 있어서 좋다.

수집품

아스퍼거 증후군을 가진 많은 사람들은, 다는 아닐지라도, 어떤 것들에 매우 애착을 갖고 있다. 그것이 내가 수집품을 통해 이야기하려는 것이다. 우리들 중 많은 사람들이 조직화하고 분류하고 정렬시킬 수 있는 세트로 된 물건들을 갖기를 원한다. 우리 할아버지는 온갖 종류의 물건들을 다 수집하지만 아스퍼거 증후군을 가지고 있다고는 생각하지 않는다. 물건을 수집하는 것은 아스퍼거 증후군만 가지는 특성이 아니다. 그것은 아스퍼거 증후군을 지닌 사람들에게는 약간 다른 의미가 있다고 볼 수 있다. 대체적으로 수집하는 것이 안정감을 주는 무해한 방식이라면 누구라도 이것을 못하게 해서는 안 된다. 무엇을 조직화하는 것은 조직화되어 있지 않은 세계에서 사는 것으로부터 오는 혼란스러운 감정을 안정시키는 방법이다.

다시 나는 엄마와 형제들에게 나의 행동과 집착이 어떤 부분에서 다른 아이들과 다른가에 대해 물어보아야만 했다. 책을 쓰고 있는 동안 나 자신에 대해 실질적으로 배우고 있다! 진심으로 내가 아스퍼거 증후군을 가진 사람들, 그들의 부모님과 보호자들이 아스퍼거 증후군에 대해 배울 수 있도록 도움을 주기를 바란다.

고착과 강박은 전문가적 관심 분야와는 다른 것인데 생각하면 할수록 왜 그런지 알겠다. 엄마는 내가 무언가를 너무 계속하는 것이 당신을 화나게 하기는 하지만 그래도 내가 그렇게 열광하는 것이 있어서 기쁘다고 하신다. (음, 엄마 고마워요!) 형들과 누나들, 동생들도 여기에 동의하는지는 모르겠다! 대부분의 부모님들은 아마도 아스퍼거 증후군을 가진 자녀에게 훗날 유용하게 사용되어 좋은 기회를 마련해 줄 수도 있는 특별한 관심사가 있는 것을 기뻐할 거라고 엄마는 생각하신다.

가끔은 내가 말한 것처럼 강렬하게 무언가에 끌리는 것은 좋지만 그것 때문에 다른 일을 더 이상 할 수 없게 되거나 생활방식까지 흐트러진다면 그때는 그것이 인생에서 낮은 중요도를 가지도록 어느 정도 조정할 필요가 있다. 하지만 한 사람이 다른 누군가의 집착을 없앨 수 있는 권리는 없다. 도대체 누구에게 그런 일을 할 수 있는 권리가 있겠는가!

단순히 짜증나게 한다는 것 때문에 자녀들이 편안해지는 의식을 못 하게 한다거나 자녀가 고착하는 것을 빼앗고 화내기보다는 부모님들과 보호자들 모두가 자녀들이 생각하고 느끼는 것을 진심으로 이해하려고 했으면 좋겠다. 내가 다른 아스퍼거 증후군 친구들과 얘기해 본 경험상 그들이 끌리는 것이 나와 매우 비슷해서 지금부터 여러분에게 내가(그리고 벤과 조도) 매혹되었던 것들과 그 이유에 대해 쓸까 한다. 이 중 자라면서 어떤 것은 바뀌고 어떤 것은 바뀌지 않았다.

연 필

여러 해에 걸쳐서 나는 할아버지의 표현을 빌자면 '특이한 짓들'을 많이 했다. 무엇보다도 내 케이스에는(연필 케이스가 아니고 말장난해서 미안!) 연필들이 있다. 대부분의 사람들이 어릴 적 나를 기억하면 내 연필도 기억을 할 거라고 생각한다. 우리는 떼려야 뗄 수 없는 관계였다. 나는 어딜 가든 연필을 가지고 다녔고 심지어는 외출할 때도 그랬다. 적어도 한 자루의 연필이라도 없으면 아무 데도 가지 않았다.

나는 이 모든 것과 연필이 없을 때의 불안감을 너무 잘 기억하고 있다. 나는 그것을 빨지는 않았지만 벤과 조의 인형과 비슷한 것이었다. 사실 나는 그것으로 모든 것을 두드렸다. 그것이 사람들을 짜증나게 한다는 것을 알고 있었지만 내게는 긴장을 풀어 주고 마음을 진정시켜 주는 것이었다. 삶의

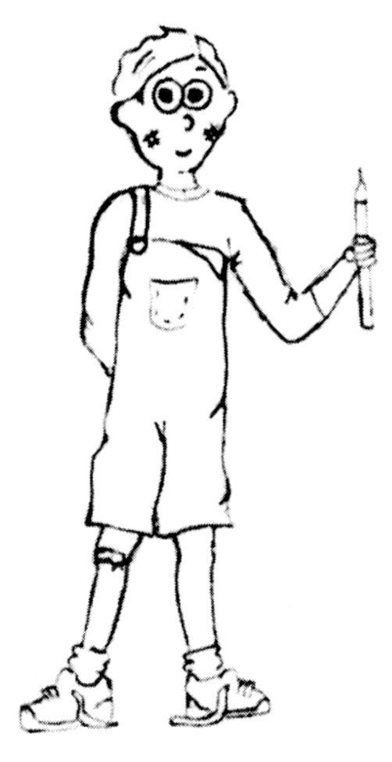

■ 레이첼의 그림

너무나 많은 것들이 스트레스를 주는 데, 항상 익숙한 것이 곁에 있다는 것은 정말 내 마음을 편하게 해 주었다. 사실 나는 지금 동경하듯 한숨을 쉬고 있고 생각만 해도 너무 그리워진다! 오! 사랑했다가 잃어버리는 것이 사랑하지 않는 것보다 낫다.

아침 4시경에(나는 항상 그때 깨어 있다) 내가 문 뒤에서 연필을 위아래로 미끄러뜨리고 있으면 엄마는 피곤한 목소리로 "가서 자라."고 말씀하셨다. 학교에서 연필을 너무 좋아해서 생기는 유일한 문제는 연필이 너무 빨리 없어진다는 것이었다. 엄마는 때때로 연필을 박스로 사서 학교에 보내곤 했다. 내가 연필들을 집으로 계속 가져왔기 때문이다. 때로는 내가 연필을 끊임없이 두드려 대서 엄마는 짜증나고

화가 나서서 내 연필을 빼앗아 버리셨다. 엄마는 심지어 내가 한밤중에 연필을 두드리고 돌아다니면 연필을 두 동강 내셨다. 그러고는 나중에 너무 죄책감을 느끼신다고 말씀하셨다. 엄마, 저는 용서했어요. 내겐 그저 새로운 연필 한 자루를 얻었던 것뿐이었어요!

줄과 물건들

또 하나 내가 하기 좋아했던 것은, 지금도 여전히 그렇지만, 모든 곳에 줄을 묶어 놓는 것이다. 나는 연쇄 반응에 관한 생각을 좋아한다. 한 가지가 다른 것을 유발시키고 그 다른 것이 또 다른 것을 유발시켜 연속해서 반응이 일어난다. 전에는 12개의 물건들을 줄로 연결해서 묶고는 한 번에 쓰러지는 것을 지켜보곤 했다. 그것이 내가 슬링키(slinky, 말려 있는 스프링)를 좋아하는 이유다. 한쪽의 둥근 것들을 감았다가 놓으면 저절로 풀리면서 늘어난다.

나의 가족들은 아침에 일어나서 없어진 신발끈들이 문손잡이에 묶여 있는 것을 보고 좀 짜증스러울 것이다! 같이 묶어 놓는 것이 얼마나 보람 있고 만족스러운지 설명하기는 매우 힘들다. 그것은 나를 잠깐 동안 현실세계로부터 분리시켜 주는 최면 같은 일들 중 하나로 정말 재미있다. 만약 형 매튜가 어떤 특별한 날에 신발끈이 없이 나간다면 어떨지 궁금하다!

내 머릿속에는 색깔, 모양, 형상들이 모두 왜곡되고 같이 합쳐져서 존재한다. 비누 거품 속에 있는 것처럼 보이는 자폐증 아이들은 영영이와 같을 거라고 나는 생각한다. 나는 많은 자폐증 아이들을 알고 있는데 그들의 내면세계가 전에 내가 그랬던 것과 같은지 궁금하다.

요즘 나는 현실세계에 주
의를 기울이고 집중하고
있지만 줄이나 빛을 내는
것, 만화경과 라바 램프
(lava lamp)를 만지작거리
며 노는 것은 멋진 절충안
이다. 다른 곳이 아닌 바
로 이 세계에서!

많은 아이들이 실뭉치
풀기를 좋아한다. 그것은
끝이 없어 보이고 가구에
감으면 온갖 종류의 패턴

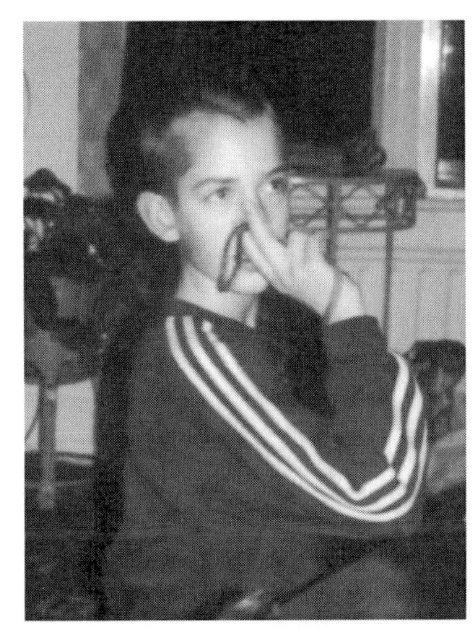

■ 줄을 좋아하는 나(루크)

들이 만들어질 수 있다. 경고 한마디! 어린아이 옆에 실뭉치를 두지
마라. 그들은 그것을 목 주위에 감을지도 모른다. 한 번은 조가 무명
실을 발가락에 감은 적이 있었는데 발가락이 파랗게 되고 부어올라
서 제거하러(발가락이 아니고 무명실을!) 병원에 가야만 했다. 만약 자
녀들이 즐겁게 놀라고 실을 약간 놔두고 싶다면 깨지기 쉬운 것들은
치우라고 말해 주고 싶다.

건전지

만약 여러분이 내가 좀 더 어렸을 때의 사진을 본다면 거기서 나는
건전지를 쥐고 있을 것이다. 특히 다음의 사진은 마치 건전지로 코를
후비려는 것처럼 보인다. 그것은 충전이 불가능한 듀라셀 AA2 건전

지이고 어쨌든 코에도 맞지 않는다! 나는 그것을 얼굴에 굴리고 있었다. 건전지들은 잡기가 좋다. 그것들은 차갑고 부드럽고 손에 꼭 들어맞는다. 글쎄, 적어도 적당한 크기였다. 내가 12볼트짜리 엄청 큰 건전지를 얼굴 여기저기 굴리려는 것은 상상하지 못하겠다!

내가 많은 것들 중에 건전지를 골랐던 것은 단지 건전지의 느낌 때문만은 아니다. 사람들이 무엇을 하는지, 어떻게 장난감들과 다른 것들을 움직이게 하는지 내가 모른다고 사람들은 생각하겠지만, 음……, 나는 안다. 그것은 한 조각의 힘을 지니고 다니는 것과 같다. 벤과 조 역시 이렇게 생각하고 있다. 우리는 가끔 오래된 장난감이 늦은 밤에 윙윙 소리를 내는 것을 듣는다. 조가 그의 듬직한 오랜 친구들 중의 하나를 가동시키려고 애쓰고 있기 때문이다! 벤과 조는 둘 다 모든 것에서 건전지를 빼내고 벤은 상품인양 들고 다닌다. 벤은 혼자서 장난감에 건전지를 넣지 못하지만 종종 장난감 컴퓨터를 가지고 와서 최근에 얻은 건전지들을 내민다. 조는 서랍 속과 베개 밑에 건전지들을 몽땅 숨겨 둔다. 물

■ 건전지를 좋아하는 나(루크)

 별종, 괴짜 그리고 아스퍼거 증후군

론 나 자신에 대해서 말하려는 것은 아니다(에헴, 나도 이것에서 아직 완전히 벗어나지 못했다!). 비록 집착하는 것은 차츰 줄어들었지만, 항상 여운이 남는다.

내가 건전지 수집을 좋아하는 또 다른 이유는 순전히 그리고 단순히 내가 수집하는 것을 좋아하기 때문이다. 무질서한 세계에서 소유물들을 조직화하는 것보다 더 만족스러운 것은 없지 않은가? 나는 이 때문에 사람들이 물건들을 일렬로 정렬시킨다고 생각한다. 아스퍼거 증후군이나 자폐증인 아이들의 부모님들, **모든** 리모컨에서 건전지를 빼는 아이가 있지 않은가요? 여러분 중 많은 분들의 자녀들이 그럴 것이라고 확신한다. 아스퍼거 증후군 친구 여러분, 집안 어딘가에 건전지 한두 개가 남아 있다는 걸 알면 짜증나지 않나요? 나는 그저 비밀스러운 건전지 수집품들을 가지고 앉아서 세트로 완성시키고 싶은 욕구를 참을 수가 없다. 에헴……, 건전지에 대해 이야기할 때 나도 모르게 현재형을 쓴 것을 알아차렸나요? 물론 이제 나는 쿨한 십대니까 그런 것들은 정말로 나답지 않다? **아니에요!**

강박증

강박증은 전문가적 관심 분야와는 매우 다른데 강박증이 지배적일 때는 아주 파괴적이다. 사람들의 강박증은 다른 수준의 심각성을 띨 수 있다. 강박신경증이라고 불리는 것이 있지만 이름이 설명해 주는 것 말고는 아는 바가 거의 없다. 책의 뒷부분에 있는 〈유용한 웹사이트와 주소〉에 이에 관한 정보가 있을 것이다.

　많은 사람들에게 끊기 어려운 소소한 일들이 있다. 혹시 변기물이 내려가는 것이 멈추기 전에 아래층으로 뛰어 내려갔었던 적이 있었나요? 잘 들어요. 나는 이사를 가서야 그렇게 하는 것을 멈출 수 있었다. 지금 우리는 단층집에 살기 때문이다. 엄마는 내가 어렸을 때 잠자기 전에 많은 의식들을 했다고 말씀하신다. 지금은 엄마도 그것을 일상사로 보지만 나는 그것을 확실히 기억하는데 사실 그렇지 않았다. 음……, 약간 창피하지만 나는 모든 벽에다 키스를 하고 전등을 껐다 켰다 세 번씩 하고 방에서 특정 장난감은 던져 버리고 한 쌍은 일렬로 정렬시켜야만 했다. 그때가 겨우 서너 살이었다 해도 이것은 강박증이다. 나는 그렇게 **해야만** 했다! 무언가 빠트리면 그 느낌을 설명할 수가 없다. 그때는 온몸이 터져 버릴 것처럼 느꼈다. 아스퍼거 증후군을 가진 여러분 중 누구라도 이것이 무엇을 의미하는지 알겠나요? 그 욕구는 저항할 수 없이 굉장한 것이다.

　이것은 내 문제들 중에서 심각한 것이 전혀 아니지만 만약 무슨 일이 어떤 대가를 치르더라도 해야만 한다고 느껴지기 시작한다면 나는 나 자신에게 단호한 어조로 이야기하고 나름대로의 방식으로 협상한다. 이런 종류의 일에 대한 여러분의 경향을 잘 알고 있으면 그것들을 중단시킬 수 있다. 아스퍼거 증후군을 가진 여러분, 내 이야기가 이치에 맞나요? 그러기를 바라요. 이렇게 하는 것이 어렵겠지만 자기 자신, 자신의 마음과 몸에 대해 정확히 알고 조절해 보려고 노력하는 것이 좋을 것이다. 사람들은 여러분이 이렇게 할 수 있도록 도울 수 있다. 나는 그것이 쉽지 않다는 것도 안다.

 별종, 괴짜 그리고 아스퍼거 증후군

강박증 조절하기

나는 이 부분에 이 제목을 신중하게 붙였는데 그것은 아이들이 아니라 강박증을 조절해야 한다는 것을 모든 부모님들, 선생님들 그리고 아이들을 돌보아 주는 분들이 알고 있어야 한다고 생각하기 때문이다. 나는 버릇없게 보이고 싶지 않지만 종종 내가 생각하기에 어떤 부모님은 매혹이나 고착을 멈추게 하기를 원할 수도 있다. 왜냐하면 그것이 부모님을 귀찮게 하기 때문이다. 내가 전에 말했던 것처럼, 이런 것들은 누군가의 삶을 뒤엎을 수도 있는 강박증과 같은 것이 아니다. 그것들은 스스로 조절하고 있다는 것을 느끼는 방식들이며 스트레스를 푸는 방법이다. 많은 사람들이 간과하고 있는 사실이 또 하나 있다. 우리가 계속해서 이야기하는 그것들을 정말로 깊이 사랑한다는 것이다. 그것은 단순히 아스퍼거 증후군의 이상한 버릇이 아니다.

아스퍼거 증후군이나 자폐증을 가진 누구라도 매혹의 강도가 문제를 일으킨다면 자신을 조절하는 것은 스스로에게 달려 있다. 나는 이것이 얼마나 힘든지 알고 있고 여기에는 아마 도움이 필요할 것이다. 내가 이해하고 있다는 것을 믿어라! 부모님들과 선생님들, 여기는 여러분이 낄 곳이 아니다. 만약에 정말로 고착이 아이들과 다른 사람들에게 위험하거나 아이들의 인생에 나쁜 영향을 미칠 것이 명백하다면 고착을 다른 방향으로 돌려 주어야 한다. 만약에 그렇지 않다면 혼자 잘 지내게 내버려 두고 그들이 나이가 들기를 기다려라. 삶은 우리 아스퍼거 증후군 아이들에게는 너무나 억압적이다. 우리들은 우리의 방식으로 적응하기 위해 해결책을 찾아야 한다. 바퀴를 돌리는 것이든, 배터리를 모으는 것이든, 컴퓨터에 대해 이야기하는 것이든 무엇이든지 간에 그것은 스트레스를 줄여 주는 것이다. 결국 나의 조언은 배터리를 더 가지게 해 주고 그것을 내버려 두라는 것이다!

내가 손에 연필을 쥐는 것은 항상 한 손이 사용될 수 없도록 했기 때문에 나를 난처하게 만들었다. 그렇기 때문에 엄마와 학교에서는 내가 연필 없이 얼마간 시간을 보낼 수 있도록 도와주었다. 이것을 위해 엄마는 나에게 일련의 별 스티커 차트를 주었다. 내가 스트레스를 받지 않거나 뭔가에 몰입할 때 연필 없이 지내도록 유도했다. 짧은 순간으로 시작하여 점차 시간을 늘려 갔다. 나는 『개구쟁이 데니스』라는 만화책이 주어졌던 것을 기억한다. 나는 내 자신에게 매우 만족했고 자랑스러웠다. 처음에는 잘 지낸 주에만 이상한 별 스티커가 여기저기에 붙었고 그 스티커가 점차 늘어 감에 따라 나는 좀 더 스트레스를 받는 상황에서도 연필 없이 지내는 것을 연습했다. 나는 이제 쓰거나 그림을 그릴 때만 연필을 사용한다. 정말 문제가 있다면 좀 더 어린아이들에게는 이러한 종류의 전략이 유용하다.

벤은 물건에 집착하는 성질을 가진 아이다. 그가 그림교환 의사소통 시스템(picture exchange communication system: PECS)을(계속 그랬듯 책 뒤쪽에 관련 웹사이트를 실어 두었다) 배우기 시작했을 때 엄마와 그의 이동 보조자인 줄리에가 그린 첫 번째 그림은 중국요리 메뉴였고, 그에게 그림을 이용하여 실제 음식과 바꾸게 했다. 이 시스템은 벤에게

잘 적용되어 그가 원하는 것을 말할 수 없어 좌절하고 화내는 것을 멈추게 했다. 그는 지금도 스트레스를 받거나 당황스러울 때 어떤 선택을 하기 위해서 PECS를 사용한다.

그리고 사람들이 그들의 감정을 다루거나 사물을 이해하는 것을 돕는 데 이용되는 그림들인 '사회적 이야기(social story)'도 있다. 나는 아스퍼거 증후군 십대들에게 이것이 우리 나이에도 도움이 된다고 말해야겠다. 그것은 만화를 읽는 것과 비슷하다. 종종 보다 이해하기가 쉽다. (책 뒤쪽에 관련 웹사이트를 실어 놓았다.)

벤은 난쟁이 나라 집(장식품), 여행용 휴대 시계, 수프용 국자, 파란 구슬이 달린 작은 상자를 가지고 있다. 그는 '동그랗고 노란 인형'도 가지고 있다―이것은 타원형이나 빨간색일 수 없다. 그것은 동그랗고 노란색이어야만 한다. 우리가 동그랗고 노란 인형을 찾아내지 못하면 그는 소리를 지른다! 빈번히 벤이 주체 못하고 화를 내는 동안 우리 모두는 저녁 내내 여기저기 그 인형을 찾아 뛰어다녀야만 했다.

엄마와 아동발달센터(그리고 정말로 우리 모두)는 벤이 이런 물건 없이 지낼 수 있는 시간을 늘리고 그에게서 이것들을 떼어 내기 위해 열심히 노력해 왔다. (비록 아직까지 잠들기 전에 동그랗고 노란 인형이 반드시 필요하지만) 이제 그가 흥분하지만 않는다면 이런 물건들은 그의 삶에서 아주 낮은 우선순위를 갖는다. 그가 학교에 갈 때쯤에는 싸움 없이 그 인형을 손에서 떼어 놓을 수 있을 것이라고 생각한다(그리고 그는 옷을 입은 채로 있을 수 있다. 이것은 중요한 성취다!).

나는 이 모든 것들이 물건에 지나치게 집착하는 아이를 가진 부모님들에게 격려가 되기를 희망한다. 상황은 바뀐다. 이것을 읽고 있는 십대 여러분 중 누구라도 내가 나의 어린 시절이나 내 동생에 대해 다시 쓰고 있다는 사실에 하품하거나 지루함에 신음한다면 단지 이것을 생각해 달라. 여러분이 다른 사람들에게 이상하게 보이는 어떤 일을 해서 별종이라고 불린 적이 한 번도 없었다고 이야기할 수 있나? 오직 나 혼자만 전문가적 관심 분야에 대해 이야기할 때 '입 닥쳐.'라는 말을 들었던 것은 아닐 거라고 확신한다. 좀 더 어린아이들의 부모님들

 별종, 괴짜 그리고 아스퍼거 증후군

은 자녀들의 마음이 어떻게 작동하는지 궁금해할 것이다. 그러니 제발 나를 참아 달라.

CHAPTER 05

감각과 감각 능력들

모든 감각들
– 우리의 다른 감각 인식

자폐 스펙트럼 상에 있는 많은 사람들은 감각에 문제가 있다. 그러나 아스퍼거 증후군을 지닌 사람들은 확실히 무감각하지 않다. 전혀 그것과는 거리가 멀다. 이 문제를 다룬 많은 책들이 있지만 이것은 우리 집에서 가장 큰 문제이기 때문에 꼭 언급하고 싶다. 그리고 벤에게 가장 심각한 문제이므로 주로 벤에 대해서 쓰겠다. 나는 벤이 '자폐적'이라는 것을 알고 있다. 내 생각에 이러한 감각의 문제를 가지고 있는 아이들이 자폐 스펙트럼 전체에 걸쳐 있다고 확신하기 때문에 이 문제를 강조하고 싶다. 벤이 아직 어려서 이해하지 못해 그의 허락을 구할 수는 없었지만 그가 다른 사람들을 돕고 싶을 거라고 생각한다. 네가 언젠가 읽을 수 있다면 '벤, 고마워.'라고 이야기하고 싶어.

아스퍼거 증후군을 지닌 십대들은 지루할지 모르지만 많은 부모님들과 전문가들이 그들의 아이들에 대해서 알고 싶어 하니 이 주제에 대해 쓸 필요가 있다. 어쨌든 이 장을 읽다 보면 여러분이 좀 더 어렸을 때 겪었던 일들을 기억하게 될 것이다.

벤에게는 감각통합기능장애 혹은 감각방어 또 다른 이름으로 불릴 수 있는 문제가 있다. 벤에 대한 평가지들을 읽은 적이 있어서 이런 문제들을 설명하는 단어들이 무엇인지 안다. 그 평가지들에는 벤이 감각 자극에 대해 극심한 어려움이 있다고 언급되어 있었다.

촉각

벤은 지금보다 과거에 촉각과 질감에 대해 훨씬 더 큰 어려움을 가지고 있었다. 아동발달센터에서는 벤이 아주 어릴 적부터 이에 대해서 훈련을 시켰고 큰 도움이 되었다. 예전엔 페인트를 보고서 마치 토할 것처럼 행동하고 괴로운 신음소리를 냈지만 지금은 즉각 씻어내기만 한다면 누가 그의 손에 페인트칠을 하는 것도 견딜 수 있게 되었다. 그는 여전히 반죽놀이는 하지 못한다. 하지만 대개의 반죽놀이가 밀가루를 쓰고 그가 글루텐과 카세인이 없는 식사를 하고 있는 점에서는 오히려 다행이다. 그의 학교에서는 반죽을 쌀가루로 만들어 벤도 해 볼 수 있는데 그에게는 참 좋은 일이라고 생각한다.

벤은 옷에 관한 한 정말 심각한 문제가 있다. 지금은 학교나 다른 곳에 갈 때는 옷을 입지만 집에 돌아오자마자 다 벗어 버린다. 밖에 있을 때라도 스트레스를 받는다면 장소에 개의치 않고 옷을 벗어 버린다. 벤은 옷에 대해 까다로워 엄마는 그가 직접 옷을 고르게 한다. 유모차에 앉아 있는 벤에게 엄마가 새 옷을 얼굴이나 손에 갖다 대면 벤은 "싫어요. 아파요."라고 말하거나 마음에 들면 옷을 잡는다. 어쩌다가 그가 참고 새 옷을 입어 보기라도 하면 성공한 것이다.

만약 당신이 이런 아이의 부모이거나 같이 일하는 사람이라면 그들이 단지 거북하고 꼴사납다고 생각하지 마세요. 그런 것들은 정말로 벤을 아프게 한다. 요즘은 벤이 말이 늘어서 아주 괴상한 것을 보면 "아, 아파요."라고 소리를 지른다. 벤이 계속 아무것도 입지 않겠다고 할 때 도움되는 한 가지는 가늘고 긴 소매의 내복을 뒤집어 입히는 것이다. 그러고 나면 위에 다른 점퍼를 뒤집지 않고 제대로 걸칠 수 있다. 정말로 춥거나 엄마가 집에서도 뭔가를 입어야 한다고 생각했을 때 가끔 벤은 뒤집어진 티셔츠를 입고 있을 것이다. 바지를 입거나 신발을 같이 신고 있는 것은 아니지만 그것은 좋은 시작이다!

벤에게는 엠마라는 친구가 있는데 그녀 역시 옷을 입는 것을 싫어한다. 만약 옷에 뭐든 한 방울이라도 떨어질라치면 그 즉시 벗어 버린다. 이것은 자폐아의 부모가 그들의 자녀가 옷을 계속해서 벗는다면 생각해야 할 또 다른 문제이다. 엠마는 일들이 그녀가 원하는 방식으로 이루어져야 한다는 점에서 매우 독특하다. 모든 사물에는 각자의 자리가 있고 그것들은 제자리에 있어야 한다. 재미있게도 엠마는 소리에 있어서는 벤과 정반대의 문제를 가지고 있다. 엠마에게는

시끄러운 것이 최고다. 그녀는 벤이 손가락으로 귀를 막고 몸을 구부리고 있는 동안 드럼을 두드린다. 그들은 서로 다른 점들이 매력적이라고 말한다!

모래는 벤이 싫어했던 것들 중 또 하나다. 나와 엄마도 마찬가지다. 엄마는 벤이 가진 모든 감각적인 문제들을 가지고 있고 그 외에도 더 많은 문제들을 가지고 있다. 벤은 이제 모래가 젖지만 않았다면 가지고 논다. 나도 여전히 끈적끈적한 진흙투성이가 되는 것을 싫어하지만 따뜻하고 마른 모래는 일단 숨을 깊게 들이마시고 시도하면 견딜 수 있다. 여전히 재미있다고 생각하지는 않지만! 지금부터 나는 부모님들이 자녀들의 어떤 행동들을 알아채고 그것들에 대해 조금 더 배울 수 있었으면 하는 바람에서 이런 감각의 문제들이 얼마나 많은 어려움들을 유발하는지를 이야기해 주는 일화를 들려주고자 한다. 설령 깨닫고 배우지 못하더라도 재미있을 것이다.

편하게 앉았나요? 그러면 시작할게요. (우리 할아버지는 항상 이렇게 말씀하셨는데 분명히 오래된 라디오 어린이 프로그램에서 이렇게 말했던 것 같다.)

하루는 우리가 외출을 했다. 그날은 찌는 듯이 더워서 엄마는 세인트 앤 해변에 가기로 결정했다. 나는 해변, 모래 그리고 해와 물을 지금보다 훨씬 싫어했다. 나는 즐거운 시간이 될 거라 생각하지 않았지만 늘 그렇듯이 다수의 의견에 따라 우리는 출발했다(모두가 내가 고군분투할 거라는 것을 알고 있었다고 나는 생각한다.).

우리가 도착했을 때 엄마는 나를 등에 업고 모래언덕을 지나 내 발에 모래가 묻거나 젖지 않도록 수건 위에 나를 내려놓았다. 물론 나는 여전히 끙끙거리고 있었죠! 누나들은 언제나처럼 내가 이런 것을 몹시 싫어한다는 것에 기분 나빠하고 날 경멸했다. 내 생각에는 그들이 해변에서 노는 것을 좋아하는 별종들이다.

일단 해변에 오면 누나들은 곧 달려가서 진흙투성이가 되고 끈적끈적해지고 젖어서(그들은 내가 이상하대요!) 수건 위에 앉았다가 자신을 바쁘게 하려고 암산을 하고 있는 나를 남겨 두고 가 버렸다. 엄마는 겨우 네 살인 어린 조셉 때문에 바빴지만 가끔씩 멈추고 "루크, 가서 누나들이랑 놀아라."거나 "한번 가 봐. 너도 좋아할 거야." 라고 말씀하셨다. 나는 앉아서 '황산이 가득한 통에 기대고 있는 것만큼이나요.'라고 생각했지만 결국엔 의무감에 일어나서 누나들이 있는 방향으로 걸어가면서 최대한 모래를 피하려고 까치발을 하고, 웃으며 박수 치는 엄마를 향해 애처로운 표정을 지었다.

발가락 사이의 젖은 모래 때문에 메스꺼운 것을 참고 걸어가는데 잔디와 잔디를 비집고 나온 갈대 같은 풀들의 유혹에 이끌려 (다른 사람들에 대해 두 번 생각도 안 하고) 방향을 틀어 큰 잔디밭으로 걸어갔다.

순식간에 나는 그곳으로 갔다. 그러고는 나는 사라졌다. 아니 사람들에게는 그렇게 보였겠죠. 사실 나는 풀의 씨를 따고 접어서 풀피리를 불고 있었다. 해 본 적 있나요? 풀이 종이 같아서 베일 수 있으니 조심해야 한다. 제대로 하면 정말 멋진 깩깩거리는 소리가 난다. 난 아직 그렇게까지는 못한다.

나는 종종 한 가지 일에 몰두하면 시간을 까맣게 잊는다. 시간이 어떻게든 존재한다는 것은 유감이지만 적어도 언제 밥을 먹어야 하는지 정도는 알아야 하겠지요. 나는 주위에 있는 사물들의 모양과 패턴을 보면서 몇 시간이고 보낼 수 있다. 나는 머릿속에 나만의 패턴과 프리즘과 모양과 색깔들의 진열을 가지고 다닌다. 그것들은 외부세계의 모양들과 섞인다. 설명하기는 힘들지만 아스퍼거 증후군이나 자폐증을 가진 아이들은 이해할 수 있을 거예요. 이상하게도 나이가 들수록 나만의 작은 세계보다는 시간과 공간, 사람들을 더 의식하게 된다. 내가 종종 뭔가에 '빠져 길을 잃곤' ('빠져 길을 잃다'에 작은따옴표를 한 이유는 다른 사람들 눈에만 그렇게 보이지, 나는 내가 어디에 있는지 항상 알고 있기 때문이다) 했을 때 자주 나만의 세계에 있었다고 생각한다. 벤이 지금 그렇다.

한참 후에 나는 엄마에게 돌아가기로 했다. 꽤 오랜 시간이 지난 후, 실제로 몇 시간 후라고 들었는데 전혀 깨닫지 못했다. 엄마에게 돌아가는 데 흔히 겪는 문제는 어느 길로 돌아가야 하는지를 자세히 모른다는 것이다. 잠시 동안 주위를 둘러보다 마침내 잔디밭을 따라 걷는 남자를

  별종, 괴짜 그리고 아스퍼거 증후군

보았다. 그는 내게 길을 잃었냐고 물었다. 나는 길을 잃은 것이 아니라 엄마가 어디에 계신지 모르는 것이라고 설명하며 혹시 봤냐고 물었다. 그녀는 곱슬머리에 분홍색 립스틱을 바르고 있고 마지막으로 보았을 때 피라미드 위에 앉아 있었다고 설명했다. 돌이켜 생각해 보니 그는 무척 당황했을 것 같다. 우리는 세인트 앤 해변에 있지 이집트에 있는 것이 아니잖아요. 그 피라미드는 거대하고 실제 피라미드와 똑같은, 두 면의 경사진 돌벽을 가지고 있었다. 다른 사람들에게는 확실히 아니겠지만 적어도 내 눈에는 그렇게 보였다!

그러는 동안 엄마는 해변에 있는 모든 사람들이 나를 찾게 했다. 해안 경비대, 경찰, 소년단원들 그리고 가능한 개인들은 모두 내 이름을 확성기에 대고 소리쳤다. 나는 아무것도 듣지 못했다! 나는 이상한 종류의 청력을 가지고 있어서 내가 듣기로 되어 있다는 것을 알 때만 듣는 것에 집중할 수 있다. 배경으로 들리는 소리와 옆에서 들리는 소리를 구분하는 것이 항상 문제가 되어 왔다. 그래서 사람들이 아무리 크게 소리를 쳐도 그것을 당연히 배경음으로 여기곤 했다. 이것은 아스퍼거 증후군의 어려움이다. 사람들이 내게 말하는 것을 정말로 알아채지 못하는데, 무례한 고집쟁이라는 말을 수차례 듣는다. 조셉도 이런 문제가 있는데 나보다 훨씬 심각하다.

발견되었을 때는 정말 아무도 찾고 있지 않았다. 사람들과 우연히 마주쳤는데, 누나와 동생들은 울고 있었고 엄마는 나를 꽉 부여잡고, 내게는 별 것 아닌 일 같은데 난리법석이 났다. 때때로 정확히 내가 무엇을 잘못했는지 이해하는 것이 힘들다. 만약 여러분이 부모이고 자녀가 이와 같다면 그들에게 꼭 매우 명확하게 설명해 주세요.

압박감

아스퍼거 증후군과 자폐증을 가진 많은 사람들은 안전하게 느끼게
해 주고 심지어 외부세계를 차단하는 것들을 찾으려고 애쓴다. 내가
더 어렸을 때는 눈만 빼고 머리와 얼굴 전체를 감싸 주는 발라클라바
(balaclava, 역자 주: 눈만 내놓고 머리 부분을 감쌀 수 있도록 털실로 만든
방한모로 목출모 또는 목출방한모라고 한다)가 큰 위안을 줬다. 나는 그
것을 하루 종일, 일주일 내내 썼다. 학교 교실에서도 쓰고 밥 먹을 때
도 쓰고 어디서나 썼다. 나는 학교에서 대부분의 친구들이 실제로 내

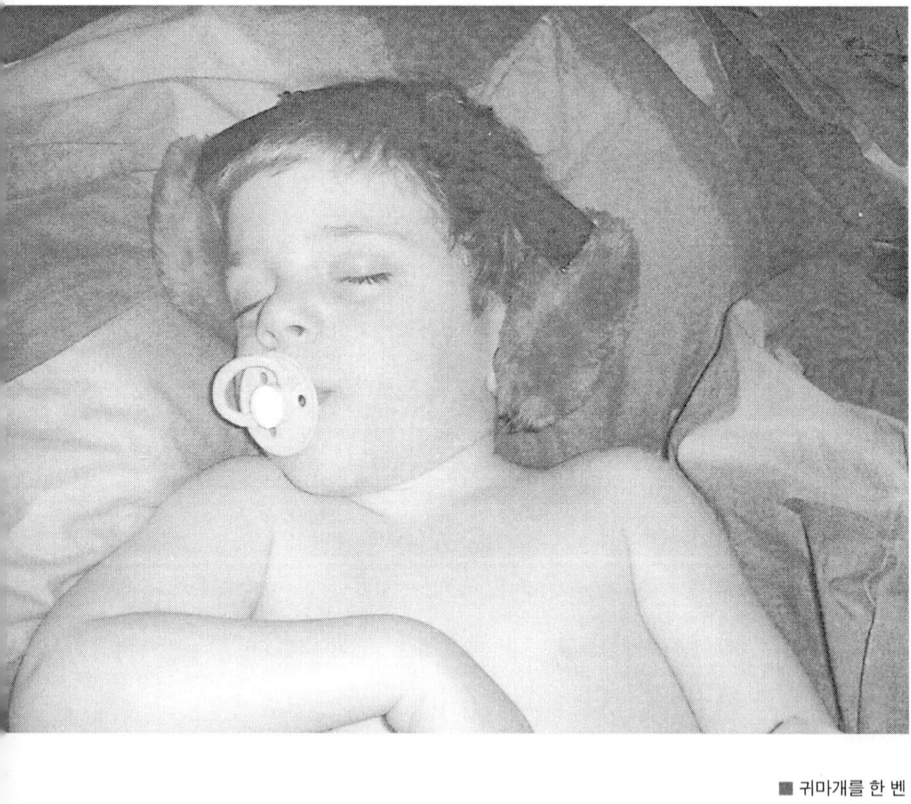

■ 귀마개를 한 벤

 별종, 괴짜 그리고 아스퍼거 증후군

얼굴을 봤다고 생각하지 않는다! 그 모자가 세탁되기나 했는지 의문이다.

그 모자를 그렇게 좋아한 이유는 단순히 위안을 주는 것 이상이었다. 그것은 쓸모가 있었다. 우선 첫째로 매일 하루 종일 지속되는 얼마간의 소음으로부터 내 귀들을 보호해 주었다. 나는 매우 예민한 청각을 가지고 있어서 이 세상이 매우 소란스럽게 느껴진다. 발라클라바는 소음을 약하게 하고 소리들이 들리는 방식을 바꾼다. 그것이 발라클라바를 썼던 주된 이유는 아니었지만 더해진 보너스와 같은 것이었다. 주된 이유는 그 안에서 내가 안전하다고 느꼈던 것이다. 그것은 마치 안전한 칸막이 뒤에서 이 혼란스러운 세상을 지켜보는 것과 같았고 머리와 얼굴을 감싸는 소재의 압박감과 견고함으로 끊임없이 꽉 조여지는 것 같았다. 벤은 대부분 귀마개 또는 고글을 쓰거나 둘 다를 착용한다. 그는 그것들 없이는 잠들지 못한다. 나는 이 또한 같은 이유일 거라고 생각한다. 그는 지금은 사진에서 보듯이 귀엽게 보이지만

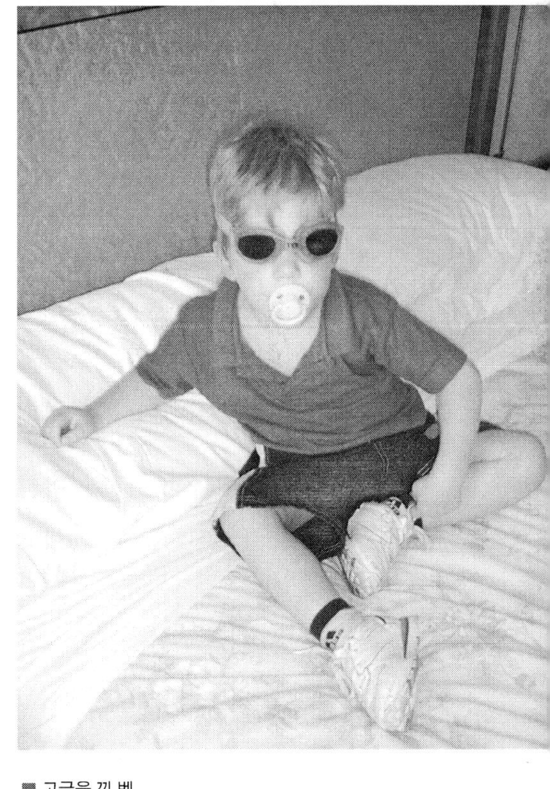

■ 고글을 낀 벤

나이가 들어서도 계속 그러면 놀림을 받을 것이다.

벤은 종종 우리들에게 손가락으로 자신의 눈을 세게 찌르거나(물론 우리는 그렇게 세게 하지 않는다) 자신의 발을 매우 꽉 쥐어 주기를 원한다. 그는 지금도 그의 발을 꽉 쥐어 주는 사람하고만 자려고 한다. 내가 발라클라바를 좋아했듯이 그가 압박감을 좋아하기 때문이라고 나는 생각한다. 벤은 또 어디든 머리를 쏙 집어넣기 때문에 상당히 위험하다. 테이블, 쿠션, 이불이나 옷 밑에 머리를 쏙 집어넣는다. 벤은 가끔 사람들의 점퍼 속에 기어올라 거기에 숨는다. 엄마는 종종 앞주머니에 아기를 넣어 가지고 다니는 캥거루처럼 벤과 같이 걷는다.

템플 그랜딘은 자폐증을 가진 여성으로, 통 안에 들어가 사용자가 원하는 대로 압력의 양을 조절할 수 있는 압력기계를 고안했다. 그녀는 또 젖소들이 비좁은 곳에서 서로 부대낄 때 더 많은 젖을 만든다는 것을 알아내고, 젖소들을 위한 압력기계도 만들었다. 그녀는 농업에 관한 많은 자격증들을 가지고 있고 자신의 삶과 경험에 관한 책들을 썼다. 이것은 보통 사람들과 다른 사람이 어떻게 생산적이고 훌륭한 삶을 살 수 있는지를 제대로 보여 준다. 이와 관련된 웹사이트도 책의 뒤쪽에 실어 놓았다(미안해요, 제가 반복되는 녹음기처럼 굴기 시작했네요.).

나의 발라클라바 쓰기는 어떨 때만 허용받고 한참 쓰지 않고 지내면 보상을 받곤 하면서 점차 줄어들었다. 처음에는 어려웠지만 멋진 책들과 간식 대접을 받으며 모자 없이 지내는 시간이 많이 늘어나다 보니 필요가 없어졌다. 만약 어떤 부모님들이 이 이야기를 읽고 아이

 별종, 괴짜 그리고 아스퍼거 증후군

에게 정말 부적당한 무언가를 그만 없애 주려 한다면(단지 부모님들이 생각하기에 부적당한 것 말고) 비법은 충분한 시간을 가지고 가장 스트레스를 적게 받는 시간을 골라서 아이가 조금이라도 그 버릇 없이 지내면 듬뿍 보상을 주는 것이다. 우리는 내가 얼마나 잘해 왔는지를 기록하려고 별 스티커 차트를 이용했다. 별 스티커 차트는 자폐 스펙트럼 상에 있는 사람들에게 유용한데 왜냐하면 그들은 상황이 눈으로 보일 때 더 쉽게 이해하기 때문이다. 지금은 벤이 별 스티커들을 떼어내 먹어 버리지만 언젠가는 반드시 도움이 될 것이다.

시각

아스퍼거 증후군이나 자폐증을 가지고 있는 많은 사람들은 실제 다른 사람들과 시각이 다르다기보다는 인지하는 방식이 다르다고 생각한다. 벤을 보면 이것을 알 수 있다. 벤은 외출을 해서 바닥에 줄들이 쳐져 있으면 무릎을 꿇고 그것들 위를 기어가지만 안과에서는 그의 시력이 기어서 볼 정도는 아니라고 한다. 사물들이 왜곡되고 그를 혼란스럽게 하는 것임에 틀림없다. 이러한 일의 많은 부분이 그의 균형감각과 관련 있다고 생각한다. 확실히 이 모든 것들은 감각의 기능장애와 관련이 있고 여러분이 더 자세히 알아볼 수 있도록 책 뒤쪽에 관련 웹사이트를 실어 놓았다.

또 다른 문제는 '눈의 가장자리'로도 볼 수 있다는 것이다. 엄마는 방구석에서 무언가 약간만 움직여도 볼 수 있어서 괴롭다. 엄마가 주변에 계시면 손가락을 움직이고 가볍게 두드리는 것이 허락되지 않는다. 이것은 증상이 확실하지 않은 건강한 여자아이가 있다면 체크해 보기에 간단한 방법이라고 생각한다.

나는 왼쪽 눈에서 벗어나는 것은 잘 보이지가 않고 사시가 되는 것을 막는 데 힘이 많이 든다는 것 말고는 이 두 가지 문제 중 어떤 것도 없다. 그러나 내게는 눈이 흔들리는 안구진탕증이 있고 반짝이고 빛나는 것들에서 눈을 떼지 못하는 문제도 있다. 나는 불빛들을 좋아해서 방 안에 화산암 램프, 디스코 조명장치 램프, UFO 램프, 마법의 버섯(혹 여러분 중에 마약이라 생각하실 분이 있을까 싶은데요. 이것은 제 구형 램프를 부르는 이름이에요)이 가득 차 있다. 그것들은 날 최면에 들게 하고 위로해 주고 현실로부터의 멋진 도피를 선사한다. 많은 특수학교들에는 감각실이라고 불리는 방에 갖가지 조명들과 음향 시설들이 있다. 그야말로 천국이 따로 없다!

눈맞춤

"내 얘기 듣고 있니?" "얘기할 때는 제발 좀 날 봐." 아스퍼거 증후군 아이들에게 이런 말들은 얼마나 친숙한가! 그 말들이 당신을 신음하게 만들지 않나요? (그러니 친절하게나 말해 주세요!) 어른들은 얘기할 때 상대방이 자신을 보는 것을 중요하게 여기는 것 같다. 여러분이 말하는 사람 쪽으로 쳐다보지 않는다면 최소한 예의 없게 보일 것이 확실하다. 이 세계는 온갖 어리석은 법칙들로 가득 차 있다! 정말 눈을 맞추어야 한다는 법칙은 싫다.

조셉은 사람들이 이야기할 때 거의 보지 않아서 학교 선생님들은 대부분 그에게 눈을 맞추도록 가르친다. 조셉은 경청하는 것과 주의 집중을 하는 데 큰 문제가 있어서 선생님들이 그렇게 하는 거라는 것

 별종, 괴짜 그리고 아스퍼거 증후군

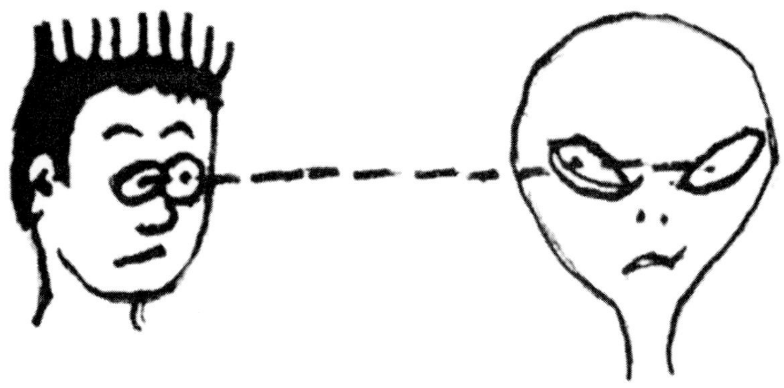

을 나는 이해할 수 있다. 상대를 보지 않고 있을 때 조셉은 보통 그만의 일을 하고 있어 얘기하는 사람들은 시간 낭비를 하고 있는 것이다. 여러분의 자녀나 직장 동료나 대화 상대가 듣고 있는지를 아는 가장 간단한 방법은 방금 한 말과 관련된 질문을 하는 것이다. 만약 그들이 대답을 하고 명백히 듣고 있다면 나 개인적으로는 그들이 여러분을 보거나 말거나 관계가 없다고 생각한다.

사람들의 눈을 똑바로 쳐다볼 때, 특히 친하지 않은 누군가일 때 나는 말로 표현할 수 없을 정도로 너무 불편하다. 무엇보다 그들의 눈이 나를 불태우는 것 같고 외계인의 얼굴을 보는 것같이 느껴진다. 예의 없이 들리겠지만 내가 느끼는 대로 말하는 것이다. 만약 그런 상황에서 눈길을 돌리지 않는다 해도 상대가 말하는 동안 열심히 응시하다 보면 그들의 생김새를 보느라 막상 듣는 것을 까맣게 잊어버리고 만다. 엄마가 말씀하시기를 내가 어렸을 때 사람들의 정면으로 다가가 뚫어지게 보곤 했다고 한다. 그들이 아마도 웃겨 보였나 보다. 종종 사람들의 얼굴을 뜯어보다가 낄낄 웃는 것을 참아야 했다. 우리 주변에는 정말 이상하게 생긴 얼굴들이 있다.

때때로 듣는 것과 보는 것에 동시에 집중하는 것은 너무 힘들다. 사람들의 말이 너무 애매해서 정말 이해하기 힘들기도 하지만 사람들의 표정이 움직이고 있고 눈썹은 올라갔다 내려갔다 하고 눈은 커졌다 작아졌다 하는데 이 모든 것을 한 번에 직면할 수가 없다. 솔직히 말해서 나는 노력조차 하지 않는다.

나는 아스퍼거 증후군 아이로서 이 문제에 대해 타협안을 발견했다. 그것은 사람들의 입을 보는 것인데 현재 내가 실천하고 있으며 잘 적용되고 있다. 그렇게 하면 상대방은 여러분이 그들을 바라보고 있다고 느끼기 때문에 만족할 수 있고, 여러분은 상대의 눈을 응시하면서 느끼는 무시무시하고 타는 듯한 감정을 가지지 않아도 된다. 사람들이 이야기를 할 때 입을 응시하려고 노력하면서 얼마나 많은 모양들이 만들어지는지 봐라. 단, 이때 입 모양에만 집중하다 보면 듣는 것을 잊을 수도 있다. 또 다른 좋은 방법은 말하는 사람의 귀 쪽을 바라보는 것이다. 이것은 여러분에게 듣는 것을 상기시켜 주고 방심하지 않게 해 주니 정말 좋은 방법이다(물론 여러분이 움직이는 귀를 발견하지만 않는다면 말이다.).

가장 좋은 방법은 여러분이 너무 튀지 않으면서도 무례해 보이지 않는 종류의 타협안을 찾는 것이다. 여러분은 그런 타협안을 찾을 수 있다. 기억해라. 고양이의 가죽을 벗기는 방법은 한 가지 이상이라는 것을(엄마가 해 주신 말씀인데 끔찍하게 무섭다.)!

빙빙 돌기

이것은 시각과 정확히는 관계가 없지만 앞서 말했듯이 자폐증을
가진 사람들의 균형감각과 지각력은 종종 다르다고 나는 생각한다
(이 부분을 다른 어디에 넣어야 할지 뾰족한 생각이 안 나서요!). 빙빙 돌기
는 이러한 불균형과 관계 있어 보인다.

지금까지도 난 솔직히 빙빙 도는 것을 무척 좋아한다. 털실 감는
것 말고요! 사실 내가 제일 좋아하는 것들은 컴퓨터, 조명 그리고 빙
빙 돌기(순서대로)다. 이것은 감각 정보 입력과 연관이 있고 책 뒤쪽
에 유용한 웹사이트를 참고하면 더 많은 정보를 얻을 수 있다. 내가
고작 열세 살이고 모든 것을 다 알 수는 없으니까(저는 이 변명을 너무
좋아해요!).

여기 감각적인 문제들을 설명해 주는 우리들의 실생활 이야기가
있다. 내가 여러분을 지루하게 하고 있지 않길 바란다! 아스퍼거 증
후군 친구 여러분, 언제 이런 종류의 문제들이 여러분을 곤란하게 했
는지 생각해 낼 수 있나요? 나는 이런 문제들을 기억하는 것이 재미
있다는 것을 알게 되었어요.

＊ 위로 사라져서……＊

우리가 부틀린스에 살 때 거기에는 놀이공원이 있었다. 한번은 엄마,
형, 누나, 동생들과 같이 있다가 위를 쳐다보니 머리 위를 빙글빙글 도는
로켓 놀이기구가 있었다. 나는 참을 수가 없어서 놀이기구 조작원의 다리
사이로 조용히 빠져나가 로켓에 올라탔다.

다른 사람에 대해서는 1초도 생각할 겨를이 없었다. 무언가 내 주의를 끌면 그렇게 돼 버리지만 지금은 그러지 않으려고 노력한다. 그것이 옳은 거니까요. 여러분이 아스퍼거 증후군이든 아니든 이것을 읽고 있다면 똑같이 노력해 봐요.

엄마가 뒤를 돌아봤을 때 나는 사라진 후였고 엄마가 가장 잘하는 일을 하셨다. 엄마는 어중이떠중이(생소한가요?)를 다 붙잡고 나를 찾아서 모든 곳을 헤매셨다. 엄마는 그런 경험이 아주 많으시답니다! 마침내 나를 찾고 너무 기뻐하셨다. 나는 로켓 바닥에 앉아 있었다. 나는 최대한 편안하게 있으면서 빙글빙글 도는 것에 몹시 만족하고 있었다.

마침내 내리게 되었을 때(세 시간이 훨씬 지난 후였고 경찰도 출동했지요) 엄마는 화가 나셨다기보다는 말 그대로 곤혹스러워 하셨다. 어떻게 그렇게 한 장소에 오래 머물러 있는지.

나는 한 가지를 생각하면 오로지 그것, 오직 그것만 생각한다. 빙빙 돌고 있거나 채색된 것이나 반짝이는 것을 구경할 때 세상은 눈에 보이지 않는다.

청각

현재 소리에 대해서 가장 많은 문제를 가지고 있는 사람은 벤 그리고 묘하게도 엄마다. 엄마는 영화관이나 그와 비슷한 너무 시끄러운 장소를 싫어한다. 우리가 시끄럽게 하면 엄마는 귀마개를 하거나 손가락으로 귀를 막고 있는데 쿵 소리가 나거나 하면 소스라치게 놀라 뛰어오른다. 엄마는 사람들이 말하는 생체공학적 귀를 가지고 있다. 침실에 있을 때도 뒷집에서 속삭이는 소리까지 들을 수 있다. 나는

 별종, 괴짜 그리고 아스퍼거 증후군

멋있다고 생각하지만 엄마는 귀찮다고만 생각한다.

영화관은 벤의 감각적인 문제들에 한꺼번에 맹공격을 가하기 때문에 벤은 영화관에 갈 수 없다. 한 번 시도해 보기는 했지만 벤은 귀에 손을 댄 채로 바닥에 주저앉아 눈을 꼭 감고 "너무 시끄러워." "너무 어두워."라고 소리쳤다. 우리는 벤을 집으로 데려가야만 했다. 벤은 많은 시간을 손가락으로 귀를 막고 지내지만, 앞으로 무슨 일이 있을 거라고 미리 정확하게 말해 주면 훨씬 낫다.

지금은 벤에게 진공청소기를 돌릴 거라고 미리 말해 주면 그는 손가락으로 귀를 틀어막고 다른 방으로 얼른 달려가서 쾅 하고 문을 닫는다(하지만 벤은 문을 쾅 닫는 것을 싫어한다.). 나 역시 소리에 대해 같은 문제가 있었지만 지금은 완화되었다. 한 가지 참을 수 없는 것이 있다면 수영장이나 비어 있는 큰 홀에서 울리는 소리다. 그래서 가장

■ 사라의 그림

힘든 점은 대부분 시험을 큰 홀에서 본다는 것이다. 시험 볼 때 사람들이 종이를 넘기는 소리를 듣게 되는데 정말 괴롭다.

미각

미각은 자폐증을 가진 많은 사람들에게 문제가 된다. 어떤 사람들은 혼합된 맛을 좋아하고 어떤 사람들은 매운 맛이나 향이 강한 것을 좋아한다. 마치 맛을 느끼는 미뢰가 너무 발달되어 있거나 덜 발달된 것 같다. 나 자신은 아주 매운 맛을 좋아하지만 심한 편은 아니다. 자폐증이나 아스퍼거 증후군을 가진 사람들의 음식에 대한 문제들은 맛을 싫어해서라기보다는 새로운 것들을 시도조차 하지 않기 때문이다. 그것은 똑같은 것을 고집하는 것뿐만 아니라 음식의 외양, 질감, 냄새와도 연관이 있다.

후각

다시 말하지만 후각은 지금보다도 과거에 훨씬 더 내게 문제가 되었던 감각이다. 내가 따분하게 하고 있다는 것을 알지만 많은 감각적 문제들이 글루텐과 카세인이 없는 식사를 하고는 없어졌다. 여전히 생선가게 앞을 지나가지 못하고 강한 향을 맡으면 재채기를 하지만 이런 지극히 정상적인 반응들을 빼면 후각은 이제 문제가 되지 않는다. 그렇지만 엄마는 경찰견 같은 후각을 가지고 있어 다른 사람들은 알아채지도 못하는 냄새들을 가지고 불평하신다. 가끔 상점에 같이 가면 엄마는 창백해져서 무슨 고약한 악취가 난다고 하시는데 우리는 아무 냄새도 맡을 수 없다. 그녀에게 좋아하는 냄새가 있다는 것은 참 다행이다. 어떤 꽃들의 향기는 순식간에 엄마의 기분을 좋게 만든다. 하지만 사라 누나는 그 냄새에 알레르기가 있다!

운 좋게도 데이트를 할 수 있는 아스퍼거 증후군 십대들에게 뛰어난 후각은 문제가 될 거라고 생각한다. 절대로 데이트 상대에게 "향수 냄새가 고약해."라고 말하면 안 된다. 그 순간 바로 '예전의' 데이트 상대가 될 것이다! 조심스럽게 진한 냄새가 코를 자극한다고 말하면 그들은 분명히 다음번에는 그렇게 향수를 많이 뿌리지 않을 것이다.

모든 감각이 뒤죽박죽

벤은 종종 불이 갑자기 켜지거나 꺼질 때 귀를 손바닥으로 치거나 어떤 강한 냄새가 날 때 눈을 꼭 감는다(조는 그렇지 않다. 벤을 보고 낄낄거린다!). 자폐 스펙트럼에 있는 사람들은 종종 감각들이 혼란되곤 한다. 내게도 그러한 경험이 있는데 다음 이야기는 그에 관한 짧은 경험담이다.

> **✳ 뒤죽박죽이 된 감각들 ✳**
>
> 하루는 엄마가 놀러 가자고 했고 한 시간 정도의 입씨름 끝에 동물원에 가기로 했다. 사자, 뱀, 호랑이, 사슴, 원숭이, 라마가 있었고 고릴라를 보았다. 나는 모든 동물들을 보았고 고릴라에게 가기 전까지는 아주 멋졌다. 고릴라를 보자 친숙한 감정이 밀려오는 것을 느꼈다. 그러고 나서 뒤

돌아 서 있던 바로 그 자리에서 토하기 시작했다. 속이 메스껍다 느낄 때, 정말로 메스꺼우면 훨씬 편하게 느껴지는 것은 참 이상하다. 정말로 왜 속이 안 좋았는지 확실치는 않지만, 아니, 그들은 진화가 안 된 우리들의 조상이 아닌가.

그때부터 상황은 곤두박질쳤다! 다른 여러 동물들을—어떤 동물들이 나—볼 때마다 나는 또 토했다. 엄마는 조를 태운 유모차를 한 손으로 밀고 다른 손으로는 나의 눈을 가렸다. 보지 않으면 메스껍지 않았지만 살짝이라도 엿보면 토했다!

벤이 불빛이 너무 밝으면 손으로 귀를 막는 것을 보면 메스꺼움을 유발한 것은 고릴라의 냄새였고 따라서 모든 냄새들이 견디기 힘들게 되었던 것 같다. 엄마가 내 코를 막아 주지 않았다는 것을 알지만 아마도 나의 감각들도 뒤죽박죽이 되었었나 보다.

CHAPTER 06

다른 생리학

아스퍼거 증후군을 가진 많은 사람들에게 감각에 관련된 문제들과 함께 위(胃)와 장(腸)에 문제가 있다는 사실은(이 책에서 똥에 관해 쓰지 않기로 힌 것은 내 생가이었다) 우리의 구성(make-up, 립스틱 같은 것 말고요!)이 다른 사람들과는 약간 다르다는 것을 보여 준다. 전 세계의 많은 과학자들이 벌써 그런 결론에 도달했다는 사실이 어쨌든 내가 이 결론을 내리는 데 도움이 되었다! 나는 그렇게 총명하지 않고 이제 겨우 열세 살이잖아요!

아스퍼거 증후군의 원인은 밝혀지지 않았지만 여러 사람들이 다른 이론들을 주장하고 있다. 원인과 치료법 둘 다를 찾는 연구가 전 세계적으로 진행 중이다. 나를 포함한 많은 사람들이 자폐증에 대한 해결책을 찾는 것은 히틀러가 유대계가 없는 백인종을 만들려 했던 것에 비유될 정도로 논란의 여지가 있는 주제다. 많은 사람들이 이것을 읽고 내가 말해도 괜찮다고 할 것을 확신하기 때문에 책임을 면할 수는 있겠지만 이런 언급을 하기 전에 나는 그들의 문제점을 접해 보거나 그들의 아이를 보아야만 할 것이다. 대부분의 사람들이 고기능 자폐증과 아스퍼거 증후군을 가진 사람들과(나는 아직 이 둘 사이의 명확한 차이점에 대해 확신해 본 적이 없다) 저기능 자폐증과 매우 심각한 자폐증을 가진 사람들의 차이를 알지 못하기 때문에 이런 종류의 토론들이 복잡해진다.

우리가 모두 자폐 스펙트럼 상에 있고 하나의 주제에 대한 변주(變奏)이기는 하지만, 자제하지 못하고 머리를 항상 부딪치고 스스로를 물어뜯고 의사소통 방식을 가지고 있지 않은 아이를 위한 '치유(cure)'를 부모님들이 왜 원하는지는 충분히 이해한다.

내가 확실히 치료가 되거나 남동생들의 기질들을 없앨 수는 없지만 위와 장의 문제, 공포, 강박증, 감각의 어려움과 같은 자폐증의 심각한 증상에 대한 치료법을 찾는 것은 좋다고 생각한다.

우리 가족에게는 알레르기의 내력이 있다. 헤더 이모는 믿기 힘들 정도로 많은 알레르기가 있다. 수많은 음식들, 계란, 생선, 견과류 등 그리고 대부분의 동물들, 라텍스, 먼지 그 밖에 뭐든지 이름을 댈 수 있는 것에는 모두 알레르기가 있다! 이모는 알레르기가 있는 것들에 몸이 거부반응을 일으키는 것을 멈추게 하는 약과 스테로이드 그리고 다른 여러 가지 약을 섞어 한 움큼을 먹는다. 또 심각한 천식, 습진, 건초열과 끔찍한 위장장애도 있다(죄송해요, 이모. 제가 이모를 처치 곤란한 사람같이 만들었네요!).

 별종, 괴짜 그리고 아스퍼거 증후군

조, 벤, 안나, 엄마도 헤더 이모처럼 심각하지는 않지만—이모는 정말 심각하다—천식이 있다. 사라는 여러 동물들에게 알레르기가 있고 심한 건초열이 있다. 할머니는 당뇨가 있으시고 유제품의 소화에 문제가 있으시다. 조는 주로 음식 알레르기를 물려받아서 글루텐이 있는 음식과 유제품을 먹으면 아프다. 단순히 별난 행동들을 말하는 것이 아니라 진짜로 아프다. 또 달걀을 만지면 빨간 혹이 나고 숨을 쉬지 못하며 어떤 것을 만지면 입술에 수포가 생긴다. 우리는 아직까지 무엇 때문에 수포가 생기는지 알아내지 못했다.

예상컨대(내가 다 안다니까요!) 여러분들은 '그래서 어쩌라고?' 또는 좀 더 예의 바르게 '음, 무엇이 아스퍼거 증후군과 관계가 있다는 거지?' 하고 중얼거릴 것이다. 이렇게 말한 이유는 우리 가족들에게 면역의 문제가 있다는 것을 얘기하려는 것이다. 또 다수의 다른 가족들에게도 이런 면역의 문제가 있다는 것도 안다. 이러한 면역의 문제들이 다 자폐증과 연결되어 있는 것 같다. 어떻게 그런가를 묻지는 마세요. 난 단지 아이고 컴퓨터를 다루는 일을 할 것이지 생물학자나 의사는 아니니까요!

어떤 가족은 자폐증이 있는 아이를 가질 수 있고 혹은 여러분이 자폐증이나 아스퍼거 증후군을 가지고 있을 수 있고 어떤 가족에는 이런 문제가 전혀 없을 수도 있다. 확실히 자폐증에는 유전적인 요인이 있어 가족 중 한 명 이상이 자폐증이거나 아스퍼거 증후군 또는 관련된 다른 '장애'(disorders, 이 말 너무 싫지 않아요? 난 진짜로 잘 정돈된 사람이라고요!)인 경우가 많다. 예방접종을 둘러싼 논쟁에도 이유가 있는 게 확실하다. 아니 땐 굴뚝에 연기가 나겠는가! 아는 바도 없이 그 문제를 다루려는 것은 아니지만 어떤 사람들의 면역체계가 약간 위태하다면, 특히 동시에 한 가지 이상의 병균이 투여된다면 여러 종류의 병들이 몸 상태를 벼랑 끝으로 몰아 여러 가지 문제들을 일으킬 수 있다.

어떤 사람들은 예방접종을 받고도 괜찮지만 어떤 사람들은 예방접종을 받지 않고도 자폐증이 있다. 이렇듯 우리는 모두 달라서 서로 다른 원인과 발병인자들을 가지고 있다. 예방접종에 대한 판단은 부모들이 스스로 내려야 하고 국가는 사람들을 겁주고 감정적으로 협박하는 광고물을 만들어 내는 데 돈을 쓸 것이 아니라 예방접종과 자폐증과의 연관을 정확히 연구하는 데 힘써야 한다. 분명히 대부분의 국가들에는 강력한 예방접종 프로그램들이 있을 것이다. 만약 각 정부가 누가 어떤 예방접종을 받았고(어쨌든 이것은 기록하리라고 생각한다) 어떤 아이들이 접종 전에 문제가 있었고 후에 상태가 나빠졌는지, 어떤 아이들이 자라면서 자폐증이 생겼는지를 계속해서 기록한다면 반드시 어떤 시점에 연관이 있는지 아닌지를 알게 될 것이다. 이런 문제의 어려움은 이전 장들에서 언급했던 것으로 되돌아간다. 누가 진단을 내리는가? 어떤 문제들을 찾아내야 하는가? 누가 지속적으로 기록을 남길 것인가? 아이고……, 전에도 말했듯이 나는 이런 것을 다루지는 않을 거다.

예방접종, 유전학, 뇌의 문제들, 면역의 문제들—나는 정확히 모르지만 많은 자폐 스펙트럼 상에 있는 사람들은 보통 다른 사람들과는 다른 생리 기능을 가졌고 점점 더 많은 연구들이 이것을 입증하고 있는 것 같다.

 별종, 괴짜 그리고 아스퍼거 증후군

아스퍼거 증후군을 지닌 독자 여러분은 어떤지 모르지만 나는 지금까지 약(불법적인 것이 아님? 절대로! 이것에 대해서는 뒷장에 썼다)을 복용했을 때 보통 사람들과는 다른 방식으로 효력이 나타났었다.

나는 여덟 살 때 병원에서 뇌 영상 검사를 받아야 했다. 실제로 어떻든 간에 외관상으로는 발작이 있었다. 나는 뇌 영상 검사 때문에 잠을 자야 해서 갈색 약을 먹어야 했다. 간호사와 엄마는 내게 약을 먹이느라 고생했다. 나는 그 약이 역겨워서 자연스레 뱉었고 삼킨 것도 약간 토했다. 나는 미친 듯이 저항했지만 결국 붙잡혀서 약을 먹었고 효력이 나타나기를 기다렸다. 글쎄, 그들은 기다리고…… 기다리고…… 기다렸다! 시간이 지나고 지났지만 나는 여전히 행복하게 뛰어다녔다. 계속 잠이 들지 않았기 때문에 이 모든 난처한 행동들이 몇 시간 동안 지속되었다. 나는 끝내 잠이 들지 않았다. 오히려 바닥이 스펀지로 만들어진 것처럼 보였던 것이 선명히 기억난다. 정말 멋졌다! 당연히 그날 난 뇌 영상 검사를 받지 못했다.

이와 유사한 일이 눈 수술을 받을 때에도 일어났다. 첫 수술을 받으러 갔을 때 미리 먹으면 졸리는 분홍색 약을 받았지만 졸리지 않았다. 오히려 정반대의 효과가 나타났다! 한 번은 웃다가 다음번에는 소리치고 그리고 그다음에는 화를 냈다. 엄마는 내가 통제 불능이었다고 하셨다. 다음번 수술에는 병원의 아무도 내게 분홍색 약을 주지 않았다. 분명한 것은 이와 같은 일이 아스퍼거 증후군과 자폐증을 가진 사람들에게 일어나고 있다는 것이다. 그러니 부모님들, 아이들이 진정제를 먹은 후에도 여전히 뛰어다니고 수면제를 먹어도 정신이 더 말똥말똥해지는 것에 놀라지 마시라.

내가 눈 수술을 받은 이유는 유난히 초점이 흔들리고 멍한 눈을 가지고 태어났기 때문이다. 진단명은 안구진탕증과 사시다. 눈동자들이 안으로 몰리는 것을 해결하기 위해서 수술을 받았고 안대를 하고 다녔었다. 우스운 것은 이제는 한 눈동자가 바깥으로 향한다는 것이다. 의사 선생님들이 눈의 근육을 너무 조이신 것 같다. 이 글을 읽고 있는 아스퍼거 증후군을 가진 여러분 중에 얼마나 많은 사람들이 '약시'이거나 안경이 필요한지 궁금하다. 사실 자폐증이나 아스퍼거 증후군을 가진 상당수의 사람들이 약시이거나 안경이 필요한 것 같다. 벤도 현재 같은 문제를 가지고 있어서 안대를 하고 안경도 쓴다.

여기서 잠깐 짤막한 생물학 강의가 있겠어요! 세로토닌은 뇌의 송과선으로부터 분비되는 호르몬인데 망막에도 적은 양이 존재한다. 이 호르몬은 우리 몸이 낮과 밤을 구분하는 것을 조절하는 데 필요하다. 자폐증과 아스퍼거 증후군을 가진 많은 사람들이 안구진탕증(초점이 흔들리는 눈)과 사시(사팔뜨기)가 있고 수면장애가 있다는 것은 참 흥미롭다. 뇌의 송과선이 세로토닌을 분비하는 몸의 주된 부위라는 것을 알고 있지만(역자 주: 저자가 멜라토닌을 세로토닌으로 착각한 것 같다) 비록 그렇다 하더라도 이 모든 것은 흥미롭고 뭔가 관련이 있을 것 같다.

이것을 읽고 이 중에 자신에게 해당되는 것이 있을까 하고 의아해하는 십대들이 있다면 아스퍼거 증후군이 자폐 스펙트럼 상에 있다는 것을 기억해야 한다. 비록 심한 정도의 자폐증과 같은 방식으로 영향을 받지는 않더라도 해당이 안 된다고 말할 수는 없다. 참 흥미로운 사안이다.

 별종, 괴짜 그리고 아스퍼거 증후군

음식의 차이

여러분이 제일 좋아하는 음식은 뭔가요? 여러 부모님들! 자녀들이 제일 좋아하는 음식은 무엇이고 앞으로도 그들이 그것들만 먹게 할 건가요? 가만 있어 보자. 치킨너겟, 피자, 파스타, 토스트, 치즈, 아이스크림이겠지요? 요구르트, 커스터드 크림, 초콜릿과 우유? 음, 제가 맞나요? 혹은 정반대의 경우라서 우유를 진짜 싫어하거나 빵을 먹지 않을지도 모르지요. 때때로 사람들의 몸은 영리해서 스스로 무엇이 문제를 일으키는지 조사해 알아내기도 한다.

글루텐과 카세인(네 가지의 곡물과 유제품에서 발견되는 단백질들)이 자폐 스펙트럼에 포함되는 사람들의 몸에서는 적절히 분해되지 않는다는 이론이 있다. 글루텐은 글루테오모르핀이라고 불리는 펩티드로 분해되고 카세인은 카세오모르핀이라는 펩티드로 분해된다. 그 펩티

■ 안나의 그림

드는 핏속으로 흘러 들어간다. 이름에서 짐작되듯이 이것들은 모르핀의 효과를 가지고 있어서 똑같이 중독성이 있다. 이러한 펩티드들이 몸속을 순환하면서 뇌로 가면 모든 종류의 자극들에 다르게 반응하도록 만든다. 여러분과 자녀들의 식단에서 몸에 부담을 주는 음식들(글루텐과 카세인을 포함한 음식들)을 제거함으로써 이러한 펩티드의 생성을 막을 수 있고 '헤로인' 효과 또한 막을 수 있다. 여기서는 매우 간략하게 이야기하지만, 이 식이요법이 무엇을 수반하고 어떻게 해야 하는지에 대해 자세하게 소개한 책들이 있다. 염치없이 광고를 하자면 그중 하나가 내가 쓴 책이다! 글루텐, 카세인, 아스파탐, MSG(monosodium glutamate)를 없앤 식단이 나와 나의 형제들의 삶에 어떠한 영향을 미쳤는지 그리고 그것들을 먹었을 때 내가 어떻게 느끼는지에 대해서 자세히 기술했다.

이것을 읽고 절대로 피자나 초코바 없이는 지낼 수 없다고 생각하는 사람들에게 전혀 그럴 필요가 없다는 것을 알려 주고 싶다. 이 식이요법에 적합한 음식들이 아주 많기 때문이다. 어떤 면에서는 아스퍼거 증후군을 가지고 있으면 글루텐과 카세인을 뺀 식이요법을 하는 것이 아스퍼거 증후군을 가지고 있지 않은 사람들보다 훨씬 더 쉬울 것이다. 왜냐하면 우리는 여러 사람과 식사를 하는 사회적인 모임을 덜 가지고 있어서 식이요법의 규칙들에 더 충실할 수 있기 때문이다. 물론 어떤 음식들이 너무 먹고 싶어서 몰래 먹기도 하고 때때로 먹어서는 안 되는 것도 먹지만 그러고 나서 곧 후회한다.

여러분이 이것을 읽으면서 한숨을 쉬고 이 식이요법을 하면서 십대들의 중요한 이슈 중 하나인 다른 사람들과의 관계를 어떻게 지탱해

 별종, 괴짜 그리고 아스퍼거 증후군

나갈 수 있을지 의심스럽다면 이것을 한 번 생각해 보라. 도대체 몇 번이나 너무 지쳐 보인다는 이야기를 들어 왔는지. 몇 번이나 입에서 구취가 난다고 들어 왔는지, 몇 번이나 이글거리는 붉은 눈 때문에 놀림을 받았었는지, 급해서 화장실로 뛰어가거나 역겨운 냄새가 다른 사람에게서 나는 것인 척한 적은 없었는지! 날 믿어 봐라. 이 모든 것들이 친구를 사귀는 것, 특히 이성 친구를 사귀는 것을 힘들게 한다는 것을 경험상 나는 안다. 이런 일들을 해결하는 데 색다른 식이요법을 하고 효소, 비타민 등을 먹는 것이 도움이 된다. 그렇다면 시도해 볼 만하지 않은가! 이 식이요법은 나와 다른 많은 사람들의 삶에 큰 변화를 가져왔고 설령 도움이 안 된다 하더라도 해가 될 것은 없다.

전 세계의 과학자들이 이런 종류의 시도와 자폐증 사이의 연관성에 대해서 연구하고 있다. 미국에는 자폐증 연구기관이 있고 영국의 선더랜드에도 자폐증 연구기관이 있다. 확신컨대 더 많은 연구기관이 있을 것이다. 나는 나의 경험에 대해 말하고 있을 뿐이지(웃지 말고 찾아보세요!) 전혀 전문가는 아니다.

선더랜드의 자폐증 연구센터의 폴 샤톡 씨를 만나 자폐증의 각종 생물학적인 측면들에 대해서 이야기를 나누었는데 그분이 흥미로운 분이라는 것을 알았다(여기서 환심을 사려는 게 아니에요. 폴 씨도 그렇고요!). 그 이야기는 매우 과학적이었다. 그분은 펩티드의 사슬들, 아미노산, 도파민 레벨, 그리고 온갖 종류의 꽤 복잡한 것들에 대해서 많이 말씀하셨지만 정말로 즐거웠다. 나는 배우는 것을 좋아한다. 그 이야기에는 여러분 자신이나 아이들을 도울 수 있는 것들이 참 많아 보인다. 앞서도 말했듯이 자폐증이나 아스퍼거 증후군에는 끔찍한 어떤 면들이 있다.

폴 샤톡 씨는 『선더랜드 지침서(*Sunderland Protocol*)』(식이요법 관련 홈페이지들을 참조)를 썼는데 거기에는 자폐증을 다루는 생물학적 접근법을 체계적으로 구체화시키는 방법이 나와 있다. 전 세계적으로 DAN(Defeat Autism Now, 지금 자폐증을 퇴치하자)의 의사들이 있는데 사람들이 가능한 한 최선의 삶을 살 수 있도록 다양한 생물학적인 조정안들을 적용하는 데 헌신하고 있다. 다음은 이 조정안들의 일부다.

* 카세인의 제거
* 글루텐의 제거
* 독소의 제거(아스파탐, MSG)
* 알레르기 테스트와 알레르기를 일으키는 물질의 제거
* 칸디다균과 다른 효모균 또는 기생충의 치료
* 생균제
* 주요 지방산들
* 사리염(epsom salts, 욕조에 푸는 것! 먹으면 안 돼요!)
* 소화효소들(점점 많은 보고서들이 어떤 사람들에게는 큰 차이를 줄 수 있는 것이라고 말하고 있다.)
* 화학원소들과 광물들
* 비타민 치료
* 비타민 B6의 다량 복용
* 세크레틴
* 동종요법의 치료

  별종, 괴짜 그리고 아스퍼거 증후군

특별한 순서나 중요도에 따라 나열한 것은 아니지만 흔히들 글루
텐에 의해 생기는 펩티드의 제거와 독소 제거가 가장 먼저 할 일이라
고 한다. 왜냐하면 이러한 펩티드와 독소의 부작용은 다양한 형식으
로 나타나서 다른 모든 종류의 문제들과 구별이 어렵기 때문이다(식
이요법 관련 웹사이트 목록을 참조하기를 바란다.).

엄마는 '알레르기가 자폐증을 유발한다(Allergy induced Autism: AiA)'
라고 불리는 자선단체의 상담전화를 받는 일을 하신다. 그러다가 이
식이요법을 실행하는 방법에 대한 책과 AiA GF/CF 요리책을 쓴 마릴
린 르 브르통 씨를 만났다. 영어로 된 것이 대부분이지만 전 세계의
독자들을 대상으로 쓰인 책들도 있다. 모두 책의 마지막에 있는 〈추
천 도서〉 목록에 포함시켜 두었다.

많은 부모들이 아이들에게 식이요법을 시키고 칸디다균을 치료하
고 온갖 종류의 생물학적인 방법들을 행하고 있지만 이런 것은 어리
고 아주 심한 자폐증인 경우에만 효과가 있다고 생각하는 것 같다.
하지만 그렇지 않다. 이 책을 읽는 여러분이 십대라면 좀 더 자세한
부분까지 알아보고 그 식이요법을 통해서 혜택을 받을 수 있는지 없
는지를 살펴볼 만한 가치가 있다. 해 보라고 권하고 싶지만 이제는
여러분이 결정할 차례다!

CHAPTER 07

잠에 관한 이야기

앞선 장에서도 썼듯이 자폐 스펙트럼에 있는, 모든 사람들은 아니더라도 많은 사람들이 다른 사람들과 다르게 '꼬인 것'처럼 보이는데 다른 여러 가지 중에서도 우리 중의 많은 사람들이 수면 문제—정확히는 수면을 **못하는** 문제를 가지고 있다! 나는 태어난 이래 줄곧 잠이 들거나 잠을 지속하는 데 어려움이 있었다. 여러분에게 말하지만 그건 정말 고통스럽다. 여러분은 따분하게 침대에 누워서 어서 새벽이 와 일어나도 좋은 때가 되기를 기다리는 것이 어떤 것인지 상상하기 힘들 것이다. 만약 여러분이 아스퍼거 증후군이라면 상상할 수 있을 수도 있다. 나의 생생한 기억들 중 몇 가지는 아기 침대에서 자지 않고 깬 채로 누워서 나가게 해 달라고 소리쳤던 것이다. 지금도 생생히 기억하는데 침대 울타리에 매달려 화가 나서 아래를 보며 소리를

질렀다. 발은 울타리 사이에 끼어 있었고 몸의 나머지 부분들이 뒤따라 나오지 않아서 너무 화가 났었다. 지금도 커튼과 침구의 색깔이 기억난다. 그때에는 모든 것을 핑크색으로 하는 것을 좋아했다(지금은 이것들에서 다 졸업했어요!).

많은 밤, 사실 과거 대부분의 밤 동안 나는 잠에 들지 못하고 누워서 오늘 무엇을 했었는지 생각하곤 했다. 여러분들은 아무것도 안 하고 가만히 누워 있거나 앉아 있으면 시간이 얼마나 천천히 흐르는지 알고 있나요? 나이가 들면서 화를 내기보다는 누워서 책을 읽었다. 하룻밤에 표준 사이즈의 책 두 권을 읽곤 했지만 지금은 책 한 권을 읽고는 눈이 풀리기를 기다려 여기저기서 조금씩 잔다. 어떤 때에는 그러지 않기도 하는데 그러면 '몹시 지쳐 보이는 것' 때문에 야단을 맞는다.

벤도 나처럼 잠들 수 없는 문제를 가지고 있다. 이제는 벤이 말할 수 있어서 그를 이해하기가 한결 수월하다. 그는 요즘 눈꺼풀이 무거워지면 잡아당기면서 "눈이 날 캄캄하게 해요."라고 소리를 지른다.

벤은 어둠을 싫어한다. 나 역시 어둠을 좋아하지 않았다. 내게 내 방과 내 물건들은 친숙하고 그 안에서야 비로소 안전하다고 느끼는데, 어둠이 슬며시 기어 들어와 그 친숙함과 안정감을 빼앗아간다. 지금은 그렇지 않다는 것을 알기 때문에 개의치 않지만 벤은 나와 같은 과정을 겪고 있는 중이라고 생각한다.

두 종류의 수면 문제가 있는 것 같다. 잠드는 문제와 잠든 상태를 유지하는 문제다. 우리 가족 모두는 두 가지 문제를 혼합해서 가지고 있다.

약

내게 있어 잠드는 것은 가장 큰 문제인데, 일단 잠조차 들지 않으면 잠든 상태를 유지할 수도 없기 때문이다. 이 문제에 대해 의사 선생님은 잠드는 데 도움을 주는 약을 처방해 주셨지만 엄마는 상태가 아주 심각하지 않다면 약을 먹는 것을 싫어하셔서 한 번도 이용해 본 적이 없다. 하룻밤 자는 것이 정말 절실하다!

＊ 어리석음에 관한 이야기 ＊

나는 이 이야기를 해야 한다는 생각만으로도 진땀이 나지만 아스퍼거 증후군을 가진 사람들과 그들의 부모님 그리고 돌보시는 분들이, 으

흠……, 나처럼 위트 있고 매력적이고 똑똑한 사람조차도 아주 가끔은 정말 정말 바보 같은 일을 한다는 것을 아는 것이 중요하다고 생각한다.

우리 집의 약은 벤이나 조의 손이 닿지 않는 곳에 잘 보관되어 있다. 하지만 나는 더 큰데……, 추측컨대 엄마는 높은 곳에 있는 식기장에 약을 보관하면 안전할 거라고 생각하신 것 같다. 엄마가 어떤 면에서는 맞았다. 나는 어리석지 않고 불필요하게 약을 복용할 생각은 꿈도 꾸지 않았다.

어느 날, 그때는 새벽 한 시였다. 나는 조금도 피곤하지 않았다. 엄마는 자정에 게임방을 어질러 놓았다고 꾸중을 하시고 아래층으로 내려가셨다. 나는 자야 한다는 사실을 알고 있었기에 이렇게 했다. 약장에 가서 진정제 반 통을 먹어 치운 것이다. 아미트립틸린(amitryptiline)이라고 불리는 약이었다. 알아요. 바보, 바보, 바보!

내 논리는 간단했다. 나보다 훨씬 작고 어린 벤에게 처방된 약이고 어쨌든 전혀 피곤하지 않은 상태이니 잠을 자려면 상당히 많은 양을 먹어야 한다고 생각했다. 이런! 나는 완전히 틀렸다. 약을 복용하고 나는 이삼일 동안 생명유지 장치에 의지한 채 병원에 입원해 있었다. 그렇지만 약을 먹었던 이유는 어떤 사람들이 생각했던 것처럼 자살이 아니었다. 그런 대접이 얼마나 모욕적이고 해로운지 알았다. 어떤 의사 선생님은 정신과 치료를 권하셨다! 아무리 힘들어도 자살은 다른 사람들을 괴롭게 만들기 때문에 아주 이기적인 일이고 또한 매우 옳지 않은 일이라고 생각한다. 스스로의 문제를 해결하고 주어진 삶을 지속하는 것은 우리 각자의 몫인 것이다.

자살이 왜 상처를 주는가에 대해, 내가 발견한 주된 이유는 자살이 자동적으로 나의 성격과 내 가족을 심판받게 만들기 때문이다. 나는 내 가족과 함께하는 것이 매우 행복했고 지금도 행복하고 내 자신이 매우 행운

  별종, 괴짜 그리고 아스퍼거 증후군

아라고 생각한다. 우리는 각자를 위한 침실이 있는 큰 집과 우아한 승용차, 거대한 트램펄린, 그리고 우리가 원할 수 있는 거의 모든 것을 가지고 있다. 무엇보다도 나는 정말 멋진 가족(사라의 변덕만 빼고)을 가지고 있다. 우리는 함께 즐겁게 놀고, 더 이상 바랄 것이 없을 정도다.

엄마는 내게 약과 관련된 것들에 대해 자세히 얘기해 주셨고, 의사 선생님들은 정말 운이 좋다고 하셨다. 확실히 나는 다시는 그런 실수를 하지 않을 것이다. 이제 약장을 열려고 하면 귀가 멀 것같이 시끄러운 소리가 나는 버저가 달린 자물쇠가 있어서 누구도 온 동네가 다 알기 전에는 비타민도 꺼내 먹을 수가 없다. 말하고자 하는 것은 나는 엄마와 사람들을 무섭게 했으니 여러분은 먼저 확인하기 전에는 절대로 아무 약이나 함부로 먹어서는 안 된다는 것이다.

아이가 아스퍼거 증후군이든 아니든 여러분이 부모님이라면, 약을 안전하게 잘 보관해야 한다고 말해 주고 싶다. 나는 자만하는 사람은 아니지만 내가 생각하기에 꽤 똑똑함에도 불구하고 이런 어리석은 일을 한 것이 상당히 당황스럽다. 돌봐 주신 모든 분들께 감사드리고 바보처럼 군 것에 대해 사과드린다. 자살 시두가 아니라 실수(마지못해 하는 말이 아닌)였다는 것을 이해해 주신 스티븐 선생님께도 감사드린다!

약은 때때로 어떤 사람들에게는 다르게 작용한다. 개인적으로는 어떤 경우에라도 약은 먹지 않는 것이 좋다고 생각하고 대부분의 다른 사람들도 그럴 거라고 생각하지만 가끔은 그것이 가능하지 않을 때도 있다. 내가 어떤 약은 효과가 있고 어떤 약은 효과가 없다고 쓸 수는 없다. 난 고작 열세 살이어서(아직 말하지 않았던가?) 그럴 처지가 아니다. 내가 할 수 있는 일은 6장에서 이미 얘기했던 것을 강조하는 것뿐이다. 자폐 스펙트럼에 있는 많은 사람들은 다른 사람들과 같은 방식으로 약에 반응하는 것 같지 않다는 것이다.

상당수의 사람들이 아이들이나 자신들의 수면을 위해 멜라토닌을 쓴다. 이 약을 미국이나 다른 나라들에서는 꽤 자유롭게 얻을 수 있다고 알고 있다. 영국에서는 대부분의 의사 선생님들이 처방하지 않으신다. 물론 몇몇 분들은 사용하기도 하겠지만. 그것은 안전하고 많은 사람들에게 효과가 뛰어난데 안타깝게도 우리는 얻을 수가 없다.

상황이 정말 안 좋으면 의사 선생님을 찾아가서 이야기한다. 어떤 의사 선생님이라도 이 글을 읽는다면 제발 이 문제의 심각성을 과소평가하지 않았으면 한다. 잠이 필요하다는 것을 아는데 잠을 잘 수 없다는 것이 얼마나 끔찍한지를 나는 설명할 수 없다. 내가 생각하기에 부모님들은 아이들에게 약을 먹이고 싶어 하지 않고 자신들도 약을 먹고 싶어 하지 않기 때문에 의사 선생님을 찾아갈 때는 벼랑 끝에 선 심정일 것이다. 의사 선생님들이 꼭 그들을 도와주셔야 합니다. 감사합니다!

아스퍼거 증후군을 가진 사람들을 위한
수면 해결책

여러분 중 다수가 수면에 문제가 있으리라 믿는다. 그래서 조금이라도 도움이 될 수 있었으면 하는 바람으로 수년에 걸쳐 내가 들어 왔던 많은 조언들을 여기에 적겠다. 사람들마다 자신에게 맞는 서로 다른 방법을 찾는 것이 효과적이다!

사실 난 사람들이 말했던 모든 것을 시도해 보았다. 어떤 것들은 다른 사람들에게는 효과가 있었지만 나에게는 별 효과가 없었고 어떤 것들은 그저 어리석은 짓같이 보였다. 어쨌든 그것들을 여기에 쓰겠다. 잘 생각해 보라. 그리고 행운이 있기를 빈다.

1. 밤에 잠자리에 들 때, 자전거를 떠올리고 바퀴의 살과 같은 자전거의 아주 세밀한 부분까지 서서히 확대해 보라. 그것을 마음속에 그리면 서서히 잠이 올 것이다. 개인적으로는 이것이 진짜 바보 같은 일 중의 하나라고 생각한다. 아스퍼거 증후군을 가진 사람들은 무엇이든지 작은 부분에 집중하는 데에는 아무 문제가 없고 사실 전체를 보는 데 어려움이 있어서 작은 부분에만 집중하는 경향이 있다. 만약의 경우를 위해 언급하는 것이 좋다고 생각했다. 행여나 이 글을 읽는 누군가에게는 효과가 있을지도 모르지만 나에게는 확실히 효과가 없었다.

2. 이런 종류의 생각들 중 또 다른 하나는 잔물결이 일듯 부드러운 검정색 벨벳 천을 상상하는 것이다. 다시 말하지만 잠들게 하기 위한 것이다! 내게는 해당되지 않지만. 벨벳은 날 움찔하게 한다. 난 벨벳의 감촉이 싫다!

3. 만약 여러분이 서너 시간 또는 다섯 시간만 자도 낮에 활동하는 데 정말로 괜찮다면 다른 사람들이 더 오래 잔다는 이유로 자신을 괴롭히는 것은 그만두어라. 우리는 적게 자는 동안 더 많은

것을 할 수 있으니 행운이다. 다만 조용히 있어야 한다는 것을 기억하고 다른 사람들이 자는 동안 어떤 위험한 짓도 해서는 안 된다.

4. 꼭 필요하고 우리 가족에게도 큰 도움을 주었던 것은 빛을 완전히 차단하는 암막 커튼이다. 이것은 앞서 언급했던 세로토닌 부족 이론을 뒷받침해 준다.

5. 대기 상태의 컴퓨터에서 나는 소음 같은 것은 잠을 방해하고도 남는다(그 점에서는 고마워요, 세스.). 방을 꼼꼼히 점검해 보고 어떤 소리나 냄새가 나는지 살펴야 한다.

6. 삶을 망치면서까지 일상의 일과에 그렇게까지 매어 있을 필요는 없지만 저녁의 익숙한 일상은 여러분을 안정시켜 줄 수 있다. 나는 매일 밤 행하는 나만의 작은 일과가 있다.

7. 침대에서 해야 할 일의 단계적 리스트는 크게 도움이 된다. 무엇을 할 것인가에 대한 확실한 생각을 갖는 것은 참 편하다. 혹 그것이 어리석게 느껴진다면 이런 리스트를 가지고 있는 것을 다른 사람들이 알게 할 필요는 없다.

8. 가방은 잘 챙겨 두었는지, 교복은 준비되었는지 그리고 숙제는 했는지 확인하라(만약 그렇지 않다면 적어도 핑계는 준비되어 있어야 한다.). 만약 성인이라면 업무에 관련된 것들을 잘 준비했는지 확인하라.

9. 어떤 사람들은(우리 엄마도 이 중 하나인데) 마음속에 여러 생각들이 많아서 진정이 안 된다. 헤드폰을 끼고 자신이 좋아하는 음악을 들으면서 잠자리에 들면 도움이 된다. 마음을 맑게 하

 별종, 괴짜 그리고 아스퍼거 증후군

는 데 도움이 된다.

10. 만약 마음속에 부정적인 생각들이 가득 차 있다면 그것들을 종이에 적고 그것을 버려 버리는 것도 좋은 방법이다. 굉장히 논리적이고 융통성이 없는 사람들이라면 그것이 단지 종이일 뿐이고 부정적인 생각들을 없애 주지 않을 거라고 생각하리란 걸 알지만 듣기로 이 방법은 꽤 효과가 있다고 한다.

11. 단지 화(또는 다른……)가 난다거나 기분이 가라앉는다고 종이에 쓰고 있다면 하고 싶은 대로 생생하게 써라. 지금은 그런 감정들을 여러분의 마음속에서 전부 꺼내야 할 때다! 욕을 생각하고 있다면 평상시 절대로 말해서는 안 되는 것을 모두 써라. 그런 후에는 적절히 버려야 한다는 것을 기억하라. 지금이 이러한 것을 척척 해야 할 **유일한** 때라는 것을 실감하는 한 이것은 치료적이다.

12. 여러분을 지루하게 만들지만 해야만 할 일들이 괴롭힌다면 다음 날의 일정에 대한 간결한 목록을 작성하라. 이를 완수했다면 여러분은 바로 잠자리에 들 수 있다.

13. 누나는 재채기를 해 대고 엄마는 경찰견 같은 코를 가지고 있어서(엄마는 지나치게 정확하게 냄새를 맡을 수 있다는 것을 의미한다) 너무 냄새가 나는 대안은 우리 집에서는 불가능하지만 아로마테라피는 여러 사람에게 도움이 되는 것 같다. 안전한 곳에 놓인 오일 버너에서 나오는 라벤더향 등은 긴장을 풀어 주고 마음을 가라앉힌다.

14. 수면을 위해 목욕물에 무언가를 넣는다는 생각 자체가 아스퍼

거 증후군 아이들에게는 큰 거부감을 주기는 하겠지만 오일이나 향을 넣은 입욕이 도움이 된다. 그러나 누가 얼마나 목욕을 좋아할지 의문이다. 확실히 난 아니다.

15. 건강보조제를 파는 곳에서는 수면에 도움이 되는 다양한 치료제들을 판다. 우리가 시도해 본 것들은 바흐꽃과 쥐오줌풀이다. 명심할 것은 병원의 처방약들도 종종 식물로 만들어지는데 허브치료제들은 상당히 위험할 수 있다. 반드시 사용설명서를 읽고, 아이들은 사용하기 전 반드시 어른에게 이야기해야 한다.

16. 이완하려고 노력해라. 나는 각각의 근육을 따로따로 생각하고 최대한 긴장시켰다가 이완시키는 것을 도와주는 이완 테이프를 듣고 연습해 봤다. 몸의 맨 꼭대기부터 시작해서 눈과 모든 부위를 내려가면서 온몸을 전부 이완시키는 것이었다. 나는 지루하고 산만해져서 집중하기가 힘들었다. 여러분에게는 효과가 있을지도 모르니 시도해 보기를……. 확실한 것은 많은 훈련이 필요하다는 것이니 인내하라.

17. 마사지도 긴장을 풀어 준다. 알 수 없지만 운이 좋아 기꺼이 여러분의 몸에 마사지 오일을 발라 줄 이성을 만날 수도 있지 않을까? 꿈속에서라도?

18. 상추가 천연수면제라는 것을 알고 있는지? 취침시간에 상추 한 장을 끝까지 씹어 먹어 본 적이 없기는 하다!

19. 이렇게 말하면 꼭 어른 같지만 신선한 공기와 적절한 운동은 잠을 잘 오게 한다. 우리 모두 컴퓨터 마니아가 되려는 경향이 있다는 것을 인정해야 한다.

20. 나는 태권도를 하는데 도움이 많이 된다. 품이 올라갈수록 이
완하는 것도 더 배운다. 나 같은 아이에게 무술이 얼마나 도움
이 되는지 모른다.

자녀의 수면을 위해
부모님들이 도울 수 있는 방법들

정확하게 어떤 방법이 여러분의 아스퍼거 증후군 아이들에게 효과
가 있는지 말하기는 쉽지 않다. 왜냐하면 그것은 아이들의 나이와 능
력에 따라 다르기 때문이다. 그래도 몇 가지의 방법들을 이야기해 보
겠다. 어린 나와 더 어리고 발달이 늦은 남동생들을 엄마가 돌봤던
것이 기억나기 때문이다. 이 중 몇 가지라도 도움이 되었으면 한다.

1. 식단의 변화는 보다 많은 사람들이 잠을 더 잘 잘 수 있도록 도
   와주고 그것은 확실히 연구해 볼만한 가치가 있다. 글루텐과
   카세인이 없는 식단은 많은 사람들이 불면 문제를 퇴치하는 데
   도움이 된다. 부탁인데 이것을 충분히 조사해 보았으면 한다.
   내가 가장 중요하다고 생각하는 것 중 하나다.
2. 이것은 성인들에게도 추천했었던 건데 빛을 차단시키는 암막
   커튼은 어린아이들에게는 훨씬 더 중요하다. 조는 암막 커튼
   없이는 잠들지 못했다. 이것은 정말 중요하다.
3. 신경이 거슬리는 어떠한 소음이라도 잠을 방해한다. 아스퍼거

증후군을 가진 사람들은 일반인보다 냄새와 소음에 훨씬 더 민
감하기 때문이다.

4. 많은 사람들이 체온에 문제가 있는데 이는 잠이 들거나 지속적
으로 잠을 자는 데에도 문제가 된다. 아스퍼거 증후군이나 자
폐증 아이들이 너무 덥거나 춥다고 말하지 않더라도 실제로는
어려움이 있을 수도 있다.

5. 잠이 드는 데 필요한 또 하나는 두꺼운 이불이다. 엄마는 우리
를 도대체 침대에서 찾을 수가 없다고 농담하시곤 한다. 우리
는 이불 속에 푹 들어가 있거나 몸을 꽁꽁 감싸 버린다. 그럴 때
면 엄마는 우리를 달팽이 같다고 하신다.

6. 아이들에게 자러 갈 때는 무엇을 해야 하는지 말해 주어야 한다.
간단해 보이지만 매일 해야 하는 일들인 커튼 치기, 불 끄기, 침
대에 들어가기, 눕기 그리고 이불 덮기 등은 아스퍼거 증후군을
지닌 사람에게는 조건반사적으로 나올 수 있는 행동이 아니다.

7. 앞에서도 말했듯이 단계별 리스트를 아이들을 위해 그림으로
만들면 매우 도움이 된다. 아이들이 할 일들을 알고 명확하게
볼 수 있으면 더 쉽게 안정된다.

8. 일과(日課) 역시 자폐 스펙트럼에 있는 사람들에게는 중요하다.
장난감이 하나라도 제자리에 없거나 얼굴을 씻기 전에 이를 닦
는다든지 하는 것만으로도 그들은 충분히 불안해진다. 내가 좀
더 어렸을 때는 전등을 켜고 끄는 것, 어떤 장난감들에게 굿나잇
키스하기(지금 생각하니 당황스럽네!), 여기서 말할 수 없을 정도
의 온갖 이상한 것들로 짜인 굉장히 엄격한 일과가 있었다.

 별종, 괴짜 그리고 아스퍼거 증후군

9. 아이가 마음속에 있는 것에 대해서 잠시 말하도록 북돋아 준다. 그리고 나서 학교나 어디 다른 곳에서 있었던 나쁜 일들을 종이에 그림으로 그리도록 하고 그것을 던져 버리며 오늘 있었던 불쾌한 일들이 모두 지나갔다는 것을 확실히 알려 줘라.

10. 명백히 살펴봐야 할 것은 아이가 낮잠을 얼마나 자는지, 몇 시에 잠자리에 드는지 등이다. 늦게까지 깨어 있게 하고 낮에 잠을 자지 못하도록 해서 한 번에 자도록 해 줘야 한다. 이 방법은 조와 벤에게는 통하지 않았다. 오히려 늦게까지 깨어 있을수록 더욱더 흥분했다.

11. 앞부분에서도 말했듯이 신선한 공기와 운동은 잠자는 데 도움이 된다. 아이를 밖으로 데리고 나가서 피곤할 정도로 운동을 시키면 도움이 된다.

12. 긴장을 풀어 주는 오일 마사지는 아이들의 문제 해결에 큰 도움이 된다. 벤과 조는 오래 가만히 있지 못해서 그 효과를 실제로 보진 못했지만 특히 어린아이들에게는 해 볼 만한 가치가 있다고 생각한다.

13. 만약 벤처럼 감각에 문제가 있는 아이가 있다면 파자마나 이불의 라벨을 확인해 보아야 한다. 벤은 멀리서도 라벨을 발견할 수 있는데 가까이에 닿는 것을 극도로 싫어한다.

14. 아무리 더워도 아스퍼거 증후군이나 자폐증 아이들이 이불 위에서 자는 것은 기대하지 않는 게 좋다. 왜냐하면 압박감 없이 잘 수 있는 아이가 거의 없기 때문이다.

15. 조용히 켜 있는 비디오, 텔레비전 또는 음악은 어떤 아이들에

게는 도움이 된다. 나와 조에게는 효과가 없지만 어떤 아이들에게는 확실히 효과가 있다는 것을 알고 있다. 그들은 그것들로 인해 기분이 풀어지고 꾸벅꾸벅 졸기도 한다.

16. 몇몇 사람들은 아이가 잠든 후 다시 깨어났을 때 잠시 소리를 지르게 놔두라고 한다. 쉽지 않다는 것은 알지만 잠시 동안은 놔둬야 한다. 지금도 기억나는데 나도 종종 그런 경우 깨어나려고 소리를 지르곤 했다.

17. 만약 아이가 계속해서 소리를 지른다면 아이와 함께 자야 한다. 아이가 같이 자는 데 버릇이 들 수도 있지만 잠을 재울 수 있는 방법이 있는데도 날마다 잠을 잘 수 없게 내버려 두는 것은 어리석어 보인다. 벤은 항상 엄마랑 자는데 그것은 그가 위험해서 살필 필요가 있기 때문이다.

선무당이 사람 잡는(Teaching your granny to suck eggs) 것일 수도 있지만 실제로 이러한 방법들이 누군가에게 도움이 되었으면 한다. 나는 결코 다른 사람처럼 많이 잘 필요는 없지만 여전히 수면에 어려움이 많다. 그래도 전보다는 나아졌고 이제 가끔은 잘 잔다. 잠이 들지 않을 때도 전처럼 집을 배회하지는 않는데 이제 아침이 올 거라는 것을 알기 때문이다.

지금 내가 아스퍼거 증후군 아이들에게 할 수 있는 말은 계속 노력하고 주기적으로 내 체크리스트를 훑어보라는 것이다. 지난주에는 효과가 없던 것이 이번 주에는 효과가 있을 수 있다. 자꾸 변하는 거니까.

 별종, 괴짜 그리고 아스퍼거 증후군

부모님들, 수면 문제가 얼마나 힘든 것인지 잘 안다. 벤 때문에 엄마가 힘든 것을 봐 왔지만(나 역시 그랬겠지만!) 도저히 어쩔 수 없다고 말하는 대신 나를 한번 믿어 보길 바란다. 잘 알지 못하는 무서운 세상으로 끌려가기 싫어하는 벤과 다른 아이들을 비난할 수는 없다. 여전히 벤은 잠이라 불리는 곳과 나중에 잠에서 깨어나 다시 돌아올 수 있다는 사실을 모르지만 나는 물론 쿨한 십대로서 잠에 대해 두려움이 없다. 아마도 어린아이들에게만 있는 것 같다.

CHAPTER 08

언어와 학습

십대들의 대화

"어제 걔 그 남자애랑 나갔대. 그리고……."
"말도 안 돼!"
"농담 아니야, 걔가 말했어. 그 남자애가 나가고…… 그 여자애
도……."

이건 내가 최근에 들은 '대화'다. 누나가 친구랑 이야기하고 있는
것을 열심히 지켜보았다. 내가 여기서 지켜봤다고 한 것은, 실제로
오고간 이야기는 몇 가지 단어들뿐이었고 대화의 대부분이 눈을 굴
리고 머리카락을 털고 이상한 표정을 짓고 웃는 것으로 이루어졌기

때문이다.

여자친구를 만드는 데 아스퍼거 증후군을 가진 것 때문에 너무 화나지 않나요? 소녀들도 틀림없이 소년들과 같은 문제를 가지고 있겠지만 보디랭귀지나 얼굴 표정에 좀 더 공을 들이는 것 같다.

지금은 나도 뾰족 머리와 유행하는 옷을 입고 쿨한 십대처럼 보이려고 무지 애를 쓴다. 마음속 깊이 나는 전혀 현실 순응주의자는 아니지만 삶의 지금 단계쯤에서는, 음……, 몇 명의 여자친구들이 있기를 바란다. 사실 한 명이면 족하다! 모든 아스퍼거 증후군 아이들에게는 언어, 보디랭귀지, 얼굴 표정을 이해하지 못하는 어려움이 있다. 우리가 가지고 있는 큰 문제들이다. 아스퍼거 증후군을 가지고 있는 어른이나 십대들에게 다른 사람들의 의도를 해석하는 것은 고대의 상형문자를 해독하는 것보다 더 어렵다.

■ 사라의 그림

십대들은 수도 없이 많은 이상한 단어들을 쓰는데 자주 바뀌기도 한다. 나도 약간 쓰는데 학교에서 하도 자주 들어서 익숙해졌고 어떤 것들은 꽤 좋은 표현들이다. 내가 지금 이야기하는 것은 'minging: 몹시 불쾌한—속어' 'pants: 엉망인—속어' 'top: 친구—속어' 등과 같은 단어들이다. 벤은 종종 'yats minging' (벤에게 있어서 'yat'은 그것, 'that'이다)이라고 하는데 나도 yats이 that과 꽤 비슷하게 들리는 것을 인정하지 않을 수 없다.

전에 말했듯이 누나는 종종 나에게 "너는 정말 별종이야."라고 말한다. 대부분의 사람들에게는 굉장히 모욕적일지 모르지만 그게 그들이 말하는 방식이다. 아스퍼거 증후군이 아닌 사람들은 그들만의 독특한 대화방식이 있고, 아스퍼거 증후군과 자폐증을 가진 사람들 또한 자신들만의 방식을 가지고 있는 것 같다. 대개는 우리가 소수이기 때문에 오해받고 놀림받는 쪽이다!

나는 예의 바르게 행동하려고 무척 애를 쓴다. 늘 그래 왔다. 엄마는 우리가 아주 어릴 때부터 '미안하지만' '고맙습니다'를 말해야 하고 다른 사람들에게 친절해야 한다고 가르치셨다. 뻐기는 것같이 보이기는 싫지만 대부분의 사람들은 나를 참 예의 바르다고 한다. 이것이 자주 놀림감이 된다. 이상하지 않나? 확실히 매우 예의 바르다는 것은 별종인 것을 뜻한다. 내 나이 때는 특별한 이유 없이 욕을 하고 대부분의 문장들을 적절치 않은 음담패설로 끝맺는 것이 멋있게 보인다.

내가 성인(聖人)이고 욕도 전혀 안 한다는 것은 아니다. 그렇게 하는 것을 좋아하지 않지만 화가 나거나 다치거나 하면 나도 욕을 한다

는 것을 인정하겠다. 대부분의 사람들이 그렇게 한다고 생각한다. 적어도 욕 비슷한 말로 욕을 대신하지 않나? 누군가 다쳤을 때 '시원하다' 또는 '고소하다'라고 말한다면 그 사람이 무슨 생각을 하고 있는지는 뻔하지 않은가? !$*%#@* 상점(shop)이나 비슷한 어딘가에 간다고 말하는 것은 우스꽝스러워 보이며 영어를 나쁘게 구사하는 것이기 때문에 개인적으로는 결코 그것을 말하고 싶지 않다. 사실 그런 말을 한 후 더러워진 입을 씻기 위해 비누를 가득 채워 몇 주 동안 비누 거품이 나와서 말을 할 수도 없을 것이다!

나는 영어를 좋아하고 새로운 단어를 배우고 정확하게 말하는 것을 좋아한다. 하지만 내가 말하는 방식은 매우 이상하다. 비록 정확하게 읽고 많은 단어들의 뜻을 이해할 수 있지만 많은 것들을 틀리게 발음하는 것 같다. 여러분 중에도 그런 사람이 있지 않나요? 나는 항상 그것 때문에 놀림받았다. 이것을 쓰면서도 왜 그런지 궁금한데 내가 생각해 볼 수 있는 이유는 아스퍼거 증후군 아이들은 다른 사람들의 말을 주의 깊게 듣지 않고 어떻게 발음하는지는 나와 있지 않은 책에서 더 많은 어휘들을 배우기 때문일 것이다. 내가 틀릴 수도 있지만, 음……, 대개는 안 틀린다!

정말 흥미로운 단어들이 있는데 문장 안의 단지 한 단어를 바꾸는 것만으로도 전체의 뜻이 바뀐다는 것은 아주 재미있는 사실이다. 강조 부분을 바꾸는 것만으로도 확실히 뜻이 바뀐다. 여기 예가 있다.

* **나는** 그것을 할 수 없다: 다른 누군가는 할 수 있을지 모르지만 나는 할 수 없다는 뜻
* 나는 그것을 **할 수 없다**: 그것을 하는 것은 불가능하다는 뜻
* 나는 **그것을** 할 수 없다: 그것은 할 수 없지만 다른 것은 할 수 있다는 뜻

아스퍼거 증후군 여러분 중 이것을 이해하는 데 어려운 사람 있는지? 나는 이해하기가 어렵다!

나는 가끔 강세를 엉뚱한 단어에 둬서 실제로 원하지도 않는 뜻으로 바꾼다는 말을 듣는다. 이 말인즉슨 내가 다른 사람들로부터 오해를 사고 나는 그들을 오해한다는 것이다. 이것 때문에 많은 논쟁이 생기는데 나는 대개 뭘 잘못했는지도 모르는데 틀렸다는 말을 듣는다. 아스퍼거 증후군을 가진 많은 사람들에게 이러한 언어의 보다 정교한 면들에 대해 아는 것은 큰 어려움이다. 그것들은 바로 우리가 놓치고

있는 미묘함이다. 아스퍼거 증후군 독자 여러분들, 동의하시죠?

"도리스 이모(또는 밥 삼촌)랑 이야기하는 동안 잠깐만 나가 있어라." 이런 말을 들어 보신 적 있으세요? (여러분의 어머니들이 그런 이름들을 이야기하셨다는 것은 아니고, 예를 들자면 말이죠.) 그래서 여러분이 잠깐 있다 되돌아오면 엄마가 굉장히 화내셨던 적 없나요? 여러 번 생각해 봤지만, 다른 사람들은 아스퍼거 증후군을 가진 사람들의 감정을 잘 배려하지 않다 보니 그들만의 '약속'에 대해 명확히 알려 주지 않는다. 엄마는 내게 굉장히 단도직입적이어서 다른 사람들은 깜짝 놀란다. "루크, 5분 동안 입 다물고 조용히 해."(그렇지만 시간을 재서 5분 후에 다시 시끄럽게 하면 엄마는 한탄하신다!)라고 말씀하시거나 "엄마 좀 찌르지 마."라고 소리치신다. 이런 것에 전혀 기분 나쁘지 않은 이유는 우리는 각자만의 방식이 있고 서로를 이해하려고 노력해야만 하기 때문이다.

이런 종류의 이야기가 익숙하게 들리는가? 앉아서 공상을 하고 있는데…… 음, 나의 모든 비밀을 말하지는 않겠지만 만약에 내가 수학보다 더 흥미진진한 것을 생각하고 있다고 생각하자! 갑자기 그림자가 내게 드리워진다. 슬쩍 올려다보니 무시무시한 선생님의 형체가 보인다. 팔짱을 낀 채 내게 몸을 구부리는데 코를 찌르는 듯한 땀 냄새와 애프터 쉐이브 로션의 복합적인 냄새가 콧구멍을 가득 채운다. 나는 선생님이 확 들이닥치는 순간을 기다린다. "잭슨, 자네가 정확히 어디에 있는지 이야기해 주겠나?" "E2 교실에 있습니다." 나는 되도록 빨리 예의 바르게 대답한다. "좀 영리하게 굴 수 없나?" 그는 화

 별종, 괴짜 그리고 아스퍼거 증후군

가 나서 얼굴이 붉어진 채로 으르렁거린다. "네, 선생님. 그렇게 하려고 하고 있습니다." '그러려고 학교에 있는 것 아닌가?'라고 혼자 생각한다. 속으로 안도의 한숨을 쉬면서 이제는 선생님이 가셨겠거니 싶어서 올려다보니 이게 웬걸, 완전히 틀렸다는 것을 알았다.

선생님은 눈이 커져 있었고 숨을 빠르고 강하게 내쉬며 얼굴은 새빨간 색이었다. "잭슨, 나는 그런 무례함을 용납하지 못하겠네. 정신 똑바로 차리든지(pull your socks up, 관용구) 아니면 교장실로 가게."

좀 더 어렸다면 진짜로 양말을 올렸을 것이다. 조가 지금 그러고 있을 것이다. 그러나 나는 속으로 웃음 지으면서 '아하, 이 말은 곧 딴짓 말고 하던 일을 하라는 것이지.' 마침내 이해했다는 사실에 기뻐서 씩 웃으면서 연필을 들고 쓰기 시작한다. 여러분은 이게 끝일 것이라 생각하겠지만 절대 아니랍니다!

"이것은 웃을 일이 아니야. 내가 이야기하는데 어떻게 그렇게 선생님을 무시할 수가 있어?" '어? 말씀 중? 그런 줄도 몰랐는데?' 이제는 겨우 참고 있던 선생님의 화가 폭발하고야 말 지경이 되었다. 그의 얼굴은 몹시 화가 난 표정이었다. "방과 후 벌로 한 시간 남아 있게." 그는 내 귀에 대고 서슬퍼런 어조로 노엽게 말하고 갔다.

자폐 스펙트럼에 있는 어떤 사람들에게 위의 이야기에서 납득할 만한 대개의 반응은 기가 막히는 이 전반적인 상황에 화가 나서 소리를 지르는 것일 거다. 많은 어린 친구들은 그렇게 할 것이고 아마도 나이가 많은 사람들 중에도 그런 사람들이 있을 것이다. 그렇지만 나이가 들어가면서 우리는 화를 참고 그런 식으로 반응하지 않는 것을 배워야 한다. 머릿속으로 열까지 세고, 기분 좋은 생각을 하고, 집에 갈 때까지 얼마나 더 있으면 되는지 생각해 보고, 집에 가면 스스로에게 상을 줄 것을 약속하는 것이다. 컴퓨터나 플레이 스테이션 앞에서 몇 시간을 보낸다는 생각은 많은 구질구질한 시간들을 견디게 해 준다.

선생님들도 화를 자제하는 것을 배워야 하지만 자주 그렇게 하지 않는다고 나는 생각한다. 그분들이 우리들을 이해하려고 노력하고 있지만 그렇지 못한 경우가 종종 있다는 것도 알고 있다. 이 세상에서 한 가지 확실한 것은 늘 공평하지는 않다는 것이다. 그들에게 적용되는 규칙이 있고 우리들에게 적용되는 규칙이 있는 것 같다. 내가 해 주고 싶은 조언은 최대한 규범들을 따르라는 것이다.

규범들에 대해 말하자면, 아스퍼거 증후군 여러분들 모두 어떻게 하는 것이 적절히 행동하는 것인지에 대해 많이 들어 왔을 것이라고 생각한다. 이런 것들을 들어 보았나요?

* 다른 사람의 '공간'을 침범하지 말 것—이 말은 다른 사람들에게 너무 가까이 가지 말라는 뜻이다.
* 어떤 이유라도 다른 사람을 뚫어지게 보지 않는다(아무리 매력적인 사람이라도!).
* 다른 사람들의 신체에 관한 이야기는 좋든 싫든 하면 안 된다.
* 야하고 저속하거나 인종차별주의적인 농담 또는 풍자는 하지 말아야 한다.
* 가족이거나 양쪽의 합의하에 이성 친구로 지내기로 한 사람이 아니면 포옹하거나 몸을 만지면 안 된다.

전에 이런 규칙들을 들어 보지 못했어도 이제 여러분은 알게 되었다! 다만 이런 규칙들이 통하지 않는 경우도 있는데, 여러분이 한 무리의 십대 소년, 소녀들을 가만히 살펴보거나 그들의 이야기를 들어 본다면 알게 된다. 먼저 그들은 서로 굉장히 가깝게 모이거나 누군가를 위협적으로 에워싸기도 한다. 다음에는 상대의 특정 신체 부위의 (뭐라 해야 하지?!) 사이즈에 대한 온갖 종류의 무례한 말들을 한다. 때때로 저속하고 추잡한 성적 농담을 일삼고 가족도 아니고 이성 친구도 아닌데도 상대를 만지거나 어깨에 팔을 올린다.

앞에서 이야기한 규범들이 있다 해도 소년이나 소녀가 십대 집단과 함께 있으면 그들만의 사춘기적 의식들을 행하면서 규범들 따위는 문제가 되지 않는다. 우리가 살고 있는 세계란 참 이상하다! 그래도 대체로는 규범들을 지키고 다른 사람들이 어기는 것 같아도 무시하라고 말하겠다.

문자 그대로의 해석과 논리

나는 아주 어렸을 때부터 긴 단어들을 쓰고 꽤 정확하게 언어구사를 했다. 엄마는 내가 '사실 어린이집이 다소 지루하다.'고 말하곤 했다고 한다. 나는 그때 겨우 두 살이어서 그 말이 이상하게 들렸을 것 같다.

벤은 그런 면에서는 나와 참 달라서 다섯 살인 지금 겨우 말하기 시작해 여전히 그를 이해하기가 쉽지 않다. 아마도 그것이 아스퍼거 증후군과 자폐증의 차이 중 하나일 것이다. 내 목소리는 단조롭고 평이하다고 하는 반면에 벤은 말을 좀 더 잘하게 되면서 조처럼 목소리의 톤을 따라하는 데 탁월하다. 나 스스로는 내 목소리에 익숙해져 있어서 평가할 수 없다. 사람들은 이런 것도 내가 식단을 바꾼 이후 달라진 것 중 하나라고들 한다. (같은 말을 되풀이해서 미안해요.)

벤은 정말로 곧이곧대로 알아듣는다. 몇 분 전에 내가 "머리가 꽝꽝 울린다."라고 했더니 나를 주시했다. 그리고 낄낄거리더니 "아니잖아." 하면서 내 머리를 이리저리 당긴다. 우리는 벤한테 '눈이 빠지게 울었다(He cried his eyes out.)'라는 말이나 비슷한 류의 표현을 하지 않도록 조심해야 한다. 왜냐하면 벤이 화가 나서 눈을 마구 후벼 파려 하기 때문이다. 벤이 우리와 함께 있는 곳에서 이런 식의 기괴한 행동들을 한다는 것이 그나마 다행스러운 일이기는 하지만 그는 이해력에 심각한 어려움이 있어서 일단 벤이 주위에 있으면 그가 혼란스럽지 않게 말하는 것을 매우 조심해야 한다. 여러분 집에도 아스퍼거 증후군을 지닌 아이가 있다면 똑같이 할 필요가 있을 것이다.

만약 우리가 무언가를 쥐고 벤이 이해하지 못하는 말을 한다면 그는 우리가 그 물건의 이름을 말하는 것이라 여기고 영원히 그것을 그렇게 부를 것이다. 재미있다고 생각할지 모르지만 벤은 무척 혼란스러워한다. 엄마가 벤과 함께 공부를 하는 중에 육각형을 가리키며 "육각형"이라고 말을 했는데 마침 그때 다른 손에 컵을 들고 있어서 지금까지도 벤은 그 컵을 육각형이라고 부른다! 이게 1년 전의 일인데 그는 아직도 그런다. 오래전에 한번은 교육심리학자가 말을 따라하는 벤의 능력을 검사하다가 플라스틱으로 된 원형의 압박패드를

 별종, 괴짜 그리고 아스퍼거 증후군

(마사지하는 것들 중의 하나를 떼서) 자신의 머리에 올려놓았는데 재채기를 심하게 해서 그것이 떨어졌다. 그녀의 머리가 아니라 그 압박패드가! 벤은 똑같이 따라했고 그 후로 둥그렇고 같은 색깔을 가진 것을 볼 때마다 그렇게 했다.

많은 사람들은 아스퍼거 증후군을 가진 사람들은 항상 터무니없는 말과 행동을 한다고 생각하는 것 같다. 아스퍼거 증후군이 아닌 사람들이 하는 많은 행동들이 내게는 이해가 되지 않는 경우가 많다!

아스퍼거 증후군 청소년 여러분들, 나는 이야기를 하면서 '내가 어렸을 때는 이랬다.'는 식이 될까 봐 조심스럽다. 확신컨대 이것을 읽고 있는 많은 부모님들이 사춘기가 되기 전의 자녀에 대해 배우고 싶어 한다는 것을 여러분들이 알고 있으니 내 말을 조금만 참고 들어 달라.

다른 사람들이 우리를 이해하기 어려운 한 가지 이유는 아스퍼거 증후군을 가진 사람들이 매우 논리적이기 때문이다. 앞서도 말했듯이 아스퍼거 증후군을 가진 사람들은 언어를 문자 그대로 받아들여서 다른 사람들에게는 논리적으로 보이는 것이 그들에게는 전혀 그렇게 받아들여지지 않는다. 지금까지 살면서 이런 경우를 많이 보아 왔다. 사실 나도 이해하지 못하는 때가 있기도 했지만 완전히 이해하지 못한 것은 아니다.

✳ 또 다른 '잃어버린' 이야기 ✳

내가 겨우 다섯 살인가 여섯 살이었을 때, 엄마가 학교로 나를 데리러 오셨다. 걱정스러운 표정의 여자 교장 선생님이 나오셔서 엄마와 할 얘기가 있다고 하셨다. 엄마에게는 걱정하지 않아도 된다고 했지만(전혀 위안이 되지 않는 말이었다) 학교에서는 나를 찾느라 애를 먹고 있었다. 선생님은 진짜로 화난 상태였고 모두 오랫동안 계속해서 나를 찾고 있었다. 엄마는 내가 생각하는 방식을 알고 있기 때문에 선생님에게 내게 한 마지막 말씀이 무엇이었는지 물으셨고, 선생님은 내 파일을 자신의 책상 밑에 갖다 두라고 했다고 일러 주셨다. 내가 어떻게 했을지 아는 엄마는 얼른 책상 밑을 보셨고 날 찾으셨다.

내가 이 사건을 보는 시각은 이렇다. 레이디 선생님은 "루크, 얼른 내 책상(그 책상은 무지 크고 나는 아주 작았다) 밑으로 가서 네 파일을 다시 둘래?"라고 하셨다. 나는 선생님의 말씀에 따라 책상 밑에 기어 들어가 파일을 큰 상자에 넣었다. 나는 어디 밑에 있는 것을 좋아한다. 안전하고 포근한 느낌이다. 무언가의 밑에 있거나 무엇으로 둘러싸여 있을 때 혼란스러운 세상은 멀리 떨어져 있고 현실이 아닌 것 같다. 책상 밑에 갇혀 있는 즐거운 느낌이 있기는 했지만 사실 난 선생님의 말을 따랐을 뿐이다. 선생님은 "루크, 책상 밑으로 얼른 가서 파일을 갖다 두고 다시 돌아와라."라고 말씀하지는 않으셨다. "얼른 책상 밑으로 가라."라고 말씀하셨다. 아무도 내게 다시 나와야 한다고는 이야기하지 않았다.

엄마는 말하고자 하는 바를 정확하게 표현하는 것을 까다롭게 따지신다. 엄마는 단어들을 사용하는 데 능숙해서 만약 우리가 엄마가 말씀하시는 것이 당신이 말하고자 하는 바가 아닌 다른 것이라고 하면 정말 화를 내신다. 그러고는 "나는 말하고자 하는 바를 정확하게 표현하거든. 내가 말하려 하는 것을 정확하게 말했어. 돌려 말하지

마. 알아들었지?"라고 말씀하신다.

자폐 스펙트럼 장애 중 큰 부분이 의사소통의 어려움이다. 그것은 언어가 많은 문제들을 야기하기 때문이다. 아스퍼거 증후군이 아닌 사람들은 진짜 말하고자 하는 것이 아닌 것을 이야기하고, 정말 말하고 싶은 것은 빼먹고 말하며, 단어들의 뜻을 바꿔 버리는 온갖 종류의 표정들을 짓는다. 그러면서 아스퍼거 증후군을 가진 사람들을 기이하다고 한다!

"네가 그렇게 하고 이렇게 하면(물론 글자 그대로는 아니고) 나를 슬프게 하는 거고 나는 슬픈 것을 싫어하니까 제발 다시는 그렇게 하지 마."라고 말하는 것은 이해하기도 쉽고 좋은데(물론 다른 변형들이 있다) 대개의 어른들은 "네가 그렇게 하면 내 기분이 어떻겠니?" "내 생각을 하기는 하는 거니?" "너, 참 이기적이다."라고 말을 하니 정확하게 말하고자 하는 바가 무엇인지 궁금하다!

나는 항상 다른 사람들이 어떻게 느끼는지에 대해 생각하지 않는다고 비난받지만 종종 그렇지 않기 때문에 섭섭하다. 내가 다른 사람들의 감정에 대해 생각하는 데 큰 어려움이 있기는 하지만 그들도 말을 해 줄 때 명확하게 하지 않는다. 나는 그들이 아스퍼거 증후군을 지닌 사람들에게 뜻을 명확하게 말해 주어야 한다고 생각한다.

아스퍼거 증후군을 가진 사람들은 종종 느리게 이야기하거나 단조로운 어조로 말한다. 개인적으로 나는 모르겠지만 누나들은 이것을 알아채고 많은 사람들이 그런 것 같다고 말한다—물론 다는 아니지만. 우리가 복제인간들은 아니잖아요! 나는 매우 천천히 말하는 경향이 있는데(사람들을 굉장히 괴롭히는) 그게 바로 나의 방식인 것을 어쩌겠는가. 사람들은 내 이야기를 듣는 것을 따분해하지만 그들이 내게 지적하지 않는 한 문제가 되지 않는다. 어쨌든 내게는 그렇다! 아스퍼거 증후군을 지닌 어떤 사람들은 생각을 하는 데 시간이 걸리기 때문에 주변 사람들의 인내가 요구된다. 그리고 시간이 걸릴 뿐 그들의 지성에는 문제가 없다는 것을 알아야 한다.

명확한 부모가 명랑한 아이를 만든다

여러분 중에 명확하게 말을 하는데도 아이가 행복해하지 않다고 곧바로 이 책의 출판인에게 찾아가거나 따지실 분이 있을까요? 이제 나도 삶이 그처럼 간단하지 않다는 것을 안다! 나는 글을 쓰는 데 아무 문제가 없지만 이 책의 소제목들은 계속 혀끝(혹은 손끝)에서 맴돌아 왔던 것 같다. 고약한 궤양처럼 거기에 붙어 있다! 대개는 더 나은 선택이 없다 보니 두운법(Precise parents make cheerful children)을 (여기에서 나는 이것을 반복하네요) 선택했다.

어떤 부모님들이 아스퍼거 증후군을 가진 자녀의 마음을 추측할 수 없다면 그 자녀의 나이가 몇 살인지에 상관없이 여러분 자신이 그들에게 어떻게 말하는지에 대해 주의 깊게 생각해야 한다. 정말로 아이에게 충분히 설명하고 있는가? 여러분이 지시한다고 해서 아이가 자동적으로 알아들을 거라고 생각해서는 절대로 안 된다. 여러분에게는 명확해 보이는 일이 우리에게는 그렇지 않다. 우리의 논리는 다른 사람들과 다르다. 아스퍼거 증후군을 지닌 사람들은 여러분이 스페이드를 스페이드라 부르기를 원한다(Call a spade a spade, 관용구, 우리가 그것을 다른 이름으로 부른다고 해도 그것은 정말 바보 같다!).

내가 설명했듯이 대부분의 아스퍼거 증후군 아이들은 정말 문자 그대로 이해하지만 나이가 들어 감에 따라 이런 식의 애매한 대화방식을 이해하는 것을 배운다. 우리는 또한 어떤 구들이 무엇을 뜻하는지도 알게 되고 적절히 이용하는 것도 배우게 된다. 우리와 아스퍼거 증후군이 아닌 아이들과의 차이는 이런 것들을 배우는 데 우리는 노력해야 하는데 다른 아이들은 자연스럽게 익히는 것 같다는 점이다. 다른 사람들보다 배울 것이 많다는 약간의 불공평함이 있기는 하지만 그런 게 인생이고 우리는 그래도 앞으로 나아가야 한다. 이미 엎질러진 물은 담을 수 없다(Don't cry over spilled milk.). 우리가 적절히 사용하는 것을 배울 수 있다고 내가 여러분에게 말했지 않나!

여러분이 아스퍼거 증후군 자녀가 있거나 아스퍼거 증후군이 있는 사람을 알고 있다면 그들이 자동적으로 언어적 암시를 읽어 낼 수 있을 거라고 기대해서는 안 된다. 여러분이 그들이 그러기를 바라고 그것이 중요하다고 생각한다면 가르치도록 해라. 정리하는 것과 같이 시시해 보이는 일도 그렇다. 이런 것들이 우리 엄마에게는 시시한 일이 아니다. 엄마는 우리가 어지르면 정말로 크게 화를 내신다. 치워야 할 사람이 있어도 결국 엄마가 스스로 다 해야 하는 것(Why have a dog and bark yourself?, 관용구)에 대해 어떻게 생각하는지 혼잣말로 중얼거리면서 돌아다니신다. 하지만 우리 집에는 개가 없다! 엄마가 그런 말씀을 하실 때 무슨 뜻인지 물어볼 분위기가 아니어서 사전에서 찾아보아야 했다. 엄마에 대해서 말하고 싶은 것은 말은 거칠지만

■ 사라의 그림

마음씨는 그렇지 않으시다는 것이다!

부모님들, 아이들에게 정리한다는 의미가 정확히 무엇인지 설명하지 않았다면 침실을 치우라고 소리 지르지 마세요. 대충 설명하는 것으로는 충분치 않다(벤은 '날림으로 해치우다(A lick and a promise.),'라는 관용구를 전혀 다른 뜻(핥고 약속하다)으로 생각한다.). '먼저 걸레를 들고 다음에 걸레통에 넣어라.'처럼 지시사항이 명확하면 적어도 아이가 할 구체적인 무언가가 생기는 것이다(물론 그리고 나서도 여전히 아이가 여러분을 무시할 수도 있다.).

나는 종종 어디서부터 시작해야 하는지 몰라서 방을 어슬렁거린다. 체크리스트와 도표가 그런 때 유용하다. 씻는 것과 개인 위생에서도 마찬가지다. 아이들에게 정확하게 머리와 몸을 어떻게 씻어야 하는지를 설명해 주고 속옷을 얼마나 자주 갈아입어야 하는지도 말해 줘야 한다. 그렇다고 그들이 깨끗해지고 깔끔해진다는 것을 의미하는 것은 아니다. 하! 그렇게 된다면 더할 나위가 없겠다고 말씀하실 수도 있다! 하지만 이런 설명들이 없다면 전혀 가능성이 없을 것이다. 비록 구체적인 지시가 있어도 솔직히 씻는 것 같은 것은 내 삶에서 우선순위에 있지 않다. 항상 느끼는 거지만 개인적으로 나는 더러운 것, 깨끗한 것에 신경 쓰지 않고 남들이 나를 어떻게 생각하는지에도 크게 개의치 않기 때문에 꼭 남을 위해 씻는 것 같다. 나는 순전히 내가 쓴 데이트에 관한 장에 대해 중요하게 생각하기 때문에 이 것을 스스로 바꾸려고 노력하는 것이다! 다음은 여러분이 자녀에게 세상을 살아가는 방식을 가르치는 데 대한 나의 몇 가지 조언들이다.

1. 여러분의 자녀가 해 주었으면 하는 것에 대해 명확하고 구체적인 지시를 줘라.
2. 정확한 설명을 하지 않더라도 직유법, 특히 은유법을 쓰는 것은 피하라.
3. 여러분의 자녀가 살아가면서 특정한 행동들에 대한 옳고 그름을 판단할 수 있게 될 거라고 기대하지 말라.
4. 아스퍼거 증후군 아이에게는 모든 것들이 명료하고 상세히 설명되어야 한다.
5. 아스퍼거 증후군 아이들에게 돈의 가치와 다른 사람들의 물건을 취하는 데 대한 옳고 그름에 대해 가르치고, 그것은 꼭 지켜야 하는 규범이라는 것을 설명해 줘라.
6. 다른 사람의 물건을 가져가면 그들이 슬프고 화가 날 것이라고

설명해 주고 아이들이 다른 사람이 어떻게 느낄지에 공감할 수 있도록 과거에 있었던 실례를 들어 줘라.

7. 명료한 방식으로 일들을 설명하고 여러분의 자녀가 이해할 수 있을 것 같은 비유를 사용하라. 그들의 전문가적 관심 분야에서 뽑아 낸 유추는 아이들의 관심을 끌 것이다.

8. 여러분의 자녀들이 일들을 제대로 이해했는지 계속 확인하라.

확신컨대 언어의 문제에 대해 다른 책들에 훨씬 더 많은 조언들이 있을 테지만, 나는 과거와 현재에 내가 가진 문제점들을 바탕으로 내 관점에서 쓰고 있는 것이다. 결국…… 난 겨우 열세 살이니까!

학교에서의 문제

어떤 아이에게든, 즐겁든 아니든 간에 학교는 도전과 새로운 경험의 지뢰밭이다. 엄마는 우리가 학교에 가는 첫날, 집에 올 때쯤이면 피곤하고 기분도 불쾌할 것이라고 말씀하셨던 게 기억난다. 자폐 스펙트럼에 있는 아이들에게는 학교에서 보내는 시간 내내 지뢰를 밟고 있는 것 같고(이 글을 읽는 친구들, 걱정 마세요. 실제로 지뢰가 있는 것은 아니에요. 저는 지금 은유법을 쓰고 있어요) 학교에서의 모든 경험은 매우 어려운 것이 된다.

이 책을 읽고 있는 아스퍼거 증후군을 지닌 어른들 중 몇 명이나 학교에 대한 즐거운 경험을 가지고 있을까? 내가 만약 도박사라면 모두는 아닐지라도 대부분이 '아니요!'라고 대답한다는 쪽에 걸겠다! 내가 이야기를 나누었던 아스퍼거 증후군을 가진 어른들의 학교에 대한 기억은 '잊는 편이 낫다.'에서부터 '잊기가 힘들다.'까지 무척 상처가 깊어 보였다. 이것은 분명 무엇인가 잘못된 것이다. 학교 체제 안에 있는 우리 중의 누구라도, 선생님들, 다른 아이들, 부모님들 그리고 그러한 것들을 바꾸는 것을 도와줄 수 있는 누구라도 그것을 바로잡는 것을 시작해야 한다.

나는 초등학교에 다닐 때 왕따, 소리에 대한 민감함(도대체 왜 학교에서는 하루에 그토록 수많은 벨을 울리면서 모든 사람들을 귀먹게 하려는 건지 도무지 모르겠다!), 무엇을 해야 하는지 이해하는 것, 물건을 잊어버리고 두고 오는 것, 대부분의 일에 너무 느린 것과 관련된 온갖 종류의 문제가 있었다. 아스퍼거 증후군 친구들, 여러분들 모두도 비슷한 종류의 문제들을 가지고 있겠죠?

학교에서는 모든 것이 너무 자주 변한다. 나는 일과(日課)에 갇히지 않으려 노력하고, 엄마는 주기적으로 일들을 바꾸려고 노력을 하셔서 벤도 그렇지 않게 되었지만, 여전히 교실에 갔을 때 선생님이 안 오셔서 다른 반과 합반을 해야 한다든지 뚜렷한 이유 없이 책상을 옮기는 등 모든 것들이 학교에서의 혼란을 더해 준다.

모든 것이 학교에서는 너무 바쁘다. 나를 제외한 모든 아이들, 선생님들은 다들 목적이 있는 것 같아 보이고 나는 도대체 그것이 무엇인지 알아낼 수 없었다. 나도 우리가 배우러 온 것은 알고 있는데 그보다 더한 무언가가 있는 것처럼 보인다. 그것은 게임을 시작했는데 규칙이나 암호를 모르는 것과 같다.

이 글을 읽는 선생님과 보조교사 그리고 전문가 여러분, **제발** 자폐 스펙트럼에 있는 아이들은 '어디에 가고 누구랑 이야기하고 다음에 무엇을 해야 하는지'를 본능적으로 아는 것이 불가능하다는 것을 알아 주세요. 만약 선생님이 "책을 꺼내서 10쪽을 펴세요."라고만 말씀하시고 "그리고 이제부터 거기에 있는 질문들에 답하세요."라고 말씀하시지 않는다면 아스퍼거 증후군 아이는 무엇을 해야 할지 도무지 알 수가 없다. 그러고는 아무것도 하지 않는다고 혼내니 이러한 훈계는 불공평하다.

나는 칠판에 있는 제목을 노트에 옮겨 쓰라는 말을 셀 수도 없이 많이 들었다. 내가 다음에 무엇을 해야 할지 몰라 참을성 있게 기다리고 앉아 있으면 다른 친구들은 미친 듯이 글씨를 갈겨쓰고 있었다. 조금 후 선생님은 배고픈 동물처럼 주의 깊게 가장 맛있는 요리감을 고르면서 어슬렁거리시는데, 보통 내가 "잭슨, 어째서 아무것도 안 하고 있니?" "네 일을 계속해라."라는 갑작스러운 질문 공세를 받는 운 나쁜 먹이가 된다.

학교에 나를 도와주시는 선생님이 계셨지만 그녀가 무엇을 도와주는지에 대해 알지 못

■ 레이첼의 그림

했다. 보조교사 선생님들! 학생이 어느 수준의 이해력을 가지고 있든지 아이를 수업에 참여할 수 있게 도와주세요. 아이들이 무슨 일이 벌어지고 있는지 알 수 있도록 말이죠!

가끔 학교에 작업치료사 선생님이 오셨는데, 그분은 내게 여러 가지 활동을 시켰다. 예를 들어, 한 발로 서기, 바닥에 누워 발가락 오므렸다가 이완시키기, 콩주머니 칠판에 던지기 등을 했다. 한번은 교실에 앉아서 하다가 다음에는 여러 명의 다른 아이들과 강당에 가서 이런 종류의 일을 했다. 아무도 왜 해야 하는지는 말해 주지 않았다! 나는 수업을 받는 것보다는 이런 종류의 일을 하는 것이 더 재미있었다. 어떤 아이든 안 그렇겠나? 비록 익숙해졌다가 바로 다르게 바뀌어야 하니 꽤 동요가 되기는 했다.

내가 계속 반복하고 있는 것을(우리 누나들이 말하는 것처럼 제가 반복하는 경향이 있긴 해요) 알기는 하지만 다시 얘기하자면 자폐 스펙트럼에 있는 아이를 도와주는 핵심은 항상 매우 명료하게 무슨 일이 벌어지고 있는지를 말해 주는 것이다. 나는 정말 이것을 강조하지 않을 수가 없다. 이것은 아스퍼거 증후군을 가진 사람의 일생 내내 적용되는 것이다. 만약 여러분이 그 사람의 지능보다 낮은 수준으로 이해하기 쉽게 어휘를 선택하여 정확하게 설명해 주면 정말로 도움이 된다. 나는 무슨 일이 왜 벌어지고 있는지를 알면 안도의 한숨을 쉴 수 있다. 아스퍼거 증후군 여러분, 선생님과 보조교사 선생님들에게 이 사실을 꼭 이야기하도록 하세요.

 별종, 괴짜 그리고 아스퍼거 증후군

읽기, 쓰기 그리고 연산

읽 기

자폐증을 가진 어떤 사람들은 가르치지도 않았는데 굉장히 일찍 읽는 것을 배운다. 이것을 다독증(hyperlexia)이라고 하는데 나는 이것에 대해 아는 바가 없고 관련 웹사이트를 책 뒤편에 실어 놓았다. 엄마와 할머니가 콜린 삼촌에 대해 이야기하시는 것을 들으면 삼촌도 다독증이 있는 것 같다. 그는 취학하기 훨씬 이전에 신문을 읽었고 그런 종류의 것들을 잘 읽었다. 지금 만약 그가 진단을 받는다면 아마도 나와 같이 다독증으로 분류될 것이다. 그는 여전히 자전거를 타거나 신발 끈을 묶는 것을 힘들어하고, 항상 아둔했다고 엄마는 말씀하신다. 지금 그는 통신회사 사장님이고 굉장히 똑똑해서 모든 사람이 그를 좋아한다. 만약 내가 삼촌으로부터 유전자(genes)를 (청바지가 아니고) 받았다면 정말 기쁘겠다.

큰형 매튜는 난독증이다. 이것은 자폐증이 있는 집안에서 흔히 발견되는 증상이다. 그는 단어들을 건너뛰어 읽고 철자를 말하는 데 어려움이 있다. 엄마는 매튜가 언젠가는 깨칠 거라고 믿고 개인 과외를 시키는 데 상당한 돈을 썼다. 그가 그렇게 될 수 없다는 것을 엄마가 깨닫기까지는 3년이 걸렸다! 철자 체크를 해 주는 워드 프로세서가 있고 난독증을 위한 사전이 있고 이런 문제가 있는 사람들을 도와주는 것들이 있다. 얼렌 렌즈라고 불리는 안경이 있는데 많은 사람들에게 도움이 되는 것으로 알고 있다. 책의 뒷부분에 이 모든 것에 관한 정보를 확인해 볼 수 있는 웹사이트를 실어 놓았다. 이 문제에 대해서는 책에서 읽거나 매튜에게서 확인한 것 이외에는 아는 바가 없어서 더 이상 이야기하지 않겠다. 그런데 매튜는 GCSE의 7단계 A레벨에 해당하는 과정을 거의 마쳤다. 그것은 매튜도 가능성이 있다는 것이다. 어려움이 없었던 것은 아니지만 그는 이만큼까지 해냈다.

나에게 읽기는 어렸을 때부터 별 것이 아니었다. 하지만 내가 더 어렸을 때에는 읽기에 좀 문제가 있었다. 학교에서는 여러 가지로 과외의 도움을 주었지만 심지어 한 글자도 기억하지 못했다. 누가 아무리 가르쳐 주어도 그것이 들어오지 않았다. 7세 8개월에 교육심리학자에게 평가를 받았는데 읽을 수가 없어서 평가할 수가 없었다고 한다. 다음 날 엄마는 학교에서 와 보라는 전화를 받으셨다.

대개 그런 전화는 내가 분노발작을 일으켰다는 것을 의미하기 때문에 엄마는 너무 걱정이 되었는데 막상 가 보니 선생님들이 무언가를 말하고 싶어서 안달이셨다고 한다. 선생님이 참고자료로 가지고 오신『한여름 밤의 꿈』복사본을 내가 집어 들고 유창하게 읽어 내려갔다니 이 얼마나 기막힌가? 만약 이러한 증상에 이름이 있다면 '읽을 수 없다가 갑자기 읽는 증상'이라고나 할까? 저하는 과잉의 반대말이니 아마 그것과 연관이 있나 보다.

흥미로워진 교육심리학자가 그날 다시 와서 날 평가했는데 그때 나의 독서수준이 14세 10개월이 나왔다. 지금은 열세 살인데 독서 수준은 17세 9개월이다. 어떤 식으로 평가를 내리는지는 잘 모르겠지만 이 글을 읽는 심리학자들은 알 것이다. 심리학자들 중 몇 분은 이 글을 읽고 계시길 기대해요!

　나의 이런 사례가 도저히 읽는 것을 배울 수 없는 것처럼 보이는 아이를 가진 부모님들에게 아이에 대해 포기하지 않도록 용기를 주었으면 좋겠다. 나는 "누군가가 내 머리에 불을 켰다!"라고 엄마와 학교 선생님들에게 말했었다. 아마도 이런 일이 다른 영역에도 발생하고 다른 나이 때에도 일어날 수 있으니 노력하는 것을 포기하지 말라고 하고 싶다. 지금도 나는 많은 책을 읽는다. 이번 학기에는 45권을 읽어서 학교에서 상을 받았다. 얼마나 쉬운 일인지 모른다! 『해리 포터와 불의 잔』도 하룻밤에 다 읽었다. 이제 밤에는 강제로 소등이 되는데, 그렇지 않으면 내가 읽고 또 읽어서 잠을 자지 않기 때문이다. 일들이 풀리는 것이 참 신기하다.

　책들은 다른 세계로 향하는 길이다. 책들은 화가 날 때 위로를 해 준다. 나를 웃게 하고 울게 하고 공포에 떨게 한다. 좋은 책은 끝까지 사람을 황홀하게 한다. 이 책은 사실을 기록한 책이라 그렇지 않겠지만 노력하겠다.

　내가 했던 것과 같은 이상한 방식으로 아스퍼거 증후군 아이가 읽도록 가르치는 방법에 대한 그 어떤 친절한 조언도 해 줄 수가 없다. 하지만 자폐 스펙트럼에 있는 아이들은 시각적인 것에 훨씬 더 잘 반응하고 단어들을 조합하는 것보다는 전체의 모양을 더 잘 기억한다고 알고 있다. 소리로 단어를 만드는 것은 내가 터득하지 못한 개념이다. 조도 그랬지만 정확히 나와 같은 연령에 깨우쳤다. 벤은 읽기도 못하고 셈도 못하고 아직 글자들을 알아보지도 못하지만 그 역시 그 나이가 되어서 깨우칠 수 있을지 흥미롭게 두고 볼 것이다.

자폐 스펙트럼에 있는 아이들에게 읽기를 가르치려 애쓰는 선생님들이 만약 모든 방법에서 실패했다면 마지막으로 아이를 그가 흥미 있어 하는 책 한 권과 함께 방에 혼자 있게 해 보라. 그들의 머리에 불이 켜질지도 모른다. 아스퍼거 증후을 지닌 대개의 사람들은 혼자 일하는 것을 훨씬 더 즐거워한다.

우리는 벤에게 컴퓨터 마우스를 사용하는 방법과 마우스를 움직이는 것이 화면에서 나타나는 것과 어떻게 연결되어 있는지를 보여 주려고 노력했다. 그는 전혀 이해하지 못했고 새벽 세 시쯤 엄마는 지쳐 소파에 누우셨다. 벤은 혼자 컴퓨터 앞에 남겨졌고 결국 스스로 그것을 터득했다. 벤은 지금은 마우스를 놀랍게 잘 다뤄서 좋아하는 홈페이지를 찾고 이메일을 보내고(내용은 '44444'밖에 없지만 벤이 제일 좋아하는 수) 보통의 사람들이 할 수 있는 것보다 훨씬 더 많은 일들을 할 수 있다.

내가 할 수 없는 일 하나는 그림을 보고 이야기를 하는 것이다. 이것은 정말 어리석은 개념이라 생각한다. 한 심리학자가 남자를 그리고 무엇을 하는 그림이냐고 물었던 평가가 생각난다. "쯧쯧, 그냥 종이 위에 펜으로 끼적끼적한 것 아니에요?" 나는 무시하며 말했다! 내게 이런 것을 하라는 것은 붓과 물감도 안 주고 그림 그리라는 것과 똑같다.

아스퍼거 증후군이나 자폐증을 가진 모든 아이들이 다 똑같다고 말하는 것은 아니지만 적어도 지금까지 본 중에 가장 우스꽝스럽게 야만적인 상상을 하는, 아스퍼거 증후군 진단을 받은 한 아이가 있다. 그 아이는 샘이라고 하는데, 조와 상당히 비슷하고 블랙풀 베어

(이것은 블랙풀 베어 스포츠센터에 있는 장애인들의 운동시간이다)에서 미친듯이 뛰어다닌다. 한번은 사람들의 발목에 달려들어 기어오르면서 악어가 되고 다음에는 의자에서 뛰어내리면서 원숭이가 된다. 내가 '원숭이나 악어처럼 굴기'라고 하지 않은 것에 유의해라. 그들이 그런 흉내를 낼 때는 진짜로 그 동물들이 된 것으로 생각한다. 샘을 만나 보면 정말 다양한 성격을 가지고 있어서 과연 내가 전에 그를 알고 있었나 의아해진다!

작가인 마릴린 르 브르통의 아들 잭은 자폐증으로 진단받았는데 그 역시 이 미친 것 같은 거친 상상력을 가지고 있어서 매일 밤 그녀는 잭의 역할들에 조화를 이루기 위해서 일류 탤런트가 되어야 한다(당신이 일류 탤런트라는 게 아니에요, 마릴린!). 의사 선생님들과 학교 선생님들은 자폐증이나 아스퍼거 증후군을 지닌 아이들과 함께할 때 상상력이 없어서 힘들 것이라고 생각된다. 내 상상력은 지극히 제한적이고 나는 사실에 근거한 사람이지만 아스퍼거 증후군을 지닌 사람들은 대개 무한한 상상력을 가지고 있다. 아스퍼거 증후군 여러분, 동의하시죠?

그것은 그들의 역할연기의 강도와 관계가 있는 것 같다. 아스퍼거 증후군이나 자폐증 아이들은 어떤 것들을 극단적으로 받아들이는 것 같다. 나는 조와 샘이 가장 놀랄 만한 극본을 실연하고 다른 사람들이 함께하도록 고집하는 것을 보았다. 잭 르 브르통도 이렇게 하는 것으로 알고 있다. 나는 이런 지나치게 활동적인 상상은 현실도피의 한 형태라고 생각한다. 벤은 최근에 '개'가 되는 것을 시작했다. 그는 짖고 기고 입으로 물건들을 나르고 다닌다. 스트레스를 받을 때면 더 그렇게 하는 것 같다.

이 모든 것은 아스퍼거 증후군, 주의력결핍 과잉행동장애(ADHD) 같은 진단들이 어떻게 서로 겹치고 연결되는가를 보여 주는 것이다. 리사 블랙모어 브라운이 쓴 『자폐증의 양탄자를 다시 짜기(*Reweaving the Autistic Tapestry*)』라는 책이 있는데 이런 모든 증상들이 어떻게 상호 연관되어 있는지에 관해 이야기하고 있다. 아스퍼거 증후군인 많은 사람들이 주의력결핍 과잉행동장애를 가지고 있다. 주의력결핍 과잉행동장애를 가진 사람들은 아스퍼거 증후군인 사람들과 많은 유사점이 있지만 보다 과잉행동과 주의력의 문제들이 있고 그것이 지속된다. 여러 번 이야기했지만 어떤 사람도 똑같을 수 없다. 아스퍼거 증후군을 지닌 사람들도 역시 그렇다.

여기 읽기를 배우는 것을 싫어하고 책에 관심이 없는 아스퍼거 증후군 아이를 위한 대안이 있다. 말에 큰 모순이 있기는 하지만 만약 여러분이 이 글을 읽고 있다면 벌써 읽는 것이기 때문에 이것이 필요 없다!

십대들이여, 지금은 따분해 죽을 지경이지만 조금만 참고 여러분이 지금보다 어렸고 막막했을 때(지금 느끼는 것보다 훨씬 더!) 어땠는지 기억해 보라.

아스퍼거 증후군이나 자폐증 아이들의 부모님들, 이것을 여러분의 자녀에게 읽어 주실 수 있나요? 많은 도움이 될 거예요.

1. 여러분은 지금 정말 중요한 무언가를 놓치고 있는 것이고 일단 시작하면 책의 세계를 사랑하게 될 것이다.

 별종, 괴짜 그리고 아스퍼거 증후군

2. 배울 때 잘 듣고 이해가 되지 않는다고 딴생각을 하거나 손가락
   으로 만지작거리지 말라.

3. 이해가 되지 않을 때는 선생님이나 부모님께 반복해서 질문하라.

4. 단어의 형태나 철자를 잘 살펴서 외우고 뜻을 암기하려고 노력
   하라.

5. 그림이 많은 책들을 보고 재미있어 보이는 것들을 골라라. 단어
   들이 보고 있는 그림들과 연관이 있다는 것을 깨달아야 한다.

6. 컴퓨터 앞에 앉아 있거나 포켓몬 카드를 가지고 놀지 말고 부모
   님이나 선생님께 이러한 것들에 관한 책들을 구해 달라고 부탁
   하라. 그 책들과 이야기들이 여러분의 관심사에 대해 더 배울 수
   있게 도움을 준다는 것을 알게 될 것이다.

7. 어른들의 도움 없이 책을 들여다보면서 글자의 소리와 단어가
   어떤 방식으로 조합되는가에 관한 수업을 돌이켜 보려고 노력
   하라.

8. 긴장을 풀고 책과 그림들을 보는 것과 누군가 여러분에게 이야
   기를 읽어 주는 것을 즐겨라. 언젠가는 여러분들도 스스로 읽게
   될 것이다.

행운을 빈다. 곧 여러분도 너무 많이 읽게 되어 어려움에 빠지게
될 것이다. 어른들은 결코 만족하는 법이 없다니까요!

쓰기

쓰기는 내가 정말 어렵게 느끼는 것이다. 펜을 잡으면 손이 쑤셔서 실제로 내가 생각하는 것과 똑같이 종이에 옮겨지지 않는다. 나는 이것 때문에 화가 나곤 했고 조금을 쓰기 위해 많고 많은 종이를 쓰고 구기고 휙 내던져 버려야 했다. 그림을 그리는 데도 이와 같이 종이를 소모했다. 나는 완벽한 것을 좋아하는데 내 작문은 그렇지가 않았던 것이다.

여러분의 자녀나 동료가 이렇게 한다면 종이 낭비라고 생각할지 모르지만 유일한 해결책은 싼 종이를 구해 주는 것뿐이다. 잘못 쓴 것이 바로 앞에 있는데 그 종이에 계속 쓰는 것은 불가능하다. 아마

■ 레이첼의 그림

도 여러분은 종이를 돌려서 뒤에 쓰면 된다고 할지 모르지만 물론 이 것은 연습장에서는 불가능한 일이다.

지금은 학교에서 워드 프로세서를 써서 훨씬 더 쉬워졌다. 누구나 조금 쓸 줄은 알아야겠지만 많은 의사 선생님들과 전문가들은 악필이다. 깔끔하게 쓰는 것이 그렇게 중요하지는 않다. 우리 엄마는 어린아이처럼 쓰는 것을 싫어하는데 학위도 있고 온갖 종류의 자격증도 있다.

부모님들, 만약 여러분의 자녀가 쓰는 것이 느리고 그것을 마치느라 고군분투한다면 워드 프로세서를 사 주는 것이 해결책이 될 거예요. 이상적으로는 학교에서도 제공되어야 한다. 이 글을 읽는 선생님이 있다면 그런 행동이 단순히 게을러서 그런 것이 아니라는 것을 인식하고 워드 프로세서를 구입하는 것이 좋은 방법이라는 사실을 아셨으면 싶다.

대부분의 아스퍼거 증후군 아이들은 보통 사람들보다 컴퓨터에 잘 적응해서 휴대용 컴퓨터, 탁상용 컴퓨터나 워드 프로세서를 사용하면 더 쉽고 빠르게 쓸 수 있다. 이것을 확신하지 못하겠으면 그들에게 기회를 줘 보라. 깜짝 놀랄 것이다.

이 글을 읽는 어떤 아스퍼거 증후군 아이라도 더 쉽고 편한 삶을 살기 위해서는 쓰는 것을 배워야 한다. 그러나 앞서 말한 사소한 것들을 구실로 다른 사람과 비교하고 놀림을 받거나 다르다는 것을 걱정한다면 그건 잘못된 일이다. 다르다는 것은 쿨한 것이라는 사실을 기억하라!

연 산

정말로 연산을 의미하는 것이 아니고 전반적인 수학을 의미하는 것이다. 이것에 대해서는 많이 이야기할 수 없다. 내가 더 어렸을 때는 정말 힘들었고 지금도 애를 쓰고 있다. 나는 이 분야에 전혀 천재가 아니고 많은 아스퍼거 증후군 아이들이 그렇다. 뛰어나거나 혹은 그렇지 않거나 둘 중 하나인 것으로 보인다(이건 싱거운 이야기이긴 하지만 인생의 대부분의 일에 적용되는 것 같다.).

아스퍼거 증후군을 가진 많은 아이들이 라틴어, 독일어 그리고 확실히 정보기술공학(IT)을 좋아한다. 아스퍼거 증후군을 지닌 사람의 두뇌에 더 잘 맞는 과목들이 있을지도 모르지만 엄밀히 말하면 우리는 복제인간들이 아니기 때문에 각자의 장점과 단점들이 있다. 〈레인맨(*Rain Man*)〉이라는 영화가 있기도 하지만 우리가 모두 이런 놀라운 수학적인 기술들을 가지고 있는 것은 아니다. 내게도 있었으면 좋겠다!

말할 필요도 없는 숙제

나는 사실 이것을 정말 말하고 싶지 않다. 사실 생각하고 싶지도 않고 전혀 하고 싶지 않다! 아스퍼거 증후군 친구들, 동의하지 않나요? 그렇지만 이 책을 읽는 여러분 대부분이 나와 같은 배를 타고 있다(알고 있다. 사실 배는 없다.). 나와 같은 처지이거나, 나와 같은 자녀가 있거나 가르치는 입장이니 결국 숙제에 대해 언급해야겠다. 선생님이 이 책을 읽고 있다면 내가 말하는 것을 좋아하지 않을지도 모르겠다!

먼저 우리가 뭐하러 학교를 가는가? 쯧쯧……, 당연히 학업이지! 많은 사람들이 협동작업 기술과 사회적 기술과 조직화 능력에 대해서 배울 것이지만(거기에 대한 나의 의견을 벌써 말했다고 생각한다) 학교의 주된 업무는 수업을 하는 것이다. 우리는 학교에 공부를 하러 간다.

■ 레이첼의 그림

그런데 내가 여기서 약간 어리석을지도 모르고 우리 동네에 있는 학교들이 다른 지역의 학교들과 크게 다를 수도 있지만(나는 인터넷에서 다른 사람들과 이야기를 나누었기 때문에 그렇지 않다는 걸 잘 알고 있다), 수업을 마칠 때쯤 선생님들은 우리들에게 알림장을 꺼내 수업시간에 시작한 것을 마쳐야 한다고 쓰도록 하신다. 만약 선생님들이 별 얘기가 없으면, 예를 들자면 7학년의 연습문제들을 1~19까지 풀어야 한다. 맞다. 여러분의 짐작대로? 이 모든 것은 우리 '학교' 교과서 밖의 것이다. 학교에서 이것을 쉽게 하려고 할 때는 인터넷으로 찾아보라고 하신다. 다시 말하면 '숙제(homework)'는 '학교 공부(schoolwork)'와 같다. 한 가지 차이가 있다면 집에서 한다는 것뿐이다.

왜 이렇냐고요? 나는 세상이 무의미하고 비논리적인 쓰레기로 가득 차 있기 때문이라고 생각하는 경향이 있다. 정말로 우리가 학습할 일정 분량의 공부가 있다면 학교는 그것을 하는 곳인가? 우리는 자기 훈련을 배우고 혼자 할 수 있는지 평가받는가? 만약 그렇다면 그것은 완전히 거짓이다. 모든 학교에서 알다시피 다른 사람들이 우리들을 위해 대신 해 주도록 배우고 있기 때문이다. 선생님들은 심지어 우리가 하다가 막히는 것이 있으면 부모님에게 부탁하라고 하신다. 그게 우리에게 무슨 도움이 되겠나?

선생님들은 학교가 해야 할 일이 아이들이 큰 시험들에 대비하도록 하는 거라도 하신다. 그 이유는 그것들이 나중에 매우 중요하기 때문인데, 좋은 교육을 받고 중고등학교 성적을 잘 받아 A등급을 받는다면 의심할 것도 없이 좋은 직장을 갖게 될 거라는 것이다. 이 말이 설득적으로 들리나? 여러분은 이런 말 때문에 숙제를 해야 하는 필요성에 대해 납득했던 적이 있나? 나는 아니라고 생각한다. 확실히 나는 아니다! 연습의 목적이 우리가 그 일을 제대로 배우게 하는 것이라면 우리 스스로 하도록, 발버둥치도록 놔두는 논리는 어디에 있는가? 저녁에 한 시간 반이면 끝낼 수 있는데 어째서 학교에 있는 시간은 그렇게 긴가? 한 시간도 더 되는 시간 동안 뭘 할지 몰라서 꾸물거리게 놔두지 말고 식사 후 휴식시간을 더 짧게 하면 안 되나?

이것이 선생님들이 원하는 근무시간과 연관이 있는지 아니면 정부가 그들에게 지불하는 수당과 연관이 있는지 궁금하다. 선생님들이 더 많이 일할수록 더 많이 지불해야 하므로 우리를 집에서 공부하게 하는 것이 더 싸다? 아마도 아동 노동의 한 종류? 오래전에 그런 것들은 모두 근절되었다고 생각했는데!

나는 집에 있는 시간은 그저 집에 있는 시간이어야 한다고 생각한다. 우리는 학교에 가야 한다. 법은 우리가 학교에 가야 하고 그럴 수 없어도 어쨌든 교육을 받아야 한다고 정하고 있다. 이것에 대해서는 책 뒤편에 관련 웹사이트를 적어 놓았고 그곳의 자료는 여러분 모두가 읽어 보아야 할 중요한 것이다. 그렇지만 지금으로서는 나는 여러분 대부분이나 여러분의 자녀가 학교에 가야 한다고 생각한다.

학교는 누구에게나 힘들다. 기억할 것, 체계적으로 정리할 것과 배울 것이 많다. 아무 문제가 없는 아이들에게도 마찬가지다. 하지만 아스퍼거 증후군이나 또 다른 어려움이 있는 아이들은 다른 사람들에게는 자연스러운 일들이 훨씬 더 힘들게 느껴지고 많은 노력을 들여야만 할 수 있다. 누구라도 다리가 하나뿐인 사람이 두 다리를 모두 가진 사람에 뒤떨어지지 않는 것을 기대하지는 않겠지만, 아스퍼거 증후군을 가진 사람은 학교의 모든 활동에서 뒤지지 않도록 기대되고 학교에서 그들을 위해 배려되는 것들 또한 극소수에 불과하다. 내가 골난 아이같이 보일 수도 있겠지만 이건 정말 불공평하다(지금 난 발을 구르고 아랫입술을 쭉 내밀고 있다!).

지금 뭘 했다가 다음 순간에 무엇을 해야 하는지를 기억하는 데 어려운 날들이 정말 많았다. 나는 정말 쉽게 주의가 흐트러지는데 다른 사람들에게는 중요한 것들이 내게는 그렇게 보이지 않고 오히려 그 반대일 때가 많다. 주의집중에 문제가 있는 아이들은 정말 정말 힘들다. 조는 일 분만 지나도 종종 누가 무슨 얘기를 했는지 기억을 못하는데, 도대체 어떻게 그가 무슨 숙제를 해야 하고 심지어 숙제가 있기나 한지 기억하겠는가? 그는 상기시켜 주지 않으면 알림장을 쓰는 것도 잊어버리고 결국 가방이나 알림장을 가지고 오는 것도 잊는다.

일단 집에 오면 조는 해야 할 숙제를 가지고 탁자 앞에 앉는다. 계속해서 일어나고 이리저리 연필을 탁탁 두드리면서 가만히 앉아 있지를 못한다. 엄마는 결국 기분이 언짢아지셔서 "누가 조가 숙제하는 것 도와줄 수 있겠니?"라고 소리치신다. 우리 중 한 명이 조에게 가면 그는 숙제를 계속한다. 숙제를 전부 하는데는 말 그대로 여러 시간이 걸린다. 불쌍한 조도 정말로 열심히 노력한다. 나는 이런 그가 참 안쓰럽다. 바로 지금도 그는 애쓰고 있다.

조는 방과 후 학교에서 나올 때 복도를 왔다갔다 뛰어다니고 원숭이처럼 끽끽거리고 고약한 사람처럼 행동한다. 어느 날은 미친듯이 토끼처럼 뛰다가 무릎이 멍으로 뒤덮였었다. 집에 들어올 때 조는 에너지가 너무 충만해서 엄마는 그를 그대로 잠시 내버려 두었다가 "이제, 그만!"이라고 소리치신다. 그제서야 우리는 모두 안도의 한숨을 쉰다. 나는 조와는 정반대다. 집에 돌아오면 앉아서 책을 읽고 제일 먼저 플레이 스테이션을 하거나 컴퓨터로 간다. 엄마는 이런 것을 싫어하셔서 우리는 항상 "숙제는 있니?"와 "잠깐만요, 확인해 볼게요."라는 판에 박힌 대화를 한다! 그리고 나서 알림장을 빼서, 완전히 의미심장하게 보이면서 "아니요, 도서관에서 했어요."라든가 "네, 하지만 다음 주까지 낼 필요 없어요."라고 말한다. 나는 지금 스스로를 어려움에 처하게 하고 있지만 알림장을 꺼내 보면 어쨌든 쓰지 않은 경우가 종종 있다!

나는 선생님들이 쓰라고 하는 속도에 맞춰 나갈 수가 없다. 책가방을 챙기느라 바쁘고 다음에 어디에서부터 필기를 해야 하는지 걱정하느라 너무 바쁘다. 가끔은 알림장을 쓰기도 하지만 너무 빨리 갈겨 써서 읽을 수 없거나 무슨 말인지를 모르겠다.

이제는 숙제하는 것에 잘 대처하고 더 쉽게 하는 것에 대해 이야기해야겠다. 이것은 나에게 정말 괴로운 일이다. 왜냐하면 내가 잘못되었다고 생각하는 일을 인정하고 도리어 그것에 도움이 되고 있는 것처럼 느끼기 때문이다. 내 생각에 집은 집이고 학교는 학교다. 둘은 결코 합쳐질 수 없다. 그래서 여기 어떻게 숙제를 잘 처리할 것인가 하는 조언이 있는 것이다. 무엇보다도 먼저 교장 선생님께 가서 여러분의 생각을 말한다? 낄낄. 그런 짓은 절대 하지 말자. 그러면 곤란해질 것이다. 아스퍼거 증후군을 가진 모든 학생들이 숙제를 안 할 수 있는 비법을 알려 주고 싶지만 우리는 숙제가 있는 곳에서 살고 있으니, 여기 숙제를 약간은 더 쉽게 할 수 있는 몇 가지 방법들을 적어 보겠다(조금씩만!).

숙제하기 – 나쁜 일을 훌륭하게 해내는 방법

1. 저녁시간에 도서관에서 숙제를 할 수 있게 정해 놓거나 방과 후 숙제를 하기 위해 늦게까지 남아 있어라.

2. 학교에서 할 수 없다면 누군가의 집에 가서 숙제를 해라. 숙제를 하기에는 집이 아닌 곳이 최고다.

3. 집에서 해야 한다면 숨을 깊이 들이마시고 부모님에게 숙제를 끝내기 전에는 아무 일도 시키지 말아 달라고 부탁하라(부모님이 시키는 것을 거부해야 할 때는 싸울 준비가 되어 있어야 한다.).

4. 자신만의 '숙제를 할 수 있는 장소'를 만들고 아무도 방해하지 못하도록 하라.

5. 해야 한다고 앉아서 후회하기보다는 숙제가 일과가 되도록 노

력하라.

6. 학교공부의 연장이라고 생각하지 말고 복습이라고 생각하라. 이게 훨씬 더 받아들이기가 쉬울 것이다. 왜냐하면 끔찍하기는 해도 시험을 위해 복습은 해야 하니까. 선생님들은 우리를 가르칠 뿐 우리가 익히도록 해 주지는 않기 때문이다.

그다지 신나지 않는 운동경기들

내가 만약 단 한 명의 체육 선생님에게라도 아스퍼거 증후군의 본질과 운동경기에서 우리가 겪는 어려움들에 대해 조금이라도 이해시키는 데 성공한다면 이 책을 쓰는 것이 보람 있고 정말 최고로 행복할 것이다. (음, 나도 이제 제법인데!) 이 책을 읽는 아스퍼거 증후군 여러분이나 부모님들이 이 부분을 체육 선생님에게 꼭 보여 주었으면 한다.

여러 번 말했듯이 우리는 모두 같지 않아서 이 부분에 대한 예외가 있을 수도 있지만 많지는 않으리라 생각한다. 대부분의 아스퍼거 증후군 아이들이 운동경기를 하면서 많이 힘들어한다. 우리가 그저 게으른 것이 아니다. 나는 축구를 잘하지 못하고 어떤 팀 경기도 잘하지 못한다. 나는 그것들이 싫다. 안 할 수만 있다면 무엇이라도 하겠다. 여기에는 몇 가지 이유가 있다. 나는 근육의 조정을 잘 못하고 받기, 던지지, 차기 그리고 공 다루기를 잘하지 못한다. 좋아요, 좋아요. 인정할게요. 나는 받기, 던지지, 차기 그리고 공 다루기를 정말로

끔찍이 못해요. 사실 나는 팔다리를 조
절하는 데 상당한 어려움이 있어요.

나는 팀 주변을 배회하지 않고, 모두
가 내가 팀 경기에 얼마나 어수룩한지
를 잘 알고 자신들의 팀에 끼워 주고 싶
어 하지 않는다. 체육 선생님의 "저 팀
으로 가라."는 지시 뒤에는 항상 익숙
한 혼잡, 중얼거림, 깔깔거림과 함께 안
들어도 이제는 빤히 알 수 있는 "저, 선
생님, 꼭 그래야 돼요?"나 "걔가 우리

■ 레이첼의 그림

팀에 오는 것은 절대 안 돼요."라는 말이 뒤따른다. 나는 마치 아무도
내켜 하지 않는 짐 꾸러미처럼 팀을 배정받는다. 실제로 아이들의 마
음도 그럴 것이다. 나 또한 그들의 팀에 들어가기 싫다!

내가 팀 경기를 싫어하는 두 번째 이유는 모두 뛰고 비명을 지르며
소리치고 있는 것처럼 보이는데 나는 도무지 갈피를 잡을 수가 없는
것이다. 나는 누군가 명령하거나 소음이 들려오는 곳에서는 운동할
수 없다. 그런 상황은 너무 혼란스럽고, 겁쟁이같이 들리겠지만 나를
깜짝깜짝 놀래킨다(지금은 물론 멋진 십대여서 그렇게 말할 수는 없지
만!). 마침내 해야 할 것을 하거나 뛰어야 할 곳으로 가면 친구들은 다
른 것을 시작했고, 한발 늦게 행동하고 있는 나를 조롱한다. 나는 내
가 해야 하는 '그것'이 무엇인지 결코 알아내지도 못했지만 그것이 무
엇이든 간에 그것은 무의미한 것이다. 적어도 내게는 그렇게 보인다!

공을 던지고 쫓는 것이 내게는 참 쓸데없어 보인다. 야구나 비슷한

운동경기에서 누군가 공을 잡으려고 뛰어오르면 설령 잡지 못했어도 모두 환호한다. 모든 것이 참 이상하다! 정말로 이럴 때는 내가 다른 별에서 온 것같이 느껴진다. 솔직히 말하면 나는 내 별이 더 좋다! 날 보고 웃어라, 스코티!

축구선수들은 공을 이리저리 차기만 하는 데도 수십 억을 받고 사람들은 단지 그것을 보기 위해서 나라에서 나라로 여행을 한다. 세계에서 가장 큰 불량배 집단은 축구를 핑계로 대규모로 난동을 피운다. 축구 훌리건들. 이것이 모두 축구를 본다는 명목하에 일어나는 일이다. 바보 같은 짓이다.

지금 나는 중학교에 다니는데 이 운동경기 문제는 훨씬 더 나빠졌다. 나는 사립학교에 다니고 있는데 럭비나 골프에 관해 이야기하는 것을 좋아하도록 장려된다. 음, 야단법석? 나는 그런 이야기를 하느니 차라리 페인트가 마르는 것을 보는 편이 낫겠다. 정말 문자 그대로 말이다. 나는 운동경기를 한다는 생각만 해도 아픈 것 같다. 다음 날 운동경기가 있다면 밤에 자는 것은 생각할 수도 없다. 최악의 악몽이 서서히 다가오는데 수업에도 집중할 수가 없다. 체육시간이 되면 나는 진짜로 속이 메스껍고 걱정 때문에 머리가 아프다. 물론 나는 도망치든지 아니면 그냥 철저히 무시당하고 말라는 이야기도 듣는다. 체육시간은 학교에서 최악의 시간이고 피하기 위해서 모든 것을 다 해 봤다.

 별종, 괴짜 그리고 아스퍼거 증후군

신체 공간감각

내가 이것에 대해 쓰는 것은 다른 사람들이 내게 이런 문제가 있다고 해서다. 만약 그렇다면 아마도 내가 운동경기에 그토록 서투른 원인과 많은 관련이 있을 것이다. 내가 만약 내 몸이 어디에 있는지 판단할 수 없다면 공과 몸을 잘 연결할 수 없을 것 같다. 전에 말했듯이 나 스스로는 판단내리기가 어렵다. 아스퍼거 증후군 여러분, 얼마나 자주 누군가가 화가 나 씩씩거리며 "제발 좀 비켜 줄래?" "그만 좀 따라와."라고 말하는 것을 듣나요? 그 정도는 그래도 예의 바른 말들이다. 대부분은 "꺼져 버려, 이 별종아."라고 말해 버린다.

나는 사람들에게 너무 가깝지 않게 멀리 앉아 있거나 서 있고 필요 없이 사람들을 따라다니지 말라는 말을 듣는다. 이들은 단지 엄마나 사라처럼 자신의 사적인 공간이 침범당하는 것을 싫어하는 사람들이 아니다. 확실히 나는 사람들에게 너무 가까이 간다. 나는 이것이 문제가 될지도 모른다는 것 말고는 할 말이 별로 없다. 만약 사람들이 여러분에게 가까이와도 된다고 한다면 어느 정도 가까이 가도 되는 것인지에 대한 규칙들을 매우 확실히 해야 하고, 학교에서는 사람들에게 너무 가까이 가지 않아야 한다는 것을 분명히 해야 한다. 만약 동성에게 너무 가까이 서 있으면 게이라고 불릴 것이고 이성에게 너무 가까이 서 있으면 여러분이 그 이성을 좋아한다고들 말할 것이다. 이런 모든 종류의 일들을 실천에 옮기는 것이 어렵기는 하지만 이것을 읽고 여러분 혼자만 그런 것이 아니라는 것을 안다면 한결 기분이 나아질 것이다.

체육 선생님들을 위한 짧은 편지

여기서 내가 말하고자 하는 것은 우리를 더 이상 괴롭히지 말라는 것이다. 만약 여러분이 아스퍼거 증후군이나 통합운동장애가 있는 누군가를 안다면 그가 진정으로 여러분이 가르치는 과목에 어려움(아주 억제된 표현이다)을 가지고 있다는 것을 금방 알게 될 것이다. 학교를 졸업할 때 우리가 확실히 축구선수나 럭비선수 또는 다른 어떤 팀 경기의 선수가 되지는 않을 것이니, 우리가 지금 무엇을 잘하는지 알아내고 어떤 방식으로든 그것을 도와주려고 해야 하지 않나요?

만약 누군가가 경기 장비를 자주 잃어버리거나 잊고 온다거나(으음? 나는 그런 적이 전혀 없다!) 항상 배가 아프다거나 머리가 아프고 다친다면 그들은 운동경기를 피하려고 애를 쓰고 있을 가능성이 있다. 내가 여러분도 벌써 다 알고 있는, 너무 뻔한 이야기를 하고 있다는 것을 알지만 선생님들이 알아주기를 바란다. 그들이 정말로 몸이 편치 않을(Feeling under the weather, 관용구, 이 표현이 어디서 왔을까?) 가능성도 조금은 있다. 그래 보이지는 않겠지만.

누군가를 팀 경기에 참가하도록 하는 것이 그 남자나 여자 아이를 갑자기 사교적이 되게 하거나 근육을 잘 조정할 수 있게 하는 것은 아니라는 것을 알아주었으면 한다. 사실 어떤 것이 아스퍼거 증후군을 가진 사람들을 갑자기 사회적 상호작용에 어려움이 없게 만들 것이라는 생각은 참 어리석다. 그것은 마치 장님이 바로 코앞의 책을 집었다고 해서 갑자기 보게 될 것이라고 말하는 것과 같다! 여전히 의심스러우면 귀마개를 하고 익숙하지 않은 손과 발로만 공을 잡거나 차도록 하면서 팀 경기를 시켜 봐라. 그것이 바로 우리가 항상 느

 별종, 괴짜 그리고 아스퍼거 증후군

끼는 것과 같다. 정말 어렵다. 그렇지 않겠어요?

아마도 우리 중 대다수가 앉아서 TV만 보고 운동을 전혀 하지 않을 가능성이 아주 높고, 여러분의 일이 사람들에게 운동을 권장하는 일이란 것도 안다. 체육 선생님인 여러분에게, 운동을 피하기 위해 컴퓨터 앞에 앉아 있으라고 모든 사람들에게 말하라고 하고 싶지는 않다. 컴퓨터가 사람들을 게으르게 만들고 몸을 건강하지 않게 한다는 점은 알고 있다. 우리 사회는 사람들의 건강을 해칠 만한 여러 가지 위험 속에 있다.

아스퍼거 증후군을 지닌 사람들은 종종 달리기(〈포레스트 검프(*Forrest Gump*)〉를 기억하는가?), 암벽등반과 같은 다른 사람들과의 상호작용이 많이 필요없는 운동에는 뛰어나다. 만약 학교에 실내 체육관이 있다면 다른 사람들이 축구나 여타의 팀 경기를 하는 동안 아스퍼거 증후군을 가진 사람들은 그곳에 가서 운동을 하는 것이 가능하지 않겠나? 이것이 바로 패배주의자의 태도일지도 모르지만 이 분야에서 정말로 우리는 확실히 패배자다! 이것은 공인된 장애이고 이러한 문제들은 그 일부다. 이것은 우리가 어떤 사람인가 하는 기본적인 부분이니 할 수 있는 한 여러분이 우리를 이해하고 돕기 위해 노력해 주었으면 한다.

아스퍼거 증후군을 지닌 다른 분들은 어떨지 모르지만 나는 운동 경기에 대해 생각하는 것만으로도 어깨가 축 처지고 의기소침해져서 주제를 바꾸지 않으면 너무 우울해서 더 이상 글을 쓸 수가 없다. 체육 선생님들, 제 뜻을 알아주셨으면 싶네요. 만약 그러셨다면 감사합니다!

학교냐, 다른 대안이냐
– 여전히 잘 안 된다면

계속 말했듯이 아스퍼거 증후군이나 자폐증을 가진 많은 사람들은 정말로 학교에서 고군분투한다. 이 책을 읽고 있는 아스퍼거 증후군 친구들, 여러분이 혼자가 **아니라는** 것이 작은 위안이 될 거라고 생각한다.

벤은 지금 그에게 아주 적합한 특수학교에 다닌다. 확실히 그는 더 이상 아무 때나 옷을 다 벗지 않고, 적어도 대부분의 시간을 걷는다 (불안할 때는 긴다.). 고로 분명히 그곳에서 자신감을 얻고 있는 것이다. 나는 종종 다음에 그에게 또 무엇이 나타날까 싶기는 하다. 벤이 특수학교에 가기에는 너무 영리하기는 하지만, 만약 그렇지 않다면 종소리, 이 방에서 저 방으로 울리는 소음, 비디오를 보기 전에 갑자기 꺼지는 형광등과 같은 변화에 어떻게 그가 대처할 수 있을까? 이런 것들은 모두 벤이 극복할 수 없는 것들이다.

가정에서의 교육(home education)도 가능한 대안이다. 만약 여러분의 자녀가 학교에 다니고 있다면 학교에 편지를 써서 등록을 취소하고 싶다고 하면 그것으로 끝이다(곧 쓸 수 있도록 엄마의 사인을 받아요, 아스퍼거 증후군 친구들!). 만약 특수학교에 다닌다면 지역 교육청에 편지를 써서 허가를 받아야 한다. 물론 이것은 영국에서 하는 방식이지만 많은 다른 나라들에서도 홈스쿨링을 한다고 알고 있다. 책 뒤편에 전 세계적인 관련 웹사이트를 실어 놓았다.

홈스쿨링을 하는 사람들이 많고, 자폐 스펙트럼에 있는 아이들이 점점 더 많이 하고 있다. 나는 그것이 법에 저촉된다고 생각했다. 또 만약에 홈스쿨링을 한다면 집에 가정교사가 있어야 하고 GCSE 증명서가 집에 와야 한다고 생각했다. 그러나 확실히 아니다. 학습계획은 국가의 교육과정에 아이를 맞추려고 애쓰는 대신 아이에 맞게 고안될 수 있다.

이것들 모두는 내게 새로운데 나는 학교에 맞지 않는 아이들에게 아주 좋다고 생각한다. 어떤 사람들에게는 학교가 둥근 구멍에 사각의 못을 박는 것과 같이 부적절하다. 현재 나의 경우는 구멍(학교)이 나를 수용하기 위해서 모양을 약간 바꾸었고 사각 못(나)이 각을 둥글게 하려고 노력하고 있는 중이다. 그래서 좀 더 나은 표현을 쓰자면 둥글어진 사각 못이 스스로 둥근 구멍에 들어가려고 하고 있다! 나는 등록금을 내는 학교를 다니고 있어서 이것이 조금 더 쉬웠다고 생각한다.

몇 해 전에는 결코 학교에는 맞지 않을 거라고 말했었는데……, 상황이 정말로 나빠지면 다른 대안이 있어서 기쁘다. 그래도 지금은 겨우 내 일을 하고 이 교실 저 교실을 옮겨다니고 집에 갈 시간과 주말을 기다린다. 나는 학교에서 GCSE를 마칠 수 있을 거라 생각하고 잘 지내고 있다. 비록 즐겁다고 할 수는 없지만. 누구는 즐기나요? 적어도 '학교를 싫어한다.'에서 '좋아하지 않는다.'로는 바뀌었다. 알다시피 큰 차이가 있다. 상황이 다시 나빠져서 해결이 될 수 없다면 그때는 대안이 있다. 그 생각으로 많은 힘든 날들을 견뎌 왔다. 나는 금연을 하는 사람이 만약을 위해 담배 한 갑을 갖고 있는 거랑 같다고 생각한다. 건드리지는 않지만 있기는 한 거다. 지금으로서는 학교를 다닐 것이라 생각하지만 누가 알겠는가.

다른 선택의 자유가 존재한다. **자폐 스펙트럼에 있는 아이들의 홈스쿨링**에 관한 책이 있는데 〈추천 도서〉 목록에 포함시켜 놓았다. 많은 사람들이 이런 대안이 있다는 것을 모르는데 더 많은 사람들이 알았으면 좋겠다. 이것은 중요하다!

CHAPTER 10

왕 따

내 경험들

나는 평생 왕따를 당했다. 음, 적어도 주기적으로 집이 아니라 학교
에서, 매 분마다 그런 것은 아니지만. 그것은 정말 슬픈 생존이다! 이
장을 쓰는 데 속이 뒤집힐 정도로 기분이 좋지 않지만 여러분 중 몇몇
에게는 꼭 도움이 되길 바란다. 이것을 글로 쓰는 것이 나를 그 기억
들로부터 조금 해방시켜 주기는 하지만 결코 그것들이 없어지지는 않
는다는 것을 안다. 만약 여러분도 왕따를 당한다면 똑같을 것이다.

나는 아직도 유치원에 갔던 것을 기억한다(나는 핑크 놀이그룹이라
고 부르곤 했다.). 할아버지께서 데리러 오시곤 했다. 사람들이 우스꽝
스러운 옷을 입고 너무 큰 모자를 썼는데 나는 그걸 싫어했다. 그래

서 소리치고 내게서 사람들을 밀쳐내곤 했고, 다른 아이들은 그걸 비웃었다. 그것이 나의 첫 왕따 경험이었다. 그때 나는 내가 다르다고 느꼈다.

학교에 처음 다니기 시작했을 때 무슨 일들이 벌어지는지를 이해하려고 힘들게 노력했지만 이해할 수 있는 유일한 한 가지는 모든 아이들이 내게 참 못되게 군다는 것이었다. 나는 왜 그런지를 몰랐다. 그때는 학교에 있는 모든 것이 너무 시끄럽고 복잡했다. 해를 거듭하면서 학교에서 나는 한 특정한 남자아이들에게 괴롭힘을 당했다. 학교에서 어떤 체벌이(전혀 대단하다고 인정할 수 없는) 내려져도, 엄마와 내가 어떤 방책을 쓰든 그들은 항상 다시 시작했다. 그 아이들은 나를 밀치고 욕을 했고 전체적으로 내 삶을 비참하게 만들려고 노력했다. 그 네 명의 남자아이들은 나를 괴롭히고 화나게 하고 다치게 하고 공격하는 것을 일생의 목표로 삼은 것처럼 보였다.

선생님들도 열심히 애를 썼지만(또는 적어도 그들 중 몇몇은 그렇게 했지만) 엄마가 이 아이들에게 한 '조용한 말'이 가장 효력이 있었다. 아이들이 어릴 때는, 다는 아니겠지만, 어떤 아이들에게는 어른들이 위협적일 수가 있다고 생각한다. 엄마는 부모가 직접 아이들의 왕따 문제에 개입하면 안 된다고 말하셨지만 그 아이들을 한쪽으로 데려가서 얘기했고 그때 엄마는 심지어 웃고 있는 것처럼 보이기까지 했다. 아마도 그것은 얼굴을 찌푸린 것 이상일 것이다. 나는 얼굴 표정으로 하는 표현들에 익숙하지가 않다.

나는 엄마가 무슨 말을 했는지 물었고 엄마는 이치를 따져 설득하려 했다고 하셨다. 그 아이들이 내게서 멀리 떨어지면 나도 그렇게

 별종, 괴짜 그리고 아스퍼거 증후군

하라고 하셨다. 만약 그렇게 되지 않으면 엄마는 그들이 나를 비참하게 만드는 것처럼 똑같이 해 주겠다고 말했을 것이다. 엄마는 그들을 협박했던 것이 아니라(협박처럼 들린다는 것을 알지만) 어떤 판단도 가능하며 나머지는 그들의 양심과 상상에 맡기겠다고 이야기하셨노라며 나를 안심시켰다. 너무 막연하게 들렸다면 미안해요. 난 단지 엄마가 하셨던 말을 반복한 것뿐이에요.

나를 괴롭히던 그 친구들은 그 후에 잠시 동안 나를 내버려 두었고 상황이 더 좋아졌음에도 그 학교를 떠나게 되어 확실히 기뻤다. 하지만 불행하게도 나는 다시 불구덩이 속으로 들어갔다. 내가 갔던 중학교는 평판이 좋았는데 왕따 문제에 관한 한 특히 그랬다. 그것이 엄마가 우리를 그곳에 넣으려고 애썼던 이유다. 그러나 내게는 소용이 없었다. 그 학교에서 나를 괴롭히는 아이들은 어떻게도 다룰 수 없었다. 많은 형, 선생님들의 위협, 제적의 공포, 기분 좋은 이론, 그 어떤 것도 소용이 없었고 나를 결코 가만 놔두지 않았다. 마침내는 육체적으로 나를 밀치고 때렸다. 내 인생 최악의 시간들이었다.

하루는 도저히 참을 수가 없었다. 나는 그들을 피해 탈의실에 숨어 있으려고 했다. 그때 내가 미리 내 책을 써 두었더라면 좋았을 걸. 그랬다면 피해서 숨는다는 것이 가장 끔찍한 일이라는 것을 알았을 텐데……. 두 녀석은(저질들!) 나를 찾아서 고양이가 쥐를 가지고 놀듯 괴롭히기 시작했다. 밀고 당기고 괴롭히고 감언이설로 속이며 내가 불쾌해하는 것을 한껏 즐기는 듯 보였다. 아무것도 생각나지 않고 이 머리가 텅 빈 유인원들로부터 도망가야 했기에 그들을 밀치고 계속 달렸다. 학교 운동장을 지나 교문을 벗어나서 달리고 달렸지만 결국

쫓아온 그들에게 잡혔고 발길질과 주먹질이 쏟아졌다. 다행히 수영장 옆을 지나가던 한 아저씨가 그들을 내게서 떼어 냈다. 그 두 명의 못된 녀석들은 물론 도망쳤다. 겁쟁이들에게 다른 무엇이 있겠는가? 나는 수영장으로 옮겨졌고 전화를 받은 엄마가 바로 나를 태우러 오셨다. 나는 경찰에 전화를 걸고 싶지 않았고 영원히 학교를 떠나는 것 말고는 아무것도 하고 싶지 않았다. 나는 결코 그 학교에 다시 가고 싶지 않았고, 지금 다니는 사립학교에 다녀 보자고 결정하기 전까지 집에 있었다.

나는 여기서도 따돌림을 당했지만 그것은 매우 빨리 해결이 났다. 관련된 아이들은 부모님이 학교에 불려 온다는 것을 두려워하는 것 같이 보였다. 아마도 이것이 지금 내가 다니는, 사립학교와 공립학교의 차이점이라고 생각한다. 슬프지만 사실이다.

내가 말할 수 있는 한 가지는 내가 태권도를 한다는 사실이 다른 아이들에게 영향을 미치는 것 같다는 것이다. 어리석다는 것은 나도 알지만, 경험으로 미루어 보건대 괴롭히는 아이들은 어리석다. 아스퍼거 증후군 친구들, 태권도를 하거나 다른 무술을 하는 것은 그만한 가치가 있다. 그것은 삶의 여러 부분에서 유용하다. 나는 단지 모르는 것에 대해서 이야기하는 것이 아니라는 것을 보여 주기 위해 내 경험에서 나오는 간결한 요점을 제시할 뿐이다. 확실히 그렇다는 것을 믿어라!

 별종, 괴짜 그리고 아스퍼거 증후군

무엇이 왕따인가

　여러 가지 일들이 왕따가 될 수 있다. 얻어맞거나 발로 채이거나 육체적으로 다치지 않았다고 해서 왕따를 당하지 않았다고 생각하지 마라. 육체적인 괴롭힘이 항상 흑백논리처럼 뚜렷한 것은 아니다(사실 종종 검고 파랗다! 미안해요. 그냥 농담이에요.). 어떤 형태든 원하지 않는 접촉은 신체적 괴롭힘이다. 왕따는 언어적 형태로도 일어날 수 있다. 이 모든 것이 아스퍼거 증후군을 지닌 사람들이 왕따를 벗어나기 힘들게 한다. 나는 가능한 한 이것에 대해 확실히 하려고 한다. 아마도 도움이 될 수 있을 거다.

■ 레이첼의 그림

일반적으로 나는 다른 사람들이 여러분을 화나게 하거나 다치게 하는 무언가를 했다면 그것을 왕따라고 말하겠다. 나는 아스퍼거 증후군을 가진 아이들이나 어른들이 이것을 아는 것이 중요하다고 생각한다. 때때로 왕따는 그들이 경험하고 있는 것을 인지하지 못해서 계속된다. 아무도 여러분에게 와서 "자, 이제 내가 너를 괴롭히겠다."라고 말하지 않는다. 만약 누군가가 여러분이 정말로 그렇게 하는 것을 원하지 않는데도 어떤 행동을 한다거나 여러분을 곤경에 빠뜨릴 무언가를 하라고 강요한다면 그것도 왕따다.

나는 이것에 대해 엄마에게 말해 왔기 때문에 내가 당연하게 받아들이는, 학교에서 행해지는 많은 일들도 실제로 왕따의 다른 형태라는 것을 안다. 기억나는 한 가지는 이러한 많은 일들이 어떤 사람을 괴롭혀서 곤란하게 할 목적으로 교묘히 행해진다는 것이다. 기억해야 할 또 다른 것은 아무리 여러분이 얼굴 표정에 대해 잘 모르고 상대가 웃으면서 사과하고 있는 것 같다 해도, 그 사과가 있은 후에도 그것이 여러분을 기분 나쁘게 하고 어려움에 처하게 한다면 여러분은 여전히 왕따를 당하고 있는 것이다. 여기에 내가 다녔던 학교에서 경험했던 일들 중의 일부를 제시한다.

신체적 괴롭힘

신체적 괴롭힘에는 **어떤** 형태라도 원하지 않는 접촉은 다 포함된다.

* 발로 차기, 때리기, 밀기
* 날 곤란하게 하려고 줄 밖으로(예: 식사 줄) 밀어내기

＊ 줄 서 있을 때 앞에 끼어들기. 그래서 나는 항상 맨 뒤에 남겨진다.

＊ 발 걸기. 나는 학교에 가게 되면서 정말로 비정상적으로 넘어지는 것을 배웠다.

＊ 들고 있던 식판을 쳐서 떨어뜨리기

＊ 의자 뒤에서 차고 찌르기

＊ 머리카락 한 가닥을 당기거나 손으로 찔러서 펄쩍 뛰게 만들기

＊ 한 아이가 바로 내 뒤에서 몸을 웅크리고 있는 동안 다른 아이가 친절한 척(나는 그 애가 친절하다고 생각했었다) 나에게 말을 걸었다. 그때 내 앞의 소년이 갑자기 나를 밀어서 뒤에 웅크리고 있던 아이 위로 넘어져 머리를 콘크리트 바닥에 박았다. 나는 뇌진탕을 일으켰다.

＊ 바로 앞에서 문을 쾅 닫기

다른 형태의 왕따

＊ 자, 연필 등의 문구를 숨기고 되돌려 받으려 하면 놀리기

＊ 나를 힘들게 하려고 책상에서 내 물건 훔치기

＊ 책에 낙서하며 괴롭히기

＊ 잉크를 뿜어 옷을 더럽히기

＊ 점심 도시락을 가져가 바닥에 뭉개 버리기

＊ 욕하며 괴롭히기(이런 것은 사실 나를 그다지 괴롭게 하지는 않는다.)

＊ 고의적으로 무시하기(걔들은 그것을 코번트리(영국 지방도시 이름)로 보내 버린다고 한다.)

＊ 경기할 때 어느 팀에도 뽑히지 않고 혼자 끝까지 남겨지기
＊ 어떤 운동경기든 못한다고 놀리기. 나는 "아, 선생님, 우리 팀에 와야 해요?"라는 불평에 익숙해졌다.

이야기할 게 더 많지만 여기에 각자의 경험을 보태길 바란다.

이것을 쓰면서 창피해 죽겠으나 엄마가 설득을 하시고……, 언젠가 인터넷에서 읽은 적이 있는 또 다른 형태의 괴롭힘(꿀꺽…… 긴장된 웃음), 성적 괴롭힘에 대해 이야기해야겠다. 나는 어떤 양상이나 형태로든 이것을 경험해 보지 **못했지만** 분명 이러한 괴롭힘을 당한 사람들이 많이 있다. 아스퍼거 증후군을 가진 사람들이나 어떤 자폐 스펙트럼 장애를 가지고 있는 사람들은 여러 가지 원인 때문에 상처 입기가 쉽고 다른 사람들은 때로 그것을 이용한다. 아이들은 예의 없는 행동을 하는 것을 우습다고 생각한다. 만약 여러분이 편하게 느껴지지 않는 뭔가를 다른 사람이 하라고 강요한다든지, 누군가 여러분을 만지려 한다든지, 여러분이 그나 그녀가 그렇게 하는 것을 원하지 않는다면 매우 확실하게 그들에게 멈추라고 말하라. 휴, 내 귀와 얼굴은 불타듯 빨개져서 오렌지색 점퍼와 녹색 바지만 입으면 신호등으로 오인받겠다!

이제 얼른 주제를 바꿀 건데, 왕따의 전반적인 문제들이 두 가지 방식으로 일어날 수 있다는 것을 말해야겠다. 여러분이 누군가에게 그들이 원하지 않는 뭔가를 강요한다거나 그들을 밀치거나 때려서 혹은 발로 차거나 욕을 해서 다치게 한다면 그것은 여러분이 왕따를 행하고 있는 것이다. 아스퍼거 증후군을 지닌 사람은 그들이 다른 사

 별종, 괴짜 그리고 아스퍼거 증후군

람을 화나게 한다는 것을 깨닫지 못한다. 그렇지만 그것이 왕따의 변명이 될 수는 없다.

아스퍼거 증후군 아이들은 절박하게 유행에 맞추려고 노력해서 다수와 어울려 다른 사람을 괴롭히는 데 동참하기도 한다. 그들 자신을 '강하게' 보이려고 그러는 것이다. 만약 여러분이 이런 사람들 중 한 명이라면 내 말을 믿어라. 후회한다. 왕따는 잘못된 것이다. 다른 사람을 육체적으로든 정신적으로든 다치게 하는 것은 좋지 않다.

성인들도 역시 왕따를 당한다. 여러분이 만약 누군가 때문에 두렵고 위협을 느낀다거나 욕을 먹는다거나 좋아하지 않는 일을 하게 된다면 그들은 여러분을 왕따시킨 것이다. 상담할 선생님이 없고 무엇을 조언받아야 하는지도 확실치가 않지만 직장에서 이런 일이 벌어지고 있다면 아마도 여러분의 상사가 해결할 수 있을 것이다. 성인으로서 여러분은 누구랑 더 어울릴 것인지를 선택할 수 있어서 이런 일이 벌어진다면 최대한 그 사람들을 멀리하도록 노력해라.

선생님들도 왕따를 시킬 수 있다

나는 이것에 대해 쓰면서 곤란에 빠지지 않기를 바란다. 많은 선생님들이 우리 같은 아이들을 도와주는 데 열심이거나 적어도 괴롭히지 않고 기꺼이 우리의 삶이 향상되도록 지도한다는 것을 확신하지만 어떤 선생님들은 학교에서 아이들보다 더 심하게 괴롭히는 것 같다.

이런 선생님들이 아이들을 발로 차고 밀고 때리는 것은 아니지만 그렇게 하는 것 못지않게 상처를 준다. 어떤 선생님들은 나 같은 아이들이 가지고 있는 어려움들을 지적해서 나머지 반 아이들에게 큰

■ 레이첼의 그림

웃음을 제공하는 데(물론 비유적으로) 즐거움을 느끼는 것처럼 보인다. 눈썹을 과장되게 올리는 것 같은 것은 다른 사람을 조소하고 있는 표정임이 명백하다. 또는 '바보'나 '멍청이' 또는 다른 천한 단어들로 부른다면 이것도 왕따의 또 다른 형태다. 그들은 반에서 뭔가 '다른' 아이가 있으면 그 아이를 괴롭히는 것으로 그들의 불쾌감을 극복하는 것 같다. 아마도 어떤 선생님들은 그냥 심술궂은 사람들인 것 같다. 이 세상에는 그런 사람들이 상당수 있는 것 같다.

만약 선생님이 여러분을 못살게 굴거나 화나게 한다면 첫째로 할 일은 매우 확실히 그들이 여러분을 화나게 하고 있다는 것을 말하는 것이다. 만약 그들이 여러분을 무시한다면 회장이나 교장 선생님이나 믿고 있는 다른 선생님에게 말해야 한다.

왜 하필 나인가

　왕따를 당하기 쉬운 아이들이 단지 아스퍼거 증후군을 가진 아이들만은 아니라고 생각한다. 사람들은 뭔가 '다른' 사람들을 괴롭히는 것 같다. 더 뚱뚱하거나 더 말랐거나 더 큰 코를 가졌거나 특정한 어떤 점이 대다수의 사람들과 같지 않으면 불행하게도 왕따의 대상이 되는 것 같다.

　아스퍼거 증후군을 지닌 사람들은 사회적인 행동과는 거리가 멀다. 사람들의 말과 행동에는 알아내는 것이 불가능한, 숨겨진 규칙들과 미묘한 방식들이 많이 있는 것 같다. 대부분의 아스퍼거 증후군 아이들은 그런 것들에 신경쓰지 않는다. 나는 내가 그렇게 하지 않는다는 것을 안다. 얼굴 표정, 언어의 사용과 보디랭귀지에 대한 어려움들 때문에 놀림감의 대상이 된다. 아스퍼거 증후군을 가진 사람들은 종종 난독증이나 적어도 운동신경에 어려움이 있다. 나는 팀으로 하는 운동경기를 좋아하는 아스퍼거 증후군 아이들을 많이 알지 못한다. 이것은 우리들을 더 두드러지게 한다. 왜냐하면 팀 경기에 능숙한 사람들은 어떤 이유에서인지 우상화되는 것 같다(특히 선생님들에 의해서).

　지금까지 만난 나를 괴롭혔던 아이들이 왜 그렇게 의도적으로 그랬는지에 대해서 나는 모르겠다. 나는 내가 다르기 때문일 것이라고 추측한다. 그리고 항상 혼자였기 때문에 쉽게 목표물이 되었던 것 같다. 그들이 괴롭혔던 이유를 확실히는 모르겠지만 돌이켜 보면 강한

■ 레이첼의 그림

아이들과 반대로 나는 부드러운 아이로 분류되었기 때문이라고 생각한다. 분명 '강함'의 정의는 다른 누군가와 기꺼이 싸우고 다른 사람들을 때려눕히는 일을 거침없이 하는 것이다. 나는 여전히 그렇게 하지 않는다. 그들은 특별한 이유가 있어 싸우는 것도 아니다.

학교에는 소년들을 위한 어떤 형태의 조직이 있는 듯하다. 아스퍼거 증후군 아이들은 이런 종류의 우스꽝스러운 조직에 동참하지 않을 것 같다. 물론 이것은 좋은 것이지만 우리를 나머지 무리들로부터 두드러지게 만든다. 이 조직은 "네가 지금 날 봐?" "그래서 어쩔래?"와 같은 식이다. 그러고 나서는 동물들의 짝짓기 의식과 비슷한, 어떤 들떠서 떠드는 행위가 뒤따른다. 두 명의 남자아이들은 가슴을 내

밀고 잠시 동안 미쳐 날뛰는 공작처럼 빙 돌아서 누비고 다니다가 둘 다 나중에 만나기로 동의한다. 온 학교 학생들이 지켜보는 가운데 무분별하게 서로를 때리기 위해서다. 만약 누군가가 '강한' 상대를 때려눕힌다면 그는 '강한 자'라는 직함을 얻게 된다. 내가 알게 된 것은 비록 그들이 자신보다 1미터 작거나 두 살이 어린 사람을 때려눕혀도 여전히 강하다고 여겨진다. 이러한 종류의 일들이 모두 공정하다고 생각되는 것 같다(생각하는 것이 그들에게는 어렵겠지만 대개 IQ가 약 12 정도 되는 것 같다.). 이런 일은 내 상식 밖이다. 살면서 깨달은 것은 이 세상은 바보 천치들로 가득 차 있다는 것이다.

이런 일들이 남자애들 못지않게 여자애들 사이에도 똑같이 있을 거라고 생각하지만 여자애들은 남자애들보다 서로의 외모와 옷에 대해 더 심술궂게 구는 경향이 있는 것을 알았다. 그렇지만 보통 어른들은 실제보다 소년과 소녀의 행동 사이에는 훨씬 더 큰 차이가 있다고 생각한다. 소녀들도 소년들과 똑같이 싸우고 심술궂다. 아마도 아스퍼거 소녀들에게는 아스퍼거 소년들과는 다른 일련의 문제들이 있을 것이다. 나는 정말로 그것에 대해서는 해 줄 말이 없다. 하지만 우리의 의사소통과 이해력에 관한 근원적인 문제는 같을 거라고 생각한다.

내가 과거에 왕따를 당했고 지금도 왕따의 대상이 되기 쉽다고 생각하는 또 다른 이유는 단지 '패거리로 노는 것'을 원하지 않기 때문이다. 과거에도 그러지 않았고 앞으로도 그러지 않을 것이다. 나는 좋아하지 않는 것을 좋아하는 척하는 요령을 모르겠다. 이것이 다른 아이들이 나와 친구하고 싶어 하지 않고 놀고 싶어 하지 않는 이유라고 생각한다. 그들이 만약 나랑 놀거나 나를 좋아한다고 말한다면 그들 역시도 그것 때문에 왕따를 면할 수 없다는 것을 안다. 이 책을 읽는 사람들에게 인기를 얻기 위해 자신의 체면을 손상시키고 자신의 신념과 취향을 타협해야 한다고 말할 수 없기 때문에 나는 이것에 대한 해결책을 가지고 있지 못한 것이 유감이다. 더 많은 시간을 혼자 지낼지라도 자신에게 솔직할 때 덜 불행할 것이다.

언제 왕따이고 언제 왕따가 아닌가

나는 이 제목을 아래의 농담을 떠올리며 생각해 냈다.

질문: 문이 문이 아닐 때는 언제일까요?
대답: 문이 조금 열려져 있을 때죠.

쿵쿵! 이건 물론 왕따와는 아무 관계가 없지만 말로 하는 이런 놀이가 좋다. 내가 진짜로 말하고 싶은 것은 아스퍼거 증후군 아이들에게 있어 왕따의 문제는 또 다른 면이 있다. 어떤 왕따는 실제로 왕따가 아니다. 아스퍼거 증후군 아이들은 항상 다정하게 장난치는 것이 정말로 다정한 짓이라는 것을 알아채지 못한다. 나는 과거에 '왕따'를 당했었고 엄마는 확실히 문제의 아이가 나를 그들의 놀이에 끼게 하려고 한다는 것을 알았었다. 하지만 놀이에 함께하는 것이 너무 힘들어서 화가 나거나 상처를 입는다고 느낄 때는 어른이 상대 아이와 이

 별종, 괴짜 그리고 아스퍼거 증후군

야기하도록 하고 그 애가 여러분이 좋아하지 않는다는 것을 인식하도록 반드시 누군가에게 이야기해야만 한다. 만약 그들이 정말로 다정하다면 이해할 것이다.

때로는 '왕따' 사건들이 재미로 싸우며 놀다가 약간 거칠어진 경우도 있다. 이것이 어쨌든 보통 선생님들의 주장이거나 변명이다! 나는 다른 사람의 의도를 아는 데 익숙하지 않아서, 그게 사실일 수도 있고 아닐 수도 있다. 선생님들이 그 말을 할 때는 그들이 아무것도 하지 않을 것이라는 것을 의미한다. 나도 서로 좋아한다면 약간 거칠어도 괜찮다고 생각하지만 어째서 좋아하지 않는 누군가도 끼어드는 것인가? 그때가 바로 왕따가 되어 가는 것이라고 나는 판단한다. 여러분이 그것을 어떤 시각으로 바라보든 만약 누군가가 상처를 입거나 화가 난다면 괴롭히는 친구들은 그만두어야 한다고 생각한다. 나를 좋아하지 않는 남자애들이 서로 '치고 받는 것'을 좋아한다면 약간 거칠어져도 괜찮을 것이라 생각하지만 진정 바라는 바는 그들이 우리가 모두 같지는 않다는 것을 이해했으면 한다.

학교에 한 아이가 있는데 항상 나를 밀치고 제친다. 그는 주의력결핍 과잉행동장애가 있어서 나와 같이 여러 가지 어려움을 가지고 있다. 나는 그 아이의 밀치는 행동도 그런 문제들 중 하나라는 것을 받아들일 수 있을 만큼 성장해야 한다고 생각한다. 하지만 그런 어려움이 있다는 이유로 그가 다른 사람들에게 잘못된 행동을 하는 것을 무조건 승인하는 허가증을 주는 것은 옳지 않다. 나는 엄마가 조를 그렇게 내버려 두지 않을 거라고 생각한다.

대체로 아이들은 꽤 성가시지만 실제로 내가 나이가 들어 갈수록 결국 몇 명만 그런 아이들로 남아 있게 된다는 것을 알았다. 그것이 내가 변해서 그런 건지, 그들이 변해서 그런 건지 아니면 새 학교가 특이한 건지 확실하지 않다. 무엇 때문이든 이것을 쓰는 지금은 왕따에 관해서는 훨씬 편하다.

왕따에 대처하는 방법

부모님을 위한 이야기

엄마는 항상 왕따가 참기 힘들 정도로 진행된 후에야 내가 엄마에게 이야기한다고 화를 내곤 하셨다. 엄마가 모르고 있는 것은 아이들이 이런 짓을 하는 데 내가 꽤 익숙해져 있었다는 것이다. 여기서 과거형의 사용을 유의해라. 이제 나는 가슴을 펴고(물론 비유적으로 말하는 것이다!) "더 이상은 안 돼."라고 강하게 말한다. 이 부분을 읽는 아스퍼거 증후군 아이들은 나와 같이 함께 해 봐요.

엄마에게 말을 하지 않은 또 다른 이유가 있었다. 아스퍼거 증후군 아이들은 어떤 일들을 집에 가서 말해야 하는지를 알지 못한다. "오늘 학교에서 뭐했니?" 하고 묻는다면 자동으로 "나 왕따를 당했어요."라고 대답하지는 않는다. 특별히 그 주제에 대해 묻지 않는다면 말이다. 비록 내가 양육이나 다른 사람들의 관점을 이해하는 것에 있어서 전문가는 아니지만 여기 몇 가지의 조언들을 열거했다. 결국 나는 아스퍼거 증후군이 있고…… 겨우 열세 살일 뿐이다!

1. 만약 여러분이 자녀에게 왕따에 대해 묻는다면 구체적으로 질문하세요. 누가 밀치거나 제치며 화나고 성가시게 하는지 혹은 때리거나 발로 차는 사람은 없는지를 물어야 한다. 그것조차 옳은 질문이 아닐 수도 있다는 것을 항상 염두에 둬야 한다.

2. 내가 전에 말했듯이 괴롭히는 아이들은 실제로 "내가 지금 너를 괴롭히겠다."라고 말하지 않는다. 고로 여러분의 자녀는 그들이 당하고 있는 고문이 왕따라는 것을 깨닫지 못한다.

3. 한 가지 부모님이 하지 말아야 할 것은 학교에 가서 모든 사람들 앞에서 자녀를 괴롭히는 아이들을 맞닥뜨리는 것이다. 거기서 일어나는 모든 일을 모두가 비웃고 자녀를 '아기' '마마보이'라고 부를 것이며 상황은 훨씬 더 나빠질 것이다.

4. 만약 선생님에게 자녀의 왕따에 대해 말할 것이라면 은밀히 해야 한다. 아침에 학교로 찾아가는 것보다 조용히 선생님에게 전달하는 것이 좋다. 학생들이 교실에 앉아서 여러분이 무엇에 대해 이야기하는지를 아는 것은 좋지 않다.

5. 자녀가 왕따를 당하고 있는 것을 알고도 학교에 보낸다면 사자 우리에 던져 넣는 것과 같다. 자녀를 보호하는 것은 여러분의 몫이니 할 수 있는 만큼 최대한 보호해야 한다.

6. 만약 만족스럽게 해결되지 않는다면 제발 해결될 때까지 아이를 학교에서 벗어나게 해 주세요. 여러분이 문제를 위해 노력하고 해결하는 동안 그들을 고통받게 하지 마세요.

7. 집에서 공부하는 선택도 있다는 것을 항상 기억하세요. 법은 학교나 기타 기관에서 교육받는 것을 명시하고 있다. 책 뒤편에 이

에 대한 많은 책들과 그 이상의 웹사이트들을 실어 놓았다. 비록 내가 학교에 다니기는 하지만 홈스쿨링이라는 또 다른 선택 사항이 있다는 것은 여러분이 상상할 수 있는 것보다 훨씬 더 나를 편안하게 한다.

디자이너 사회

나는 이것을 부모님들을 위해서 쓴다. 왜냐하면 아이들의 옷, 신발, 가방을 살 때 돈을 내는 것은 부모님이나 조부모님이기 때문이다. 요즈음은 아기들조차도 디자이너의 옷을 입고 나는 그것이 정말 잘못되었다고 생각한다. 나는 싸구려 가게에서 파는 청바지에 디자이너의 상표가 붙으면 20배 정도 비싸게 팔려 나간다고 믿는다. 그래도 부모님들에게 가능하다면, 틀린 일이기는 하지만, 자녀가 적어도 약간은 이런 옷들을 가지게 해야 한다고 강력하게 말하고 싶다.

매튜가 처음 고등학교에 갔을 때, 엄마는 유행을 따르지 않고 적절한 가격대의, 평범한 갈색 방한용 재킷을 입혀서 학교에 보냈다. 첫 쉬는 시간에 학교에서 전화가 왔는데 아이들이 매튜를 '지렁이 짐'이라고(지금 웃지 마세요!) 부르면서 겉옷을 찢어 버린 사건이 일어났다고 했다. 엄마는 곧바로 외출하셔서 매튜를 위해 이름 있는 브랜드의 옷을 사 오셨고 그때부터 우리는 그런 옷들을 입게 되었다.

아스퍼거 증후군을 지닌 여러분의 아이들은 항상 어쨌든 눈에 잘 띄겠지만 최선을 다해서 가능하다면 그들에게 적당히 유행하는 옷을 사 주세요(물론 그들이 원한다면). 이는 그들이 괴롭힘을 당할 수 있는 이유 중의 하나를 제거해 주게 된다. 이것이 어렵다는 것도 알고 내가 돈을 지불하는 사람도 아니지만 자선가게나 자선바자회에서 적당한 가격으로 괜찮은 브랜드의 옷들을 살 수 있고 또 세일기간도 이용할 수 있다. 그렇지만 또래에게 인정받을 수 있는 옷을 사기 위해 몰려갈 필요는 없다.

선생님을 위한 이야기

아스퍼거 증후군 여러분, 선생님에게 왕따에 대해 이야기하기 위해 용기를 내었다가 몇 번이나 무시당했고 "괴롭히는 아이들에게 용감하게 대항하라."라는 말을 들었나요? 선생님들, 제가 단지 아이이기는 하지만 여기 여러분들에게 도움이 될 만한 조언들을 적어 봤어요.

1. 선생님들이 알아야 할 가장 중요한 것은 왕따를 당하는 것이 단순히 어떤 아이라도 대처할 수 있는 삶의 한 부분이(내가 이 얘기를 얼마나 많이 들었더라?) 아니라는 것이다.

2. 만약 아이가 선생님에게 다가가서 문제들을 말할 정도로 용감하다면 제발 그를 진지하게 대해 주세요.

3. 누군가가 왕따를 당하고 있다고 반에서 공표하지 마세요. 신중해 주세요. 그것은 참으로 당황스럽고 우리가 더한 괴롭힘을 당할 수 있는 여지를 만들어 준다.

4. 아스퍼거 증후군 아이들에게 "너희가 자초한 것 아니냐."라고 말하지 마세요. 전에 그런 이야기를 들은 적이 있었는데 그것은 글쎄……, 완전히 예의 바르게 말해도 쓰레기예요! 왜 우리가 괴롭힘을 당하지 않기 위해서 다른 사람과 똑같이 행동해야 하나

요? 그건 정말 불공평해요!

5. 운동장을 어슬렁거리거나 교실을 대충 훑어보고 왕따의 증거를 찾아볼 수 없다고 말하지 마세요. 만약 그들을 현행범으로 잡고 싶다면 운동장의 어두운 구석으로 가거나 주위에 아무도 없을 때 몰래 숨어 들어가 보세요.

6. 모든 것 중에서 가장 중요한 것, 진지하게 받아들여 주세요. 왕따를 당하는 것은 지옥에 있는 것과 같아요! 여러분은 어른이고 학교의 아이들은 어쨌거나 단지 아이들이잖아요. 여러분이 책임을 지고 무슨 방법으로든 그것을 멈추게 해야 해요. 왕따를 당할 때 아스퍼거 증후군 아이들, 그리고 실제로 어떤 아이들이든 간에 정말로 인생에서 힘든 시간을 보내고 있다.

여러분이 왕따를 당하고 있다면

괴롭히는 놈들은 겁쟁이들이다. 나는 그들과의 길고도 고통스러운 경험에서 비록 그들이 학교 운동장에서 거칠게 행동하지만 교무실, 선생님 앞에서는 금세 울음을 터뜨린다는 것을 알았다. 그들은 어른들이 때리는 것보다 훨씬 더 심한 벌을 준다는 것을 알고 있는 것처럼 보인다.

이런 일을 처리하는 데 도움이 되는 몇 가지의 방법들이 있다. 힘들다는 것은 알지만, 괴롭힘을 당하는 삶은 혼자 대처하기에 너무 힘이 드니 선생님이나 부모님이 이것을 해결하도록 하라. 여러분은 끄나풀도 아니고 배신자도 아니고 고자질쟁이도 아니다. 여러분은 단지 자기 자신, 소유물 그리고 위생을 보호하는 것뿐이다. 그렇게 하는 것은 정당하다.

무엇보다 먼저 기억해야 할 것은 이것이 결코 여러분의 잘못이 아니라는 것이다. "멍청이들과 얼간이들이 있다."라고 따라해 보세요. 여기서 별종이라는 단어를 쓰지 않았는데 남을 괴롭히는 아이에게 쓰기에는 너무 좋은 표현이기 때문이다!

1. 학교 쉬는 시간에 어디든 조용한 구석으로 가지 마라. 도서관과 같은 안전한 곳에 있도록 하라. 이상하게 들린다는 것은 알지만 여러분이 숨어 있다고 생각할 때가 바로 왕따를 당하기 쉬운 때다. 아스퍼거 증후군 아이들은 다른 사람들이 어떻게 생각하는지 알아내는 데 능숙하지가 않다. 가장 좋은 방법은 친구가 있다면 친구와 함께 있거나 적어도 많은 사람들이 있는 곳에 있어야 한다.

2. 한 무리의 괴롭히는 아이들이(그들은 항상 한 명 이상이고 대장과 함께 다닌다) 다가오면 용감한 표정을 짓고 가능하다면 이런 상황에서 벗어나라. "이건 나는 돼지야(Is that a flying pig?)?" 여러분이 의아해하는 게 보이네요. (이것은 굉장히 중요한 표현이니까 책 뒤로 가서 뜻을 찾아보는 수고로움을 덜어 주겠다.) 사람들은 어떤 일이 일어날 가능성이 희박하다는 것을 알 때 이런 표현을 쓴다. 여러분도 아시다시피 돼지가 날 가능성이 없잖아요. (그래요. 그래. 아스퍼거 증후군 친구들, 어떤 유전자 실험실에서 언젠가는 가능할 수도 있지요!)

3. 한 무리의 늑대 같은 녀석들이(나는 그들을 한 무리의 양으로 생각

하는 것을 더 좋아한다) 나타날 때 우리 모두 도망가는 것이 보통 불가능하다는 것을 안다. 최대한 빨리 어른들의 주의를 끌어라. 장담하건대 그들은 곧 흩어진다!

4. 여러분에게 형이나 누나가 있다면 그들과 이야기하라. 그들이 좀 더 여러분의 수준에 가까울 수 있다. 여러분의 부모님도 잘 들어줄 것이니 그 문제에 관한 부모님의 의견을 받아들여라. 여러분이 형이나 누나가 없다면 어른들에게 이야기하도록 하라.

5. 여러분이 괴롭힘을 당한다면 어른이나 선생님 또는 믿을 수 있는 친구에게 말하거나 다른 사람에게 발설하지 않을 사람에게 말하라. 다른 사람에게 말하는 것을 두려워하지 마라. 여러분은 정말로 이 일을 해야 한다.

6. 그들이 치거나 밀더라도 받아치지 마라. 만약 여러분이 똑같이 때리면 사태가 더 나빠질 뿐이니 그냥 걸어가라. 기억할 것은 용감하게 행동하고 그들 때문에 화났다는 것을 알게 해서는 안 된다는 것이다. 그것은 그들의 재미를 돋우는 일이다(그들은 싸이코다!).

7. 또 다른 누가 왕따를 당하는지 알아내려고 애써라. 수에 있어서 우세하면 도움이 된다.

8. 만약 여러분이 걷거나 말하는 방식 같은 것으로 괴롭힌다면 웃어넘기고 여러분이 예전에 하던 대로 하라. 만약 여러분이 그들에게 동의한다면 그들의 보잘것없는 머리로는 절대로 추측할 수 없어 그들은 곧 불리해진다.

9. 왕따는 절대로 여러분의 잘못이 아니다. 한발 물러서서 전체

 별종, 괴짜 그리고 아스퍼거 증후군

상황을 살펴보고 왜 왕따가 계속되는지를 알아내려고 노력하라. 정말로 믿을 수 있는 사람을 찾아서 그에게 모든 것을 말하라. 어떤 세부사항들도 비밀로 하지 마라. 이것은 여러분의 삶이고 여러분은 누군가를 위해 고통을 받을 필요가 없다. 허튼소리 마라! 인생은 너무 짧다. 만약 여러분이 스스로를 위해 변호하지 않는다면 나중에 후회할 것이고 그것이 여러분의 인생에 영향을 끼칠 것이다. 언젠가 왕따는 멈출 것이다. 자신 안의 신념과 용기를 가지고 그것이 지나가게 하라.

10. 이것이 어려울 수도 있지만 괴롭히는 아이들보다 다정하고 솔직하고 다른 사람들에게 정직하라. 여러분이 더 많은 친구들을 사귈수록 사람들이 여러분을 옹호할 것이기 때문에 못된 아이들이 여러분을 가만히 놔둘 것이다.

왕따에 대한 마지막 말은 이거다. 누구든지 왕따를 당하고 있는 사람이 있다면 "**침묵 속에서 고통받지 말라.**" 내가 그랬었고 실수했었다. 믿어라. 왕따는 그럴 만한 가치가 없다. 그런 끔찍하고 슬픈 일들이 여러분의 삶을 망칠 수 있다. 어떤 사람들은 이런 일을 겪다가 자살로 내몰리기도 한다. 그것은 매우 슬프고 잘못된 일이다. 왕따를 주도하는 사람들이 벌을 받지 않고 그냥 지나가게 놔두지 마라. 여러분이 아니라 그들이 문제가 있다. 누군가에게 말해서 끝내야 한다.

만약 여러분이 침묵하고 있고 더 두려워하고 우울해한다면 그들이 이기는 것이다. 만약 우리가 가끔 별종이라고 느낄 수 있다면, 만약 우리가 별종이라고 불리는 것을 극복할 수 있다면, 만약 우리가 많은 시

간 외국어로 이야기하는 것처럼 보이는 세상을 향해 나아갈 수 있다
면 우리는 과대망상에 빠진 자아(ego)를 집어넣기에는 너무 작은 뇌를
가진, 얼빠진 불한당들을 다룰 수 있을 것이다.

가장 중요한 것을 다른 사람에게 말하는 것이라는 것을 기억하라.
쉽지 않을 수 있다. 알지만 나도 당했었다! 하지만 경험으로 미루어 볼
때 나는 그것이 그냥 앉아서 끝나기를 기다릴 수만은 없는 일이라는
것을 배웠다. 여러분이 뭔가를 해야 한다. 만약 선생님들이 듣지 않으
면 듣게 하라. 계속해서 말하고 또 말해야 한다. 교장 선생님을 찾아
가라. 여러분의 부모님들이 오셔서 선생님들과 이야기하도록 하라.
기억하라. 지금이 그만 멈춰야 할 때다. 지금부터 허튼소리는 그만!

 별종, 괴짜 그리고 아스퍼거 증후군

CHAPTER 11

태권도

이 장이 '왕따' 장 바로 뒤에 오는 것은 결코 실수가 아니다! 하지만 나를 오해하지는 마라. 여러분이 생각하는 것처럼 여러분이 괴롭히는 아이들에게 육체적으로 대항하기 위해서 무술을 배워야 하는 것을 의미하는 것은 아니다. 과거의 나를 괴롭힌 아이들에 관한 한, 내 삶을 비참하게 만들었던 아이들이 언젠가는 당하는 입장이 되어 봤으면 하는 바람에서 나는 '남에게 잘못하면 그대로 돌아온다.'라는 식의 태도를 취하는 것을 좋아한다. 네, 알아요. 그것은 마치 다른 사람에게 "너는 네가 소중하게 생각하는 작은 것을 잃게 될 거야."라고 저주하는 것과 비슷하다. 대단히 자비롭지 않다는 것은 알지만, 이봐요! 나도 항상 완벽할 수는 없어요!

지금 아스퍼거 증후군을 가진 여러분이 통합운동장애가 있거나 여러 사람들과 함께 있는 것을 감당하지 못한다고 이 장을 그냥 지나쳐 버리려 한다면 잠깐 조금만 참고 한번 읽어 보길 바란다. 틀림없이 여러분이 데이트에 관한 장을 빨리 읽고 싶어 한다는 것은 알지만, 믿어 봐라. 태권도를 배우는 것은 여러분의 가능성을 더 높여 준다! 부모님들도 제가 여러분의 자녀에게 의심할 것도 없이 곤란에 빠지게 할 수 있는, 치명적인 공격 수단을 배우라고 한다고 추정하면서 이 장을 대강 보지 말고, 차분히 읽어 보신다면 다른 점을 발견하실 수 있을 거예요.

나의 태권도 수업

내가 속해 있는 협회는 일지 태권도협회다. 거기에는 여러 지역에 많은 도장들이 있지만 워딩턴 사범님이 가장 높은 지도자다. 그는 영국의 북서쪽에 태권도장을 처음으로 설립했다. 그는 태권도 6단으로 일지 도장들의 사범들을 감독하고 심사를 한다. 일지는 전통적인 한국 이름으로 '함께 하나로' 라는 뜻이다. 한 가족이나 단체가 함께 조화롭게 노력하는 것을 의미한다. 이것이 집단운동이나 단체운동을 의미한다고 생각해서 겁을 먹는다면 그것은 잘못이다. 여러분 개인으로서 세계의 태권도를 하는 다른 사람들과 함께라는 의미다. 그것은 항상 혼자인 내게는 정말 멋진 개념이다.

우리가 태권도를 시작한 것은 조 때문이었다. 그곳에 조의 친구가 있어서 그는 다니도록 허락을 받을 때까지 끈질기게 조르고 또 졸랐

■ 나와 워딩턴 사범님

다. 이것은 꽤 아이러니한데 왜냐하면 조는 다른 사람들과 여럿이 함께 뭉쳐 있는 것을 힘들어하고 가만히 있는 것에 상당한 어려움이 있기 때문이다. 워딩턴 사범님은 조가 이러한 문제들을 가지고 있다는 것을 알고, 조가 힘들어하는 것을 받아들이는 것과 야단치는 것 사이에서 균형을 잡으려고 노력하신다. 대체로 말하면 조는 잘하고 있다. 어쨌든 조는 아홉 살이지 않나. 만약 여러분이 주의력결핍 과잉행동 장애를 가지고 있거나 자녀가 그렇다면 그것은 그들이 태권도를 배울 수 없다는 것을 의미하는 것이 아니라 대부분의 사람들이 배우는 것보다 약간 더 시간이 걸릴 거라는 것을 의미할 뿐이다. 사범님과 상의해 보면 분명히 도움이 될 것이다.

■ 매튜와 벤

우리가 도장에 조를 데려 갔을 때 수업에 참가한 사람들이 나이도 제각각이고 능력도 제각각인 것을 보고 우리 모두 다니기로 결정했다. 하지만 매튜는 집에서 벤을 돌보기로 했다. 우리가 도장에서 집에 도착하면 벤은 우리에게 동작을 배우는 것을 굉장히 좋아했다. 벤은 작은 도복도 있다. 정말 건장해 보이는 벤과 매튜의 사진이다!

태권도를 처음 시작했을 때 나는 굉장히 힘들었다. 나의 근육운동 조정은 끔찍했고 자연스럽게 이상 없이 타고난 아이들 옆에 서 있으면 훨씬 더 끔찍해 보였다. 내가 입문자반에 있을 때 인내심을 가지고 나를 가르쳐 준 앤과 수에게 너무 고맙고 나와 똑같이 서투르고 근육의 협동이 잘 이루어지지 않는 엄마에게도 고맙다. 적어도 나는 혼자가 아니었다!

태권도의 역사

태권도는 발차기와 지르기의 예술이다. 오로지 손과 발만을 사용해서 다른 사람의 공격에 맞서는 자기방어용 무술로서 오랜 역사를 가지고 있다. 태권도라는 이름은 1944년부터 도입되었지만 이 무술의 유래는 A.D. 3~A.D. 427년으로 거슬러 올라가 무덤의 벽화에서 흔적을 찾을 수 있다.

비록 원래는 방어용 무술이기도 하지만 약자를 보호한다는 원칙을 구현한다. (지금 이건 정말 멋진 생각 아닌가요? 모든 '별종과 괴짜'가 약자를 보호할 능력을 가진다!) B.C. 3000년경 한 왕자가 하인들을 상대로 공격과 방어의 기술을 연마했다는 기록이 있는 인도를 비롯해 아시아 전역에 각기 다른 형태의 공격과 방어의 기술들이 개발되어 왔다. 모두 서로의 다양한 측면을 받아들이고 자신들만의 고유한 무술로 발전시켜 왔다.

한국 해방 이후, 제2차세계대전이 끝날 즈음에 한국에는 방식이 약간 다른 5개의 주요 태권도 도장들이 있었다. 이러한 태권도의 다섯 가지 파 또는 방식은 무덕관, 지도관, 창무관, 송관, 청도관이다. 일지 연합에서는 청도관을 따른다.

한국 전역에 걸쳐 학교와 대학에서 태권도를 가르친다. 영국에서 축구를 배우는 것과 흡사하다. (한국에 사는 것은 멋지지 않나요? 생각해봐요. 축구가 없대요!) 모든 군인들은 기본적인 일대일 대련을 할 수 있도록 훈련받는다. 한국군에는 '호랑이 부대'라고 알려진 한 대대가 있는데 천 명 정도의 태권도 유단자들로 구성되어 있다고 한다. 앞서 말했듯이 청도관은 초대 사범님을 모시고 1944년에 시작되었고 1957년부터 규엄 사범님이 총 지도자로 아직까지 이끌고 계신다. 1960년 이전 한국에서 청도관의 군대 지부인 오도관은 엄 사범님에 의해 최황희 장군에게 넘겨져서 후에 지금 국제태권도연맹(International Taekwondo Federation: ITF)에서 준수하는 형식으로 발전하였다.

최 장군이 떠나고 다른 한국의 도장들은 그들만의 국제적인 기구를, 우리가 세계태권도연맹(World Taekwondo Federation: WTF)으로 알고 있는 기구를 창설했다. 이 기구의 태권도 형식은 전 세계적으로 사람들이 가장 많이 따르며 남한의 공식적인 형식이 되었고 올림픽에서 선보이는 것도 이 형식이다.

기상, 기상! 지금 이야기한 모든 사실들과 숫자들이 여러분을 졸리게 하지 않았는지 확인하는 것이다. 그렇지만 여러분 대부분이 아스퍼거 증후군일 것이고 그렇다면 이것을 즐겼을 것이라 생각한다. 개인적으로 나는 가능한 한 많은 정보를 모으는 것을 좋아한다. 이제 여러분은 태권도의 유래에 대해 알았고 용도도 알았으니, 아마도 돌아다니면서 사람들을 발차기로 넘어뜨릴 수 없을 것이고 한국 군대에서 복무하지 않아도 된다는 것을 더 확신할 것이다. 나 역시 그렇다!

태권도는 다른 급을 나타내기 위해서 흰색에서 검은색까지 사이에 노란색, 녹색, 파란색과 붉은색의 띠들을 이용한다. 일련의 체력 단련과 품새(이것은 나중에 다시 말하겠다)를 익히고 나면 심사를 통해서 승급하게 된다. 다른 도장이나 나라들에서는 어떻게 하는지 모르겠지만 내가 다니는 도장에는 검은띠로 올라가기까지 각 단계 사이에 최소한 3개월의 기간을 두고, 심사를 시작하기 전까지는 적어도 6개월을 기다려야 한다. 종종 그것보다 훨씬 더 오래 기다리는데 왜냐하면 사범님이 원생을 심사받게 하기 전에 신체적, 정신적으로 준비되었는지를 확인하기 때문이다. 첫 10단계는 '급' 단계들이지만 검은띠에서 멈추지 않는다. 검은띠 다음에는 10단계가 더 있고(재미가 끝나지 않는다!) 이것들은 '단'이라고 불린다.

 별종, 괴짜 그리고 아스퍼거 증후군

심사의 일부분으로, 태권도를 배우는 각 원생들은 상상의 적수들에게 대항하는 일련의 방어동작과 공격동작들을 한다. 이것들은 정해진 양식으로 행해지고 '형식' 또는 '품새'라고 불린다. 이것들은 균형, 타이밍, 근육의 조정과 호흡하는 기법들과 같은 주요한 기술들을 계발하고 강화시키는 데 목적이 있다. 이런 품새들을 훈련하면서 원생들은 그들의 발달단계에 맞는 다양한 기법들을 적용하는 것을 배운다. 만약 여러분이 도장을 운영하고 싶다면 기초가 튼튼한 검은 띠를 딴 후에, 이상적으로는 2단이 된 후에 그렇게 할 수 있다—비록 여러분의 사범님에게 허락을 받아야 하지만. 아스퍼거 증후군을 지닌 많은 친구들에게 이것은 그림의 떡같이 보일지도 모르지만 우리가 다른 사람들보다 눈높이를 낮출 이유는 전혀 없다.

태권도의 이점

음, 내가 지금까지 주책없이 여러분에게 태권도의 유래에 대해서 설명하고 무엇을 해야 하는지와 그것이 무엇을 위한 것인지를 말하느라 지루하게 했으니, 이제는 정말로 태권도의 이점에 대해서 말해야겠다. 태권도의 모든 이점들에 대해 나열한다면 오랜 시간이 걸리겠지만 여기 몇 가지만 제시해 본다.

여러분 중 통합운동장애를 가지고 있거나 적어도 임신한 펭귄의 몸동작을 가지고 있는 사람들이 있는가? 앞서 말했듯이 통합운동장애는 운동근육 조정의 문제다. 나는 이 문제를 가지고 있고 그것은,

즉 내 근육의 공동작용이 매우…… 음, 조정되지 않는다는 것이다! 사람들은 그것을 몸치 아이 증후군(clumsy child syndrome)이라고 부른다. 어찌되었든 여러분에게 이런 꼬리표가 붙어 있든 안 붙어 있든 간에 만약 속도, 거리, 신체 공간감각을 고려해 봤을 때 근육의 공동작용에 문제가 있다면 여러분은 의심할 여지없이 운동경기와 스포츠를 나만큼이나 혐오할 것이다. 다시 생각해 보니 누구도 나만큼 운동경기들을 싫어할 수는 없다!

태권도에는 정해진 관례와 형식들이 있다. 매 시간마다 설 자리가 정해져 있고 정해진 스트레칭과 준비 체조가 있고 해가 바뀌어도 변함없이 따라야 할 규칙들이 있다. 시작하고 처음 몇 주는 이러한 일과들을 명백히 익혀야 하므로 다른 새로운 것처럼 힘이 든다. 그다음에는 순풍에 돛을 단 것처럼 쉽다. 태권도가 쉽다는 것은 아니다. 노력과 정성이 필요하지만 태권도는 굉장히 체계화되어 있고 예측 가능해서 자폐 스펙트럼에 있는 누구라도 완벽한 형태로 수련할 수 있다.

비록 한 줄로 서 있고 주위에 많은 사람들이 있고(정말로 그것이 신경 거슬릴 수 있다는 것을 안다) 태권도에서는 수련생이 정면으로 마주 보고 차려 자세로 서며 사범님이 가르쳐 주는 대로 동작을 해야 한다. 그것은 비록 우리가 나머지 사람들과 하나로 움직여야 한다는 것을 의미하지만, 각자의 동작을 완벽히 하고 개인으로서 힘들여 수련하는 것이기 때문에 참 멋지다.

우리가 하는 동작들은 우리의 반사작용을 더 예민하게 하고 타이밍, 거리, 유연성을 알아채는 지각력을 증진시키도록 고안되어 있다. 태권도는 자폐 스펙트럼에 있는 사람들을 위해 고안된 것처럼 보인

 별종, 괴짜 그리고 아스퍼거 증후군

다. 일주일에 서너 번씩 신체 훈련을 한다는 사실은 좋은 것이다. 우리는 유연성을 키우기 위해서 엎드려 팔굽혀펴기, 윗몸일으키기, 지구력 운동과 스트레칭을 정기적으로 한다. 처음 시작할 때는 이런 것들이 꽤 힘들 것이다. 나는 적어도 첫 3개월 동안은 마치 한국에서 온 말을 탄 기수 중 한 명인 것처럼 걸어다니며 발차기를 하는 사람들을 신경쓰지 않았다! 나는 내 몸 전체가 펀칭백이 된 것처럼 느꼈다. 나는 이 점을 자세히 설명하고 싶지 않다. 몸이 젖산으로 가득 차는 불편함(고통은 말할 것도 없고!)보다는 이득이 훨씬 더 크기 때문이다. 아주 여러 번 나는 컴퓨터 앞에 있다가 문 밖으로 끌려나가 떠밀려졌다. 왜냐하면 전에도 말했듯이 컴퓨터와 플레이 스테이션은 나를 소진시켜 버리는 것 같기 때문이다. (지금은 낯선 풍경이다!) 그래도 엄마는 내가 일단 태권도장에 가면 즐겁게 수련하고 자신에 대해 보다 긍정적으로 느끼게 된다는 것을 아신다.

태권도(그리고 다른 무술)는 단지 자신을 방어하는 것을 배우기만 하는 것이 아니라 효과적으로 주먹으로 치고 발로 차는 법을 배우는 것이다. 그것은 여러분 내면의 자아를 보다 더 각성시키고 자신과 주변 사람들에게 좀 더 수용적이 되도록 훈련하는 것이다. 나는 동양의 철학이 매혹적이라는 것을 알았다. 동양에서는 심장마비, 뇌졸중의 발작과 스트레스 관련 질환의 발병률이 서양처럼 높지 않다. 서양의 나라들이 배울 게 많다. 동양 출신의 독자에게는 죄송하지만 만약 계시다면 확실히 내가 부처 앞에서 설법하고 있는 격이다!

정신(精神)은 사람이나 학교의 근본적인 의의나 목적 또는 신념인데 태권도는 자체의 정신이 있다.

✴ 태권도 정신 ✴

예절　다른 사람에 대한 존경을 보이는 행동의 규칙들

겸양　특히 밖으로 자랑하거나 뽐내지 않고 스스로에 대해 겸손한 평가를 가지는 것

극기　다른 사람을 해하지 않고, 열심히 수련하여 내면적으로 분노나 공격성을 조절할 수 있는 능력

끈기　시작한 바를 숙달할 때까지 지속할 수 있는 능력

불굴의 정신　아무리 상황이 힘들어도 계속해 나가는 능력

　글쎄, 나는 여러분에 대해서 잘 알지 못하지만 태권도 정신은 인생에 있어서 아주 좋은 철학이라고 생각한다. 그것을 따르는 것이 자연스럽게 되었다고 말할 수는 없지만 아스퍼거 증후군을 지닌 여러분들처럼 나도 규범이 필요했고 이것들은 태권도를 하는 데 있어서 좋은 규범일 뿐만 아니라 삶에 있어서도 그렇다.

　만약 여러분이 태권도를 시작한 첫날 '나는 절대로 이것을 하지 않을 것이다.'라는 공포를 경험한다면 내가 해 줄 수 있는 모든 것은 앞서 제시한 태권도 정신을 다시 한 번 읽고 계속해서 노력하라고 말하는 것뿐이다. 천천히 그렇지만 확실히 여러분은 더 유능해지고 보다 자신감이 생기는 것을 느낄 것이다. 시간이 걸리고 포기하고 싶을 때가 있어도 그것은 지나간다는 것을 상기하라. 여러분의 사범님이 그

 별종, 괴짜 그리고 아스퍼거 증후군

힘든 시간들을 견딜 수 있게 도와줄 것이다.

또 하나 기억해야 할 것은 비록 태권도가 하나의 무술(martial art)이지만 여러분의 손과 발을 무기로 사용하는 것이니 언제 도움이 될지 모른다. 여러분이 다른 운동에 아무리 능할지라도 거리에서 공격을 받으면 테니스 기술이나 축구 기술을 써서 공격자를 물리칠 수는 없다! 태권도를 괴롭히는 아이들에게 사용하라는 것은 아니지만 여러분이나 그들 중 누군가 다쳐야 하는 상황이 오면 확실히 그들에게 당하지는 말라는 것이다. 전에 말했듯이 허튼소리는 그만!

CHAPTER 12

우정과 사교활동

친구를 얻고
사람들에게 영향을 주는 방법

여러분 중 누구라도 마음이 상해서 정말로 친구들을 얻거나 누군가에게 영향을 끼치기를 원하지 않는다고 말하기 시작하더라도 그것은 표현일 뿐이라는 것을 나는 믿는다. 적절한 어떤 것이 머릿속에 막연하게만 떠오르고 사람의 마음을 끄는 명쾌한, 각 장의 제목과 소제목들을 생각할 수 없다는 사실을 나는 이미 여러분에게 설명했다. 나는 황소의 뿔을 움켜잡고 있는 형국이다(Grabbing the bully by the horns.)!

다시 한 번 말하는데 이 장을 어디에 집어넣어야 할지 주의 깊게 생각해 보았고 데이트 게임 장과 태권도 장의 사이에 넣는 것이 좋겠다고 생각했다. 앞서 말했듯이 태권도는 스스로에게 자부심을 느끼고 자신감을 증진시킬 수 있는 훌륭한 방법이다. 그것은 또한 친구를 사귀는 데도 좋은 방법이고 친구를 사귀는 것은 다른 종류의 관계들을 가지는 첫 번째 단계라고 들었다(만약 내 뜻을 여러분이 알아차렸다면…… 낄낄낄!).

만약 여러분이 아스퍼거 증후군을 가지고 있고 친구를 사귀고 사교적인 생활을 원하지만 그 방법을 모른다면, 가능하면 내가 말했던 대로 더욱 자신다워지고 다정해지려고 노력하라. 아마도 여러분은 더 외로워 보이는 남자친구나 여자친구를 찾아서 서로 이야기해 볼 수 있을 것이다. 누군가가 여러분에게 '눈총'을 주거나 '악한 얼굴'을 하거나(누군가가 심술궂은 얼굴을 하고 여러분이 한 일을 좋아하지 않는다거나 단지 여러분의 얼굴을 좋아하지 않을 때라고 내가 말했었다) 말이 많다고 면박을 주거나 무엇에 대해 이야기한다고 잔소리할 때 너무 심각하게 걱정하거나 당황하지 마라.

나는 언제나 사람들에게 너무 가까이 서 있고 따라다닌다고 잔소리를 들었지만 언제 사람들을 따라다녀도 되는지, 언제 말을 계속해도 되는지, 언제 대화가 끝났는지, 언제 대화를 그만두어야 하는지를 아는 것은 정말 어렵다. 나는 누군가가 말하지 않는 이상 다른 사람이 지겨워하는지를 결코 알 수가 없을 것이다. 그렇다 해도 어떤 때는 내가 가장 좋아하는 주제에 대해 계속 이야기하는 것을 내 자신에게 허락해 주어야만 한다. 이론상으로 알기는 쉬운데 실천하기가 쉽지 않다.

여러분이 사람들과 어울리고 싶거나 친구를 사귀고 싶다면 전문가적 관심 분야나 자신이 좋아하는 주제들, 자나깨나 생각하는 것들—뭐라고 이름을 붙이든지—에 대해 충고를 해 주고 싶다. 만약 여러분이 과도한 관심을 가지고 있는 것이 있는데 그것이 축구, 미식축구와 같은 것들이 아니라면, 슬픈 사실은 비록 일반적인 것이라 할지라도 그것들과 똑같은 정도로 이야기하는 것이 허용되지 않는다는 것이다. 개인적으로 나는 무리와 함께하는 것에 전혀 신경을 쓰지 않지만 여러분은 너무 무관심하게 보이는 것으로 눈에 띄는 것이 싫다면 나의 충고는 이렇다. 한 가지에 대해 끊임없이 이야기하는 것은 집단 따돌림과 비웃음의 대상이 되기 쉽게 한다. 삶은 때때로 역겹다! 슬픈 교훈이라고 생각하지만 적어도 우리가 다른 사람들과 조금이라도 사이좋게 지내기를 원한다면 우리도 또한 사람들의 다른 점들을 받아들여야 한다. 나는 사람들과 사이좋게 지내고 싶다고 확신하지는 못하지만 사실 스스로 내가 아스퍼거 증후군을 가진 것과 그와 관련

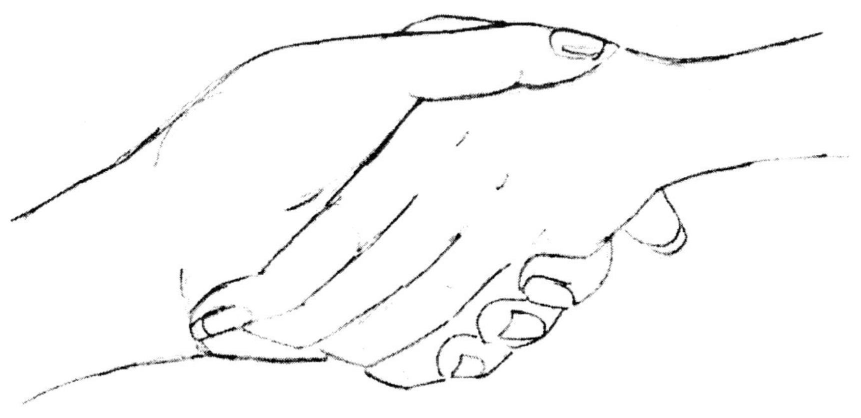

■ 레이첼의 그림

된 모든 것들을 받아들였기 때문에 이 일이 좀 더 쉽게 느껴진다.

이제는 내게도 나와 같은 종류의 일들을 좋아하는 친구가 있다. 그 아이도 축구를 싫어하고 사람을 때리는 것을 싫어한다. 전에도 말했듯이 혼자 있는 것도 좋아하지만 학교에 있는 동안 누군가와 같이 웃을 수 있는 것도 역시 좋다.

만약 여러분이 아스퍼거 증후군을 가지고 있어서 다른 사람들과 같지 않을지라도 그것이 여러분을 가치 없게 하는 것은 아니다. 나는 사실 내가 내 자신인 것이 자랑스럽다. 나는 같이하는 친구가 없는 것에 전혀 개의치 않고, 여타의 소년들과 공통점이 하나도 없다. 이것은 선생님들에게는 문제가 되는 것 같다. 한 선생님은 내가 '친구 없는 아이'로 지내는 것을 그만두고 나가서 어울려 재미있게 놀아야 할 때라고 하신다. 그가 생각하는 즐거움이라는 것은 오직 하나인 것이다. 네, 알았어요! 하지만 그것은 정말로 나를 화나게 하고 굉장히 크게 좌절시킨다. 혼자 지내는 것은 그런 것이 아니다. 만약 여러분이 사람들과 어울리고 싶지 않고 혼자서도 행복하다면 계속 그렇게 지내고 다른 사람들이 다른 무언가를 강요하지 못하게 하라고 말하고 싶다.

비록 나날이 좋아지고 있기는 하지만 내가 친구 사귀기에 뛰어나지 않고 여러분이 원하지 않을 수도 있기 때문에 여러분에게 그것에 관한 충고는 하지 않겠다. 여기 몇 가지의 조언들이 있기는 한데, 말했듯이 나는 전문가도 아니고…… 단지 열세 살이다(이것을 가지고 지금 여러분을 괴롭히고 있네요!).

 별종, 괴짜 그리고 아스퍼거 증후군

1. 여러분이 혼자 있는 것을 좋아하고 행복하다면 다른 사람이 그
   것을 잘못된 것이라고 여러분을 설득하지 못하게 하라.

2. 만약 여러분이 필사적으로 한두 명의 친구를 원한다면 친구를
   선택해서 여러분의 천성에 반하는 외계의 것을(신음하며. '우리
   는 외계인이다.'라는 농담을 다시는 되풀이하지 않겠다!) 하면서 인
   기를 얻으려고 힘들게 애쓰지 마라.

3. 여러분 자신을 그대로 수용하고 자신의 장점들을 받아들이려고
   노력하라. 나는 실제로 사람들이 내게 말을 걸도록 했고 친구도
   생겼다.

4. 자신을 좋아하는 것은 매우 중요하다. 내가 항상 나 자신을 좋아
   하지는 않았고 누구라도 항상 그렇지 않다는 것을 알지만 그러
   려고 노력한다.

5. 여러분이 정말로 조금이라도 더 조화롭게 지내기를 원한다면 자
   신을 '쿨하게' 보이는 방법도 있다. 새로 머리를 자르고 유행하
   는 옷을 입어라(그 옷에 이름 있는 상표가 붙어 있는지 주의해서 보
   라. 아이쿠, 비싸요!). 이런 옷은 **여러분이 좋아하고 입어서 편안하다
   면** 아무 문제가 없다. 입는 것이 목적이 된다면, 절대로 불편하
   게 입지는 마라.

나는 지금 여러분이 모든 파티의 중심인물이(여러분은 절대로 모르
는 것이다) 되라는 것은 아니지만 자신에 대해 기분 좋게 느끼는 것은
다른 사람들이 여러분에 대해 좋게 느끼게 하는 첫 단계다. 만약 그
래도 그들이 그렇지 않다면, 이런…… 그들이 손해죠!

한 가지만 짧게 더 이야기하면 만약 부모님이나 선생님들이 친구를 찾아주려고 애를 쓰시면 깊이 생각해 보지도 않고 거절하지 마라. 그들과 사이좋게 지내려고 노력해 보는 것은 적어도 성가신 만큼 가치가 있다. 여러분은 모른다. 그들이 여러분과 정말로 잘 맞을 수도 있다. 괜히 누워서 침을 뱉을 필요는 없지 않은가(Cut your nose off to spite your face.)!

강압적인 부모님들을 위한 경고

여기에서 내가 줄 수 있는 가장 소중한 충고는 무엇보다도 여러분의 자녀에게 사교적이 되라고 강요하지 말라는 것이다. 특히 심한 자폐증을 가진 어린 자녀들이 있는 부모님들은 동의하지 않을 수도 있고 어쨌든 다른 종류의 문제일 수도 있다. 완전히 자신의 세계에 갇혀 있는 아이들에게는 부모님들이 세상을 조금 더 알아차리라고 가능한 한 많은 기회를 주려고 노력하는 이유를 충분히 이해할 수 있다. 미리 계획하여 다른 아이들을 주변에 있도록 시도해 보는 것도 한 가지 방법이다. 어떤 아이들에게는 효과가 있을 수도 있고 어떤 아이들에게는 효과가 없기도 하다. 내가 여기서 이야기하고자 하는 대상은 심한 자폐증을 가진 사람이 아니라 아스퍼거 증후군을 지닌 사람이다.

아스퍼거 증후군과 자폐증을 가진 대부분의 사람들은 그냥 혼자 있고 혼자 무엇을 하는 것이 행복하다. 나가서 사람들을 만나고 사회

 별종, 괴짜 그리고 아스퍼거 증후군

적인 모임에서 사람들에게 둘러싸여 있는 것보다 말이다. 이런 상황들은 그들을 긴장시킨다. 적어도 나와 내가 아는 아스퍼거 증후군을 지닌 사람들은 그렇다. 사실 아스퍼거 증후군을 가진 많은 사람들이 여러 사람들과 함께 있는 데 문제가 있어서 만약 그들의 '영역이 침범을 당한다면'(좋다. 나도 이번에는 참을 수가 없다!) 그들은 최소한 너무 불편해지고 최악의 경우에는 공황발작을 일으킬 수도 있다. 나는 주변에 무리의 사람들이 있으면 공황발작을 일으키곤 했었다. 언제나 무리 지어 있는 것을 싫어했다. 그것은 군중 공포증(ochlophobia)이라고 이름 붙여질 뿐 폐쇄 공포증과 꽤 비슷하다. 그 증상이 무어라고 불리는지를 알아내려 하다가 온갖 종류의 공포증들에 대해서 알게 되었다. 책 뒤편의 관련 웹사이트들을 잘 살펴보라.

나는 블랙풀 스포츠센터의 장애인을 위한 수업시간에 다닌다. 그 수업은 '블랙풀 곰돌이'라고 불린다. 거기에는 일련의 활동들이 있고 어떤 사람들은 스포츠에 대해서 진지하지만 반면에 또 어떤(나 같은) 사람들은 꾸물거린다. 블랙풀 곰돌이는 모든 연령과 모든 장애에 제공되고 남녀 모두 참여할 수 있다. 블랙풀 곰돌이가 있을 때에는 완전히 사람들로 **들끓는다**. 나는 처음에 감자칩과 엄마의 커피를 사러 갔다가 모든 사람들을 그저 뚫어지게 쳐다보았다. 수백만의 사람들이 있고 초 단위로 배로 늘어나는 것처럼 보였고 지금은 알게 된 '공황발작(panic attack)'을 겪었다. 나는 그냥 울기 시작했고 글쎄, 마음속으로 완전히 공포감에 빠졌다. 30분이 지난 후에도 여전히 떨고 있었다. 공황 상태에 빠지면 숨쉬기가 힘들고 두 손을 쥐어짜고 이리저리 퍼덕거리는 것을 어떻게 할 수가 없다. 내가 누나들을 괴롭히고 부끄럽게 한다는 것을 알지만 정말로 어떻게 할 수가 없었다. 이러한 발작들은 실제로 글루텐, 카세인이 없는 식단을 통해 근절될 수 있었지만 서로 다른 사람들을 돕는 데는 다른 방법들이 있을지도 모른다. 그러한 것들을 경험한 사람이 나만은 아니라고 확신한다. 그러니 이런 것이 발생할 수도 있는 상황을 강요하는 것은 누구에게라도 좋지 않다. 사람은 다르기 때문에 어떤 사람들이 발작을 일으켰다고 여러분의 자녀도 꼭 그럴 것이라고 생각하지 않기를 바란다. 나는 이에 대해 여러 번 이야기했다.

학교는 아이들이 사교적이고 친구를 사귀도록 기대되는 장소다. 아스퍼거 증후군 아이들에게는 싸워야 할 혼란들이 말할 것도 없이 많고 그들에게 강요되는 이런 기대감 자체가 무척 버겁다. 많은 아이들이 축구부나 컵 스카우트 또는 유사한 어떤 곳에 가지만 내게 있어서 환상적인 밤이란 앉아서 컴퓨터나 플레이 스테이션을 하면서 놀거나 내 방에서 혼자서 좋아하는 책을 읽는 것이다. 내 생각에 끔찍한 밤은 한 무리의 아이들과 나가서 그물에 가죽조각을 차 넣는 것과 같은, 어쨌든 매우 무의미해 보이는 활동들을 하는 것이다.

부모님들, 선생님들 그리고 보통 어른들은 대개 아스퍼거 증후군 아이들이 혼자 지내는 것을 좋아하고 다른 사람들과 많이 어울리지 않는다는 사실을 받아들이는 데 큰 어려움이 있다. 거기에 대해 내가 하고 싶은 말은 '그것을 극복하라!'이다. 어떤 사람이 주변에 군중들이 없거나 수다를 떨 한두 명이 없다고 불행해하거나 외로워한다는 이유만으로 우리가 모두 똑같을 필요는 없다. 부모님이나 어른 여러분 중에서 누구라도 만약 누군가가 갑자기 전혀 모르는 사람을 끌고 와서 "너희 둘이 좀 친해져 봐. 내 생각에는 둘이 서로 좋아할 것 같네."라고 한다면 어떤 느낌이 들겠는지 상상해 볼 수 있겠는가? 아마도 여러분은 아스퍼거 증후군 아이들보다 그 낯선 사람과 몇 분 동안 대화를 나누는 것을 더 잘할지도 모른다. 불난 집처럼 계속할지도 모르지만 그러고 나면 다신 아닐지도 모른다. 나는 사실 이것이 누구에게든 어려울 것이라고 생각한다. 만약 여러분이 당황스러움을 극복하고 아스퍼거 증후군을 지닌 사람들에게 말을 한다 해도 단지 그들이 여러분과 다르다는 것을 발견하게

■ 레이첼의 그림

될 뿐이다. 사실 그들은 여러분과는 다른 행성에서 왔다. 그런데도 여전히 그들과 어울리고 이러한 상황들을 즐길 수 있겠는가? 글쎄, 나는 그렇게 생각하지 않는다!

만약 아스퍼거 증후군 아이가 친구를 사귀기를 원하지만 너무 노골적이거나 계속 말을 하는 중에 끼어들어서 사람들의 감정을 상하게 하고 화나게 한다면, 여러분은 아이들에게 말하고 들어야 할 때를 과장된 몸짓으로 보여 줄 수 있는 곳에서 약간의 연습하는 시간을 가질 수 있다. 또한 사람들에게 예의 없다고 여겨지는 것들에 대해서도 설명해야 한다. 이러한 것이 모두 어려운 연습이고 나도 아직 제대로 익히지 못한 부분이다!

만약 여러분이 아스퍼거 증후군 아이의 부모님이거나 아스퍼거 증후군 아이들을 가르치고 있다면 다시 한 번 반복해 말하건대 그들이

스스로 사교적이 되고 싶은지 아닌지를 결정하게 해 주어야 한다. 만약 여러분의 자녀가 혼자 있어도 책을 보거나 컴퓨터를 하면서 또는 화학실험기구들 또는 그 어떤 무엇이든 간에 그것을 하면서 나름대로 행복하다면 그냥 그들을 내버려 두어야 한다. 확신컨대 그들이 어른이 되면 정말로 하고 싶지 않아도 해야 할 것들이 많이 있을 것이기 때문이다. 전혀 지금 시작할 필요는 없다!

CHAPTER 13

데이트 게임

먼저 내가 혹여 데이트 분야의 전문가라고 조금이라도 내비친다면 나는 세계 최고의 거짓말쟁이라는 명칭을 갖게 될 것이다. 음, '세계 최고의 거짓말쟁이, 루크 잭슨.' 이것은 내가 자신을 생각하는 명칭이 분명히 아니다! 나는 지금까지 살면서 아무에게도 데이트 신청을 해 보지 않았다. 비록 몇 번은 굉장히 그러고 싶은 적이 있었지만 말이다. 아마도 이 책이 출판될 무렵에는 달라졌을 수도 있겠지만 그렇다 해도 내가 카사노바 같은 사람이 된다는 것은 생각하기도 어렵다.

지금의 나처럼 어떤 여자애들 앞에서는 떨리는 좌절감을 느끼는 불행한 자리에 서기 전에, 십대 청소년들은 누구나 태어나면서부터 그 자리까지 어떤 단계들을 겪는 것 같다. 소년들과 소녀들은 행동하는 데 차이가 있는데 그것은 사회가 그들에게 다르게 행동하라고 서서히 주입시키기 때문이라는 논란이 있다. 어릴 적부터 여자아이에게는 분홍색 옷을 입히고 인형을 주며, 남자아이에게는 푸른색 옷을 입히고 장난감 총과 자동차를 준다. 비록 모든 부모님들이 이러한 것들을 따르지는 않더라도 대개 그러는 것처럼 보인다. 이것은 종종 아스퍼거 증후군 아이들과 다르게 보인다. 우리는 이러한 종류의 법칙들을 알아채지 못한 채 우리 방식대로 한다. 특히 우리가 어렸을 때는 더욱 그렇다. 내가 좋아하는 색깔은 분홍색이었다. 확실히 그것이 '소녀스러운' 것이라는 것을 신경쓰지도 않았고 알지도 못했다.

나는 사회가 사람들을 구체화시키고 그들을 순응하게 만드는 방식이 오히려 슬프다고 생각한다. 사실 굉장히 슬프다고 생각한다! 내게 전체로서의 사회는 실제로 아스퍼거 증후군을 가진 사람들보다 더 융통성이 없어 보인다. 가족 안에 아스퍼거 증후군 아이가 있는 것은 부모님이나 친척들이 세상을 바라보는 전체적인 방식까지 수정해야 하므로 실제로 매우 좋을 수 있다. 여러분의 아들이 분홍색 옷을 입거나 인형을 들고 다닌다고 문제가 될 것은 없지 않은가? 아이들이 유치원과 학교에 다닐 때 그들은 여자아이들 혹은 남자아이들과 두루 꽤 행복하게 잘 지내다가, 적극적으로 동성 친구들과 놀다가, 다시 이성 친구들과 매우 행복하게 어울리는 것처럼 보인다. 내가 말했듯이 매우 이상하게도 아스퍼거 증후군 아이들은 그들만의 놀이를 한다. 우리는 카우보이 놀이를 한다거나 인디언 놀이를 하는 것보다는 컴퓨터를 한다거나 구석에서 장난감 차들을 일렬로 세운다거나 하는 경향이 더 강하다.

만약 이러한 종류의 그들만의 놀이가(내게는 항상 정말 바보같이 보인다는 것을 인정해야겠다) 남자아이들과 여자아이들이 데이트를 하게 될 때 무엇을 하게 될지와 서로가 할 일을 자동적으로 알게 되는 데 도움이 된다면 쓸모 있다고 생각한다. 하지만 나는 그것들이 어떤 식으로 도움이 되는지 보지 못했고 아마도 도움이 되지 않을 것이지만, 추측컨대 이러한 것들은 모두 아스퍼거 증후군 아이들이 놓치고 있는 자연스러운 발달단계들이다.

7세경이나 더 어렸을 때는 남자아이와 여자아이가 서로 많이 치고 받는 것처럼 보인다. 그들은 종종 실제로는 좋아하기 때문에 발로 차는 것이라고 엄마가 나에게 말해 준 적이 있다. 그러면서 아스퍼거 증후군 아이들을 괴상하다고 여긴다! 이것을 읽는 아스퍼거 증후군 친구들, 여러분이 이런 일을 해야 한다고 생각하도록 이것을 설명하는 것은 결코 아니다. 그저 여러분 자신이 되어야 해요. 나는 단지 우리가 현재의 단계—매력적인 사람 앞에서 신경과민이거나 덜덜 떨리는 낭패감이 있거나(둘 다 매우 불안하다는 것을 의미한다)—에 오기까지 아스퍼거 증후군이 아닌 친구들과 같은 사회적 경험을 가지고 있지 않다는 사실을 강조하고 있는 것이다. 우리는 아스퍼거 증후군이 아닌 친구들이 겪은 사회적인 경험들이 없다.

느낌을 간파하라

나는 좋아하는 누군가의 10미터 내에 있을 때마다 내가 학급의 얼간이(나는 이것이 그렇게 나쁘다고 생각하지는 않는다) 루크 잭슨에서 학급

에 있는 바퀴벌레 루크 잭슨으로 변하는 것처럼 느낀다. 어떤 이유인
지는 모르겠지만 일단 여자아이가 남자아이의 마음에서(또는 몸에서!)
신(神)적인 위치를 차지하면 그들은 단지 존재만으로도 남자아이들이
극도로 열등감을 느끼게 하는 힘을 발휘하는 것같이 보인다. 이것은
여자아이들이 코앞에서 문을 쾅 닫고 욕을 하고 대개는 여러분을 신
발에서 털어 내고 싶은 무엇처럼—그것은 개똥을 말한다—취급하는
상황에서 느끼는 일반적인 감정과는 매우 다른 감정이다.

　이것을 읽는 여러분들 모두는 내가 말하는 류의 여자아이들을 알
것이다. 그리고 이것을 읽는 아스퍼거 증후군을 지닌 여러분들은 이
런 일을 자주 경험할 것이다. 여자아이들은 특히 잔인해 보이는데,
무리로 있을 때 더 그렇다. 정말 많은 엉터리들(bullshit)(죄송하지만 이
것이 그나마 적절한, 유일한 단어네요.). ‘설탕과 향신료와 모든 좋은 것
들로 어린 여자아이가 만들어졌다.’ ‘민달팽이와 달팽이 그리고 애
완견의 꼬리로 어린 남자아이들이 만들어졌다.’ 아스퍼거 증후군을
지닌 친구들, 만약 이러한 어구들을 들어 본 적이 없다면 그것들은
같은 각운들에서 왔고 어린 남자아이들은 끔찍한 것들로 이루어져
있고 어린 여자아이들은 좋은 것들로 이루어져 있다는 뜻이다. 여러
분도 나도 이것이 사실이 아니라는 것을 안다!

　좋아하는 여자애에게 간단히 안녕이라는 말을 하기 위해 접근할
때도 많은 어구들이 순간적으로 떠오른다. 아무것도 물론 일어나지
는 않지만 사람들이 다리가 젤리가 되거나 위(胃) 속에 나비가 들어
있다거나 혀가 입천장에 붙는다고 하는데 실제로 그런 일이 벌어지
면 이런 문구들을 확실히 이해하게 된다. 사람들이 다리가 젤리가

된다고 하는 것은 다리에 힘이 풀리고 덜덜 떨린다는 것을 의미한다. 나비가 위 속에 있다는 것은 완전히 정확하지는 않지만 불안할 때 느끼는 거세게 도는 듯한 느낌을 말한다. 나는 그것을 빙빙 돌아가는 건조기에 있는 돌과 같다고 표현하고 싶다. 너무 슬플 때 느끼는 속이 무거운 느낌과는 약간 다르다. 혀가 천장에 붙는다거나 혀가 묶였다는 표현은 정말로 무언가를 말해야만 한다는 것을 알지만 아무 말도 할 수 없을 때의 감정을 묘사하는 것이다.

종종 좋아하는 여자애에게 다가갈 때는 얼굴도 빨개진다. 나는 귀까지 빨개진다. 이것은 당황하고 있다는 것을 의미하고 자연스럽다고 생각한다. 믿기 어렵지만, 다른 어떤 사람들은 그렇지 않다고 들었다. 귀가 빨간색으로 반짝일 때는 정전이 된 교실에 나의 귀가 자가발전하여 불을 켠 것처럼 느껴진다.

아스퍼거 증후군과 데이트는 확실히 어울리지 않는다. 데이트는 많은 사교적인 상호작용을 포함한다. 우리는 이러한 면에 대한 준비가 매우 부족하다. 또 컴퓨터에 대해서 말하는 것을 좋아하는 여자애들은 많지 않다! 여러 곳을 많이 찾아봤지만 조용한 아이들이나 아스퍼거 증후군을 가진 아이들을 위한 데이트에

■ 사라의 그림

관한 지침은 거의 볼 수 없었다. 이것은 순전히 그것이 변하기 쉽고 지속하기 어려운 주제이기 때문일 것이다. 나는 지금부터 여러 곳에서 찾은 자료를 수정한 것과 내가 직접 들어 온 몇 가지 지혜로운 조언들을 이야기하려고 한다. 비록 내가 아이이기 때문에 이것들은 아이들을 위한 것이기는 하지만 분명히 아스퍼거 증후군을 가진 모든 연령대의 사람들에게 적용되리라 확신한다. 하지만 내가 이 문제가 결코 더 쉬워지리라고 생각하는 것은 아니다.

기회를 잡을 수 있는 최고의 전략

이 조언들을 해 준 레이첼 누나, 사라 누나, 안나에게 감사하면서

1. 아마 적어도 일주일에 3~4회는 샤워를 하거나 목욕을 하고 머리를 감아라(이것은 머리카락에 기름기가 얼마나 있는지에 달렸다.). 여러분이 이것을 좋아하지 않을 수 있다는 것은 알지만 우리 누나들은 이것이 정말로 중요하고 여러분이 애쓰고 있다고 여자아이들이 느낄 수 있도록 해야 한다고 말한다.

2. 매일 머리를 빗고 단정하게 머리를 잘라라. 비록 성격들은 다 다르지만 사람들은 역시 외모에 끌린다.

3. 적어도 매일 아침과 밤에 깨끗이 이를 닦아라(내가 지금 꼭 우리 엄마처럼 이야기하네요.). 우리 누나들은 다른 사람과 대화할 때 끈적끈적한 치아와 구취가 나는 것처럼 나쁜 것은 없다고 이야

 별종, 괴짜 그리고 아스퍼거 증후군

기한다.

4. 자기 자신답게 하려고 노력해라. 가장 확실한 것은 아스퍼거 증후군이 아닌 많은 남자아이들이 하는 것을 따라하지 말고 건방지게 굴거나 잘난 체하지 말라는 것이다.

5. 그 사람의 친구들과 말하려고 노력하고 그들이 무엇에 흥미가 있는지 알아내려고 노력하라.

6. 좋아하는 사람의 친구들에게 그 사람이 여러분을 이성 친구로서 관심 있어 하는지 물어보는 것은 중요하다고 누나들은 말한다. 개인적으로 나는 그들이 모두에게 비밀을 주책없이 지껄일 수도 있다고 생각한다. 그러니 그런 일이 벌어질 경우를 대비하라.

7. 만약 누군가가 여러분에게 누구를 좋아하냐고 노골적으로 물어보면 강하게 부정하지 말고 깊게 숨을 들이 마시고 진실을 말하라(만약 취학 연령이라면 모든 사람이 여러분을 괴롭히게 될 것을 각오하라!).

8. 만약 좋아하는 사람이 여러분에게 말을 한다면 잘 들으려고 노력하고 말하는 중간에 끼어들지 마라.

9. 여러분의 전문가적 관심 분야를 그들이 좋아하지 않을 수도 있다는 것을 기억하고, 여러분이 매혹되어 있는 것에 대해 너무 많이 말하지 마라. 그 분야에 대해 이야기해도 되는지 아닌지를 판단하는 방법은, 그들이 거기에 대해 질문을 하면 계속해도 된다는 뜻이다. 단, 스스로 그것을 대화에 끌어들이지는 말아야 한다.

10. 너무 진지하게 굴지 마라. 여자아이들은 유머감각이 있는 남자

아이들을 좋아한다. 누나들은 여러분이 그들과 다른 것은 문제
가 되지 않는다고 말한다. 그들은 여전히 웃는 남자아이와 만
나는 것을 좋아한다.

11. 마지막으로 깊이 숨을 들이마시고 "이번 주말에 영화 보러 갈
래요?"와 같은 것을 말하라. 기억할 것은 용기 없는 사람은 미
인을 손에 넣을 수 없다는 것이다.

12. 마지막 한 가지(그래요. 방금 전 것은 마지막이 아니었어요.). 만약
누군가에게 데이트 신청을 했는데 '노(No)'라고 하거나 더 심하
게 여러분을 비웃는다면 최선을 다해 그것이 여러분을 좌절시키
지 않도록 해야 한다. 거절은 인생에서 흔히 일어날 수 있는 일
이고 내가 말할 수 있는 전부는 '여러분을 추켜세우고 먼지를 털
고 다시 시작하라.'는 것이다(어떤 노래에서 나온 말이다.).

■ 사라의 그림

 별종, 괴짜 그리고 아스퍼거 증후군

게임의 법칙
– 데이트에서 해야 할 것과 하지 말아야 할 것

조언을 해 준 레이첼 누나, 사라 누나, 안나에게 감사하며

1. 말하기는 쉽고 실천하기는 쉽지 않지만 긴장을 풀려고 열심히 노력하라.
2. 처음 사람을 만났을 때 "참 예쁘다."라고 칭찬하고, 만약 여자가 남자에게 이야기하는 거라면 "그 셔츠 잘 어울린다."와 같은 말을 할 수 있다.
3. 만약 상대가 "내 엉덩이 뚱뚱하지?"라던가 심지어 "이 옷 이상하지 않니?"라고 한다면 그것은 '칭찬을 유도하는 것'이라고 할 수 있다. 이러한 것들은 이해하기 힘들지만 완전히 솔직하게 상대의 엉덩이가 뚱뚱하다고 말하기보다는 "어리석은 소리! 너 멋져."와 같이 대답하는 것이 더 예의 바른 것이다. 여러분은 거짓말을 하는 것이 아니고 단지 거북한 질문을 피하면서 동시에 그들을 칭찬하는 것이다. 진실에 인색해져라!
4. 만약 여러분이 데이트를 신청한 사람이라면 두 사람 몫을 지불할 준비를 해야 한다. 만약 상대가 내겠다고 우기면 초콜릿바나 사탕 한 봉지를 사 주어라.
5. 하품을 하거나 기지개를 펴지 말고 상대의 어깨에 팔을 두르지 마라. 누나들은 처음에는 상대의 손을 잡는 것이 더 낫다고 이

야기한다.

6. 만약 여러분이 상대의 손을 잡으려 했는데 상대가 즉시 빼면 그
   것은 싫다는 것이다. 확신이 없으면 물어보는 것이 최선의 방법
   이다.

7. 만약 여러분의 몸을 만지는 것이 싫고 키스하는 것이 싫다면 간
   단하게 몸을 빼고 "네가 그렇게 하는 것이 편치 않아."라고 말하
   라. 여러분이 원하지 않는 것을 참아야 한다고 생각하지 마라.

8. 다리나 발을 꼬거나 손가락을 두드리거나 손톱을 깨무는 행동을
   하면서 안절부절하지 마라. 대부분의 여자애들은 이것을 정말
   로 성가서 한다(그렇죠, 엄마?).

9. 여러분이 좋아하는 누군가에게 말을 할 때 지키는 규칙들은
   데이트를 하는 중이나 데이트 상대와 외출했을 때도 적용된
   다는 것을 기억하라. 항상 여러분이 좋아하는 것에 대해 계속
   말하지 말고 상대가 이야기할 때 귀 기울여 들어라.

10. 데이트가 끝날 무렵에 그들과 키스할 것이라고 기대하지 마라.
    이것은 전혀 다른 주제인데 또 진짜 어려운 것이기도 하다. 만
    약 여러분이 즐거웠다면 볼에 키스하는 정도가 좋다.

11. 데이트가 성공적이고 운이 좋아서 손도 잡고 키스도 했다면
    바로 다음 날 누군가에게 말하거나 하면 안 된다. 만약 여러분
    에게 제일 친한 친구가 있다면 그들에게 이야기하는 것은 몰
    라도 더 이상은 안 된다. 입이 가벼우면 배가 침몰한다는 것을
    기억하라(Loose lips sink ships.)!

12. 만약 데이트가 성공적이지 못해서 계속 만날 수 없다 해도 이

 별종, 괴짜 그리고 아스퍼거 증후군

것 때문에 스트레스를 받지는 마라. 좋게 "안녕."이라고 말하고 친구로 남아라.

13. 만약 여러분이 정말로 누군가와 더 이상은 데이트하고 싶지 않다면 상대가 강요하지 못하게 하라. 친절하게 "더 이상은 만나고 싶지 않아."라고 말하라.

14. 마지막으로 만약 한 사람의 데이트 상대 또는 또 다른 많은 상대들이 여러분과 헤어지기로 결정했다면 그것은 그냥 그들의 결정이고 그들 소관인 것으로 받아들여라. 그것을 개인적인 모욕으로 받아들이지 마라. 어떤 사람들은 친해질 수 없기도 하다.

나는 겨우 열세 살이고 아스퍼거 증후군을 가지고 있으며, 이런 조언을 쓸 자격이 있어 보이지 않는다는 것을 알지만, 어떤 사람들은 개인적으로 경험하지 않은 것들에 대해서 종종 글을 쓰기도 한다. 나의 형과 누나, 동생들에게 조언을 해 준 것에 대해 매우 고맙게 생각하고, 나도 조만간 최대한 빨리 이 조언들 중 몇 가지를 배울 계획이라는 것을 말해야겠다. 행운을 빌어줘요!

CHAPTER 14

도덕과 원칙 – 표현과 실제

내가 이 책을 쓴 이유 중의 하나는 사람들이 아스퍼거 증후군을 가진 사람들의 삶이—특히 젊은 사람—실제로 어떤지 알았으면 하기 때문이다. 나는 아스퍼거 증후군을 지닌 사람과 자폐 스펙트럼 상에 있는 모든 사람들에 대한 오해가 빨리 사라지기를 항상 바라왔다. 내가 보기에 십대와 젊은이들은 정말로 평판이 안 좋다. 모든 십대들이 이것에 대해 "네!" 하면서 동의할 것이다. 영국의 법은 참 이상해서 십대들에게 언제부터 '다 자란 것'으로 간주되는지에 대한 지침을 전혀 주지 않고 있다. 다른 나라의 법들에 대해서는 아는 바가 없지만 이 글을 읽는 누구라도 자기 나라에도 비슷한 모호함이 있다고 틀림없이 생각할 수 있을 것이다.

나는 아직 그럴 만한 나이가 되지는 않았지만 우리 누나와 형들은 그러한 나이가 되었다. 열여섯 살이 되면 성관계를 가질 수 있지만 열여덟 살이 되기 전에 결혼을 하려면 부모의 허락을 받아야 한다. 열여섯 살에는 담배를 필 수 있지만 술집에 가거나 술을 사는 것은 열여덟 살이 되어야 한다. 이것이 나 또는 다른 아스퍼거 증후군을 지닌 친구들에게 전적으로 같은 방식으로 적용되지는 않겠지만, 우리 누나처럼 사교적인 사람들은 열여섯 살에서 열여덟 살까지 무엇을 하기로 되어 있다는 것인지 궁금할 것이다. 집에서 담배를 피고 성관계를 가지나?

만약 한 무리의 십대가 상점에 들어서면 점원은 자동적으로 그들을 잠재적인 소매치기로 보고 경계 태세를 갖춘다. 만약 한 무리의

■ 조셉의 그림

  별종, 괴짜 그리고 아스퍼거 증후군

남자아이들이 미식축구 경기에 가면 경찰은 그들을 훌리건이라고 생각하고 주의해서 지켜본다.

매튜가 말하기를 나이트클럽에 가면 경비원들이 젊은이들이 단체로 오면 싸움을 일으킬 것이라고 생각하고 입장을 시키지 않는단다. 매튜는 요즘 차를 운전하는데 경찰에게 수시로 검문을 당한다. 엄마는 한 번도 멈추라고 한 적이 없는데 매튜는 잘못한 것이 없는데도 수시로 그렇다. 이것은 그의 나이 때문임이 틀림없다. 십대들은 평판이 좋지 않은데 나는 개인적으로 그것이 부당하다고 생각한다. 나와 많은 다른 친구들은 십대 또는 사춘기일 뿐 아니라 또한 '별종'이라는 미묘한 상황에 처해 있다.

한때 누구도 아스퍼거 증후군에 대해서 들어 보았다고 생각하지 않아 알릴 필요가 있었고, 학교와 직장에서 만나는 '공부벌레'와 '별종'이 쉽게 아스퍼거 증후군을 가진 사람으로 오해받는다는 것을 세상에 좀 더 널리 알릴 수 있는 방법이 필요했다. 최근 자폐증이 세상에 좀 더 많이 알려지고 있지만(이해한다고 말하지 않은 것을 주목하라) 여전히 사람들은 아스퍼거 증후군과 그것이 실제로 의미하는 것에 대해서 어렴풋이 알 뿐이다.

모든 사람이 이해하고 싶어 하지도 않고 심지어 다른 사람들을 괴롭히고 웃음거리로 만드는 것을 즐기는 사람들이 항상 있다고 나는 말할 수밖에 없다. '표범은 자신의 점들을 바꿀 수 없다.'(Leopard never changes its spots. 천성은 고칠 수 없다)고들 한다(여러분이 여기서 물러서면 이 둘(이해하고 싶지 않거나 괴롭히는 것을 즐기는) 중 하나가 된다!).

부정적인 평판

아스퍼거 증후군이 있다고 다른 사람에게 말하는 것에 관한 걱정 중 하나는 그것이 정신질환으로 간주될지도 모른다는 것이다. 이것을 읽는 사람 중 정신질환이 있거나 그런 사람을 아는 사람이 있다면 죄송하지만, 그것을 나쁜 식으로 의미하는 것이 아니고 그 반대다! 정신질환을 갖고 있는 사람들이 아스퍼거 증후군을 가지고 있는 사람보다 훨씬 더 나쁜 평판을 가지고 있다고 생각한다. 내 말에 동의하지 않는 사람들이 많겠지만 사람들은 각자 자신의 견해가 있다. 이것은 단지 나의 견해일 뿐이고 결국…… 난 열세 살이고 어쩌면 언젠가는 그 견해가 바뀔 수도 있다. 내가 이렇다고 생각한 것은 정신분열병이나 다른 문제가 있는 사람들에 관한 뉴스나 프로그램의 내용이 항상 그들이 한 부정적인 일들에 대한 것뿐이었기 때문이다. 정신질환이 있는 사람은 대개 아무 이유 없이 사람을 찌르고 돌아다니며 일반적으로 끔찍한 범죄를 저지르는 것으로 묘사된다. 가끔 그들이 거리나 그와 같은 어떤 곳에 사는 이유로 사회가 어떻게 그들을 방치해 왔는지에 관한 논쟁이 뒤따르지만 나는 정신질환을 앓는 모든 사람들이 그러한 범죄를 저지르고 다니지는 않는다고 생각한다. 하지만 벌어지는 그러한 사건들에 대한 평판은 사람들을 걱정스럽게 할 만하다. 결국 아무도 이유 없이 칼에 찔리고 싶지는 않다. 생각해 보니 누구도 **어떤 이유에서든** 찔리고 싶어 하지 않는다!

모든 사람들이 좀 더 분명히 이해하도록 이러한 문제들과 아스퍼

 별종, 괴짜 그리고 아스퍼거 증후군

거 증후군, 자폐증 그리고 주의력결핍 과잉행동장애와 같은 많은 종류의 것들에 대해 가르쳐야 한다. 또한 정신분열병이나 다른 것들로 낙인찍힌 사람들 중 일부가 정말로 자폐 스펙트럼 상에 있는지 그리고 아무도 그들을 제대로 이해하지 못했던 것은 아닌지 나는 의아하다. 정신분열병이나 다른 정신질환들에 대해서 많이 알지 못하지만, 일생 동안 혼란스럽고 오해를 받아 왔던 아스퍼거 증후군을 가진 성인들이 어떻게 심각한 정신질환이 있는 것처럼 보일지는 상상할 수 있다. 확실히 이러한 오해는 우울증도 일으킨다고 나는 확신한다.

엄마는 내가 더 어렸을 때 소리를 지르고 발로 차고 물건들을 던지곤 했는데 그 이유를 몰랐고 그래서 도움이 되어 주지 못했다고 말씀하신다. 엄마는 돌이켜 보니 자신이 몰랐기 때문에 나의 일과(日課)들을 마음대로 바꾸고 끔찍한 감각적 체험들과 나를 흥분하게 만드는 모든 것들에 노출을 시켰다고 말씀하신다. 일생 동안 그렇게 느낀다면 얼마나 끔찍할지 상상할 수 없다. 나는 어딘가에 꽁꽁 숨었을 것이라고 생각한다! 이러한 것들은 단지 나의 생각이고(여기 다시 나의 구실이 등장한다) 아무튼 난 겨우 열세 살이니까.

미디어는 온갖 부정적인 것들로 가득 차 있다. 전국 뉴스는 좋은 이야기들을 거의 방송하지 않는다. 모두 노상 강도, 강간, 살인과 주거 침입 강도에 대한 것뿐이다. 그렇다 해도 개인적으로 사람들의 사교적인 대화에서(내가 사교적인 대화에 참가하는 것은 아니지만 아이들은, 아스퍼거 증후군이 있는 아이들이나 아닌 아이들이나 마찬가지로 부모님이 말씀하시는 동안 근처에 있어야 한다……. 끙!) "오늘 뉴스에서 그것 끔찍하지 않았니?"보다는 "오늘 뉴스에서 그 멋진 사람 봤니?"라는 말이 오가는 것이 훨씬 더 행복할 거라고 생각한다. 나는 세상이 원하는 것이 부정적이어서 미디어가 그런 이야기들을 하는 것인지 아니면 미디어에서 보여 주는 것들이 부정적이어서 세상이 그런 것인지 궁금하다. 닭이 먼저인가? 달걀이 먼저인가? 음울하고 부정적인 일들에 대해 이렇게 넋을 잃다 보니, 자연스럽게 아스퍼거 증후군을 가진 사람이 범죄를 저질렀을 때 뉴스에 보도되고 아스퍼거 증후군을 지닌 모든 사람들이 나쁜 평판을 얻는 것이다. 우리 모두는 그렇게 같은 오명을 쓰게 된다.

규칙은 어기라고 만들어진 것이 아니다

많은 사람들이 아스퍼거 증후군을 지닌 사람이 범죄를 저지를 때마다 이 증후군을 가지고 있으면 범죄를 저지르기 쉽다고 생각할 가능성이 있다. 나는 그것이 전혀 사실이 아니라고 생각한다. 어떤 면에서는 모욕적이다. 사실 **아주 굉장히** 모욕적이다! 아스퍼거 증후군을 지닌 얼마나 많은 사람들이 '공부벌레'나 '빈틈없는 콩(keen bean)'이나 '깔끔이(spiff)'라고 불리는가? 나는 많이 그랬다. 그것은 왜냐하면 우리가 규칙들을 준수하고 심지어 그런 규칙들을 스스로 가지고 있기 때문이다. 보통의 약속과 달리 규칙들은 어기라고 만들어진 것이 아니다. 나는 그것들을 준수한다. 왜냐하면? 정말로 왜 그런지는 말할 수가 없다. 그렇게 하는 것이 안전하게 느껴진다. 우리는 천성적으로 완고하게 생각한다. 아스퍼거 증후군은 평생 동안 지속되는 행동의 방식인데(반드시 그렇게 되지만) 성인이 된다고 해서 갑자기 규칙들을 싫어하게 될 만한 이유가 전혀 없다. 그것은 논리적이지 않다.

아스퍼거 증후군에 관한 일반적인 정의는 아스퍼거 증후군을 지닌 사람은 다른 사람이 느끼고 행동하는 것에 대해 이해하는 데 어려움이 있다는 것이다. 글쎄, 어느 정도까지는 맞는 말이다. 이런 관점에서 아스퍼거 증후군을 지닌 사람이 범죄를 더 잘 저지를 것이라는 의견은, 우리가 다른 사람들을 다치게 하고 화나게 하는 행동을 스스로 알아채지 못한다는 가정하에서 왔다고 추측할 수 있다. 하지만 혹 범죄를 저질렀던 아스퍼거 증후군을 지닌 사람이 있었다 하더라도 대개는 확실히 나를 포함해서 이와는 정반대다. 어떤 사람들은 아스퍼거 증후군을 지닌 사람이 '내가 사람들의 집에 침범하는 것이 법으로 허락되지 않았지만 그들은 내가 가지지 않은 것을 가졌으니 어쨌든 그것을 가져야겠어.'라고 생각할 것이라 생각한다. 그러나 아니다! 아스퍼거 증후군을 지닌 사람은 '법에서 내가 이 집에 침입할 수 없다고 하니까 어쨌든 나는 그것을 따라야지.'라고 생각하기가 더 쉽다. 우리는 규칙을 좋아한다. 규칙은 여러 가지 것들을 더 쉽게 이해하도록 한다. 규칙은 명확하고 안전하다. 아스퍼거 증후군을 지닌 사람들은 다른 사람들보다 생각하는 것에서 훨씬 더 융통성이 없다.

나는 여기서 잘못 이해되어 아스퍼거 증후군을 지닌 사람들이 다른 사람들이 말하는 것을 무엇이든 한다고 받아들이지는 않기를 바란다. 나는 확실히 어떤 것이 다른 사람들과 나의 이익을 위해 만들어진 규칙인지 아니면 학교 아이들 또는 어쩌면 훨씬 더 나이든 사람들 사이에서 통용되는 '규칙' 비슷한 것인지를 구별할 줄 안다. 그래도 내가 항상 좋은 규칙과 나쁜 규칙을 구별할 줄 알았던 것은 아니었고 아스퍼거 증후군을 지닌 많은 다른 친구들도 이와 같은 문제가 있었을 것이라고 생각한다. 어른 여러분, 이것은 여러분들이 개입해야 할 영역이에요. 이러한 것들을 명확하게 아스퍼거 증후군 아이에게 설명하는 것은 여러분의 몫이에요.

만약 누군가가 내게 담배를 피워 보라고 말한다고 그것이 내가 담배를 필 것이라는 것을 의미하는 것은 아니다. 내가 가장 싫어하는 것이 흡연이다. 정부가 그것을 금지하지 않는 유일한 이유는 다른 어떤 것보다 담배세에서 가장 많은 돈을 징수할 수 있기 때문이다. 사람들이 항상 폐암, 폐기종 그리고 담배와 연관이 있는 다른 질병들로 죽는다. 내 나이 또래의 사람들은 '강해' 보이려고 담배를 피운다. 하지만 실제로 나쁜 것에 대해 "아니요."라고 말하지 못하고, 그것에 순한 양처럼 따르는 것은 전혀 '강한' 것이 아니다. 나는 흡연에 대한 모든 사실들을 아는 아스퍼거 증후군을 가진 사람은 담배를 전혀 피우지 않을 것이라고 생각한다. 우리의 폐는 타르에 뒤덮이도록 만들어진 것이 아니다! 그것이 무엇처럼 보이는가보다 실제로 무엇인가를 보아야 한

■ 조셉의 그림

 별종, 괴짜 그리고 아스퍼거 증후군

다고 나는 생각한다.

다른 사람이 여러분들을 절도나 소매치기 같은 범죄를 저지르도록 유혹하려고 할 때도 똑같이 적용될 수 있다. 비록 모든 십대들이 나쁘지는 않지만 십대들은 무리를 지어서 돌아다니는 경향이 있고 그들이 하는 행동의 옳고 그름을 떠나서 가장 무모해 보이는 사람이 점수를 따는 것처럼 보인다. 나는 분명히 계속해서 겁쟁이가 되어, 소매치기를 하거나 마약을 하거나 담배를 피우는 것을 단도직입적으로 거절할 것이다. 나이가 좀 더 들면 술을 마실 수도 있겠지만 절제해서 할 것이다. 비록 언젠가는 나도 취할 수도 있을 거라고 생각하지만 말이다. 난 아직 겨우 열세 살이니(아직 내가 말하지 않았나? …… 빈정거림) 지금 그것에 대해 많은 것을 말할 수는 없다.

여러분이 담배를 피우지 않거나 소매치기를 하지 않아서 별종, 겁쟁이, 공부벌레 또는 괴짜라고 불릴 때 스스로에게 미소를 짓고 '이봐, 나는 폐암에 걸리거나 소년원에 가지 않을 거야.'라고 생각하면서 하던 일을 계속하라. 만약 여러분이 친구를 사귀게 된다면 여러분이 나쁜 일을 하기를 기대하는 사람은 아닐 것이다. 친구는 여러분을 있는 그대로 받아들여 줄 것이다. 기묘한 것과 그 밖의 모든 것들을!

아스퍼거 증후군 청소년을 위한
도덕적 숙고

1. 제일 중요한 일을 먼저 하라. 여러분은 아스퍼거 증후군을 가지

고 있어 다르다는 것을 명심하라. 다르다는 것은 쿨한 것이다. 더 어리석거나 못생기거나 더 재미없는 것이 아니라 순수하게, 단순히 다른 것뿐이다. 만약 모든 사람이 똑같이 생겼고 똑같이 생각하고 똑같이 행동한다면 얼마나 삶이 지루하겠는지 생각해 보라.

2. 여러분이 아스퍼거 증후군이나 다른 어려움들을 가졌는데, 그런 것들만 없으면 다른 사람들보다 우월할 것이라고 생각하지 마라. 편견은 쌍방으로 작용한다.

3. 성경에 있는 황금률은 '자신에게 하듯이 남에게도 하라.'이다. 나의 해석이라는 것을 알고 여러분은 확신하지 않을 수도 있지만 여러분이 자신에게 하고 싶지 않은 일을 다른 사람에게 요구하지 말라는 뜻이다. 좋은 규범이라고 생각한다.

4. 인기를 얻기 위해서나 여러분이 가지고 있는 어려움을 덮으려고 자연스럽지 않은 일을 하려고 하지 마라.

5. 다른 사람이 준비가 되지 않았거나 충분한 나이가 되지 않았는데 여러분에게 성관계나 그와 같은 것을 하도록 강요하게 놔두지 마라. 영국에서는 적어도 여러분이 16세가 되어야 한다고 규정한 것을 기억하라. 다른 나라들은 어떤지 모르겠다. 그것은 여러분이 16세가 되자마자 성관계를 맺어야 한다는 것을 의미하는 것이 아니다. 여러분이 훨씬 더 어른이 된 다음에 해도 상관없다.

6. 불법적인 마약은 단 한 번이라도 여러분을 죽게 할 수 있다는 것을 기억하라. 그런 것들을 해 보라는 말을 듣지 마라.

7. 니코틴이 헤로인보다 더 중독성이 심하다는 것과 한 개피의 담

 별종, 괴짜 그리고 아스퍼거 증후군

배를 피웠다가 끊을 수 없게 될 수도 있다는 사실을 기억하라. 아니라고 말할 수 있는 힘을 가져라!

그리고 어떤 것들은 더 나아질 수도 있지만 길게 보면 완전한 혼란에 빠질 수도 있기 때문에 원하는 것이라고 그냥 덥석 취하면 안 된다는 것을 우리는 기억해야 한다. 탐욕스럽게 너무 많이 먹으면 오히려 금방 더 배가 고파진다. 물건들은 더 빨리 없어진다. 사람들은 모든 것을 너무 많이 취해서, 화석연료와 같은 것들은 이제 고갈되어 간다. 그것 때문에 전 세계가 심각한 상태에 빠진다. 어떤 나라의 사람들은 다른 나라 사람들이 비만 때문에 생긴 심장마비로 죽어 갈 때 먹지 못해서 죽는다. 세상은 정말 불공평하게 이루어져 있고, 다른 사람들에 대해 대단한 권력을 행사하며 국가를 소유하기를 원하는 힘 있는 사람들과 정부들로 가득 차 있다.

이 장을 겸손하게 나는 전혀 완벽하지 않다고 설명하면서 끝마치고 싶다(내가 이것을 쓸 때 나의 형과 누나, 동생들이 동의하면서 열심히 고개를 끄떡이고 있을 것이다.). 나는 이 책을 읽는 여러분들이 내가 세상의 문제들에 대해 점잔을 빼며 말하는 착한 사람이라고 생각하는 것은 싫다. 가끔 나는 정말로 해서는 안 되는 일을 하고 나서 실수한 것에 대해 화를 낸다! 나는 전혀 완벽하지 않고 거짓말도 하고 가끔 선반에서 물건들을 '훔치기'도 한다. 하지만 결코 내가 범죄를 저지르기 쉬운 경향이 있는 것 같다고 생각하지는 않는다. 나는 법규를 어기는 것을 꿈도 꾸지 않으며 다른 사람들이 다친다는 것을 알면서 어떤 것을 원하지도 않는다. 내가 할 수 있는 유일한 것은 선반에서

비스킷을 꺼내고 곤란에 빠지지 않으려고 그러지 않은 척하는 것이다. 가끔 유혹이 너무 심해서 침실 문을 닫고 전등이나 라바 램프(lava lamp)를 켜고 책과 비스킷 한 봉지를 가지고 자리를 잡는 것말고는 다른 것이 없다. 물론 그때는 내가 정말 잠을 들어야 할 때였다. 내가 비밀을 폭로했네요! 심지어 여러 가지의 문제들을 유발할 수 있는 글루텐과 카세인이 있는 비스킷을 너무 먹고 싶어 가져온 적도 있었다. 그렇지만 일반적으로 내가 먹는 것은 글루텐과 카세인이 없는 비스킷이다.

CHAPTER 15

마지막으로 전하는
희망적인 메시지

내가 여러분 중 누구라도, 조금이라도 별종이 아닌 것처럼 느끼게 했나요? 적어도 여러분이 혼자가 아니라고 느끼게 했나요?

만약 그렇다면 이 책을 쓴 것은 잘한 일이다. 루크 잭슨, 일어나서 자신의 등을 토닥여 주며 격려해라. 아뿔싸, 나의 겸손함에 약간의 착오가 있네요!

이 책을 쓰는 것은 생소한 일이었지만 내게 유익했듯이 독자 여러분에게도 유익했기를 바란다. 나는 지금 초등학교 시절 했던 게임들에 대해서 쓰면서, 부모님들에게 아스퍼거 증후군 아이들이 어떻게 생각하는지에 대해 알려 드리려고 노력하고 있다. 그때는 트럭이 붐비는 차선을 맹렬하게 달려가듯이 나를 흥분시키는 호르몬이 '쾅!' 하고 문득문득 솟구쳤었다. 그러는 동안 내가 할 수 있는 것은 깜짝 놀란 토끼처럼 그 자리에 가만히 있는 것이었다. 이와 같이 글을 쓰는 것이 아무리 기묘하고 혼란스러워도 새로운 나를 찾는 일을 내가 약간은—적어도 언젠가는—좋아한다는 것을 인정해야겠다. 하지만 아직도 나는 가끔 내 발라클라바(balaclava)와 연필이 가져다주는 안전을 열망하곤 한다.

이것은 아스퍼거 증후군을 지닌 십대들뿐만 아니라 다른 십대들에게도 적용될 수 있다. 여러분에 대해서 잘 모르지만, 어떤 날에는 아침에 일어나 꽤 컸다고 느끼고 어른이 되는 길을 잘 가고 있다고 느꼈다가 다른 날에는 내 자신이 매우 어리고 어리석다고 느끼는 경우가 있을 것이다. 엄마는 종종 내가 하루 종일 기분이 나빴다고 말씀하시고(나는 궁지에 몰렸다고 느꼈다!) 나는 그러한 종류의 기분을 조절하기가 힘들다. 그러한 감정들에 압도될 뿐이다. 그래도 나는 세상에서 가장 변덕스러운 십대 상(償)을 수상할 만한 사라 누나와는 비교가 안 된다(미안, 사라 누나! 누나는 참 사랑스러워. 그렇지만 이건 사실이잖아!).

대부분의 사람들이 누군가 자폐증이나 아스퍼거 증후군을 언급할 때 영화 〈레인맨(*Rain Man*)〉을 기억하는 것은 성가신 일이다. 잘 알지 못하는 사람들에게(많다고 생각하지 않지만) 그 영화는 카드가 바닥에 떨어지기도 전에 정확한 숫자를 말하는, 놀라운 묘기를 보이는 아스퍼거 증후군을 지닌 남자를 보여 준다. 한 번도 배워 본 적이 없음에도 불구하고 눈부신 피아노 연주를 하는 남자와 단 한 번 본 건물들을 세밀한 부분까지 완벽하게 그려 내는 놀라운 능력을 가진 소년이 나오는 방송 프로그램들도 있었다. 이것은 환상적인 일들이지만

'서번트 자폐증(savant autistics)'이라고 불리는 이러한 사람들은, 다른 사람들에 비해 능력이 낮거나 평균이거나 평균 이상인 아스퍼거 증후군을 지닌 사람들 중에 극히 일부다.

나는 이 책을 읽는 아스퍼거 증후군을 지닌 여러분에 대해서 전혀 모른다. 하지만 이러한 방송 프로그램들은 나를 우울하게 만든다. 그 프로그램들은 나를 멍청함과 괴팍함만 있고 천재성은 전혀 없는 사람처럼 느끼게 한다! 모든 소녀들을 신음하게 만드는 그런 어떤 굉장한 재능이 있다면 어떻게 쿨하지 않을 수 있겠나! 모든 소년들이 그렇게 꿈꿀 수 있다! 이러한 프로그램들은 보통 사람들에게 우리가 모두 어떤 초자연적인 능력을 가지고 있어야만 하고, 그것은 아무 쓸모가 없다는 생각을 심어 줄 수 있다. 부모님들, 제발 자폐증 또는 아스퍼거 증후군을 지닌 여러분의 아이에게 이러한 재능이 불쑥 튀어나오기를 기대하지 마세요. 그들은 어떤 돋보이는 재능을 가지지 않았을지도 모른다. 하지만 그렇다고 그들이 '서번트'들에 비해 못한 인간이 되는 것은 아니다. 우리는 모두 각자의 방식으로 놀랄 만큼 특별하다. 나는 여기에서 아스퍼거 증후군을 지닌 사람들이 보통의 일반적인 사람들보다 우월하다는 태도는, 아스퍼거 증후군을 지닌 사람들이 뭔가 다르다는 이유로 열등하다고 판단하는 태도와 마찬가지로 편견이라는 것을 반드시 이야기하고 넘어가야겠다.

이것을 읽는 모든 아스퍼거 증후군 여러분, 사람들이 당신과 당신의 아스퍼거 증후군을 받아들이고 이해하려고 노력하기를 바라는 만큼 당신도 또한 다른 사람들의 차이점을 받아들이고 이해하려고 노력해야 된다는 것을 기억하세요. 만약에 그들이 당신을 이해하지 못한다면 그들은 당신을 도울 수 없다. 사람들을 가르치는 일은 우리에게 달려 있다. 아스퍼거 증후군이 아닌 사람들이 돕는답시고 하는 일은 대체로 우리를 이해하려고 노력조차 하지 않고 우리를 소수라고 한정 짓고 열등하다고 추정한 채 이루어진다. 이것은 매우 잘못된 것이다. 내 여동생의 말이나 행동 그리고 행동하는 방식은 나에게 낯설고 이상하게 느껴진다. 하지만 나는 장난에 대한 그녀와 나의 생각이 다르고 그녀가 사물을 이해하는 방식이 나와 완전히 다르다는 것을 받아들인다. 어떤 것도 다른 것에 비해 우월하거나 열등하지 않다. 차이점에 대해 배우는 데 편협하고 옹졸한 자세는 나쁜 것이라고 엄마는 항상 말씀하신다. 정말 지혜로운 말이다!

어떤 사람들은 그저 이해하는 데 관심이 없고 정말로 누군가를 괴롭히는 것에서 큰 쾌감을 얻는다는 것을 우리 모두 알고 있다. 세상에는 나쁜 사람들이 많이 있지만 또한 좋은 사람들도 많다. 개인적으로는 나쁜 사람들보다 좋은 사람들이 많다고 생각한다. 긍정적이기 위해 노력하고 좋은 점에 집중하라. 그리고 오해나 오해받는 것에 싫증나고 지칠 때 정신적으로 자기 자신에게 큰 기쁨을 줘라. 하루를 끝내고 마음 편히 쉬어라. 그것이 여러분에게 가장 좋다. 나는 플레이 스테이션을 하거나 책을 읽는다. 날씨가 따뜻해지면 밖으로 나가서 트램펄린에서 뛴다. 우리는 큼직한 그물이 있는 풀 사이즈 트램펄린을 가지고 있다. 나는 종종 낙엽처럼 걱정 근심이 땅으로 다 떨어지도록 거기에서 그저 콩콩 뛰거나 누워 있다. 여러분을 위한 일이면 무엇이든지 하라. 여러분 자신의 스트레스 해소법을 고안하는 것이

 별종, 괴짜 그리고 아스퍼거 증후군

필요하다.

어떨 때 나는 학교에서 집으로 돌아오자마자 또는 잠에서 깨어나 침대에서 나오면서 꼼짝도 하지 않고 하나의 사물을 자세히 바라본다. 자폐 스펙트럼 장애가 없는 사람들은 종종 매일 반복되는 생활에 스스로 분주하고 우리의 세상에 대해 속속들이 인지하지 못하는 것처럼 보인다.

어느 광고에서 보았던 문구, 하지만 이것은 실제로는 윌리엄 헨리 데이비스(1871~1940)가 쓴 시의 일부다. '근심으로 가득 차 멈추어 서서 바라볼 시간이 없다면 그것이 무슨 인생일까.' 나는 종종 바로 그것을 실행한다. 멈추어 서서 바라보는 것. 건물들이 얼마나 매혹적인지, 식물들과 나무들이 얼마나 매력적인지……. 그토록 많은 서로 다른 모양, 면 그리고 각들이 모여서 하나의 전체를 이룬다. 마룻바닥의 한 부분을 얼마 동안 응시하면 눈을 가늘게 뜨고 보거나 고개를 돌리는 것만으로 다른 이미지들이 만들어진다.

나는 이것이 어떨 때는, 특히 여러분이 어떤 일에 매우 집중하려고 할 때 문젯거리가 된다는 것을 깨달았다. 여러분이 주위의 물건들의 차이점을 인지할 때 당신의 집중력은 흐트러진다. 이것은 특히 시험이나 수업시간 때 귀찮게 하는데 여러분이 과제에 집중할 수 있도록 여러분의 시선을 매혹시키는 것을 막는 방법을 찾아내는 것이 좋다. 하지만 이 모든 것을 다 고려해도 멈추어 응시하는 것은 내 자신과 아스퍼거 증후군의 특성에서 내가 제일 좋아하는 것 중의 하나다.

십대의 경험은 나를 둘러싼 세상, 특히 세상의 어떤 구성원에 대해 조금 더 인식하게 만들었다. 청소년들의 풍습이 나에게는 도달하기 어렵고 매력적이지도 않지만 나는 점점 그것에 맞추는 것에 능숙해지고 있다. 실제로 이러한 감정들이 나날이 변한다는 것을 나는 인정해야만 한다. 종종 나는 나의 진단명에 대해서조차 의문을 가지고 그것이 잘못된 것은 아닌지 궁금해한다. 하지만 다른 날에는 내가 정말로 세상에서 제일 별종 같다고 느낀다. 사실 나는 97~99퍼센트의 시간을 컴퓨터에 대해 생각하는 데 보낸다. 그 나머지 시간 동안 내가 무엇에 대해 생각하는지 여러분이 짐작할 수 있을까?

나는 이 책의 처음에서부터 끝까지 매우 긍정적이려고 노력했다. 그리고 내면의 평화를 위한 열쇠(히피처럼 들리지 않아요? 오~예!)는 여러분 자신, 여러분의 강점과 약점 모두를 알아채는 것이라고 믿는다. 내가 열심히 노력하는 것에 얼마나 싫증을 내며 종종 그냥 시간을 낭비한다는 것을 말하지 않는다면 정직하다고 할 수 없을 것이다. 나는 컴퓨터 속 나만의 세상 안에 내 자신을 가두고, 엄마는 무엇이든지 한 가지 일에 지나치게 강박적인 것은 건강하지 않다고 말씀하시기 때문에 논쟁은 여전히 계속된다. 엄마가 옳을 수 있다. 아마 엄마가 옳을 것이다. 하지만 지금은 그것이 나의 방식이다. 분명히 말하는데 나는 완벽한 적이 없었고 단지 열세 살짜리일 뿐이다.

이 책의 마지막에서 진심으로 하고 싶은 말은(그리고 여러분에게 마지막으로 매우 우스꽝스러운 심상을 주자면) 다음과 같다.

무엇을 하든지 자기 자신을 믿어라. 힘써 일하고 힘든 상황을 버텨라(Keep your nose to the grindstone and your head above water. 관용구

 별종, 괴짜 그리고 아스퍼거 증후군

로, 직역하면 '여러분의 코를 숫돌로 향하고 머리를 물 위로 내밀어라.').
힘이 들어 멈추어 설 때 한숨 돌리고 기억하라. 아직 완전히 끝난 것
은 아니다!

A lick and a promise.

날림으로 하다.

Being economical with the truth.

완전히 정직하지 않다.

Bear with me.

인내를 가져라.

Bark is worse than their bite.

어떤 사람이 화가 난 것처럼 보이지만 실제로는 꽤 친절하다.

Better to have loved and lost(than to have never loved).

짧은 시간일지라도 사랑을 하는 것이 당신을 더 나은 사람으로 만들어 준다.

Call a spade a spade.

어떤 것을 있는 그대로 묘사하기 위해 꾸밈없이 말하다. 이것은 기원전 300년 전부터 사용되어 왔고 'spade'라는 용어는 '흑인'을 의미하는 속어다.

Catch-22.

조지프 헬러(Joseph Heller)의 소설. 광기스러운 전쟁의 현장에서 군 복무를 이탈하려고 했던 누군가가 어떻게 이성적으로 행동할 수 있었고 미지치 않을 수 있었나에 대한 이야기. 이렇게도 저렇게도 할 수 없는 상태, 진퇴양난(進退兩難)의 딜레마

Cut your nose off to spite your face.
누군가를 괴롭히거나 피해 입히는 것은 곧 자신에게 손해를 끼친다(누워서 침 뱉기).

Don' t cry over spilled milk.
이미 지나간 것에 대해 걱정하는 것은 쓸모없다(엎질러진 물은 담을 수 없다.).

Face like thunder.
매우 화난 표정으로

Feeling under the weather.
기분이 나쁘다.

Fishing for compliments.
누군가가 여러분을 칭찬하도록 노력하다.

Forking out for.
～을 위해 돈을 지불하다.

Getting the sack.
해고당하다.

Grasshopper mind.
사람의 마음이 몇 초 사이에 한 가지 주제에서 다른 주제로 옮겨다니는 것을 의미
한다. 곧 마음이 산만하다.

Get off your high horse.
잘난 척하지 말라.

Get out of bed on the wrong side.
아침부터 예민하다. 기분이 좋지 않아 신경질적이거나 예민하게 행동하다.

 관용구에 대한 설명

Getting on like a house on fire.
서로를 무척 좋아해서 금방 친구가 되다.

Grabbing the bully by the horns.
단호해지고 감정을 억제하라.

Hand on heart.
온전히 정직하게

In my heart of hearts.
마음속 깊이

It isn't over till the fat lady sings.
여러분이 끝났다고 하기 전에는 끝난 것이 아니다.

It never rains but it pours.
어려운 일이 잇따라 일어난다(설상가상(雪上加霜)).

Keep your nose to the grindstone.
열심히 일하는 데 집중하다. 이것은 셰필드에 사는 칼 가는 사람들이 숫돌을 그들의 코 방향으로 둔 사실에서 기인했다.

Keep your head above water.
힘든 상황을 버티다.

Labour the point.
한 가지 주제에 대해 계속해서 추구하다.

Laughing stock.
웃음거리(나의 동생 조는 이것을 우습게 생각할 것이다. 그는 항상 "내 엉덩이에 키스해."라고 이야기한다.)

Leopard never changes its spots.
어떤 사람들은 결코 변하지 않는다.

Loose lips sink ships.
부주의한 대화는 적에게 정보를 줄 수 있다는 뜻으로, 제2차세계대전 시 사용된
슬로건

Many hands make light work.
많은 사람들이 함께 일하면 일이 쉬워진다(백지장도 맞들면 낫다.).

More than one way to skin a cat.
어떤 일을 하는 데에는 많은 방법들이 있다.

On cloud nine.
매우 행복하게

On the tip of my tongue.
생각이 날 듯 말 듯

Plain sailing.
아주 쉽게

Pie in the sky.
불가능한 꿈

Pigs might fly.
어떤 일이 일어날 가능성이 전혀 없다.

Rolling in it.
부자가 되다.

 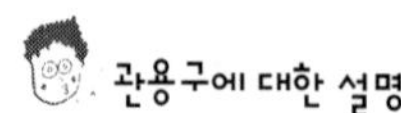 관용구에 대한 설명

Setting the ball rolling.

일을 시작하다.

Stick out like a sore thumb.

눈에 잘 띄다. 두드러지다.

Take a breather.

휴식을 취하다.

Teaching your granny to suck eggs.

이미 그것에 대해 많은 것을 알고 있는 사람 앞에서 아는 체한다(공자 앞에서 문자 쓴다.).

The ball is in your court.

어떤 일이 완성되기 전에 누군가가 스스로를 위해 결정을 내려야 하는 때(자, 자네 차례야.)

Throwing a wobbly.

갑자기 매우 화나다.

Too many cooks spoil the broth.

함께 일하는 것이 좋다고 할지라도, 너무 많은 사람들이 하려 들면 그 일을 망칠 수 있다(사공이 많으면 배가 산으로 간다.).

Why have a dog and bark yourself?

다른 누군가가 대신 어떤 일을 하도록 할 수 있을 때 왜 너 스스로 그 일을 하니?

Attwood, T. (1998). *Asperger's Syndrome: A Guide for Parents and Professionals.* London: Jessica Kingsley Publishers.

Blakemore-Brown, L. (2001). *Reweaving the Autistic Tapestry: Autism, Asperger Syndrome and ADHD.* London: Jessica Kingsley Publishers.

Cumine, V., Leach, J., & Stevenson, G. (1999). *Asperger Syndrome: A Practical Guide for Teachers.* London: David Fulton.

Cumine, V., Leach, J., & Stevenson, G. (2000). *Autism in the Early Years: A Practical Guide.* London: David Fulton.

Dowty, T., & Cowlishaw, K. (2001). *Home Educating Our Autistic Spectrum Children: Paths are Made by Walking.* London: Jessica Kingsley Publishers.

Fullerton, A., Stratton, J., Coyne, P., & Gray, C. (1996). *High Functioning Adolescents and Young adults with Autism: A Teacher's Guide.* Austin, TX: PRO-ED.

Grandin, T. (1995). *Thinking in Pictures and other Reports of my Life with Autism.* New York: Vintage Books.

Hall, K. (2000). *Asperger Syndrome, the Universe and Everything.* London: Jessica Kingsley Publishers.

Hansen, M., & Hansen, J. (1998). *E is for Additives.* London: Harper Collins.

Holliday Willey, L. (1999). *Pretending to be Normal: Living with Asperger Syndrome.* London: Jessica Kingsley Publishers.

Jackson, L. (2001). *A User Guide to the GF/CF Diet for Autism, Asperger*

Syndrome and AD/HD. London: Jessica Kingsley Publishers.

Le Breton, M. (2001). *Diet Intervention and Autism: Implementing the Gluten Free and Casein Free Diet for Autistic Children and Adults.* London: Jessica Kingsley Publishers.

Lewis, L. (1999). *Special Diets for Special Kids.* TX: Future Horizons(distributed in the UK and Europe by Jessica Kingsley Publishers).

Martin, J. M. (2000). *Complete Candida Yeast Guide Book.* London: Prima.

Seroussi, K. (2000). *Unravelling the Mystery of Autism and Pervasive Developmental Disorder: A Mother's Story of Research and Recovery.* New York: Simon & Schuster.

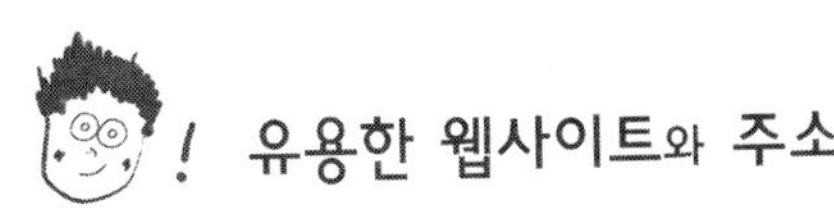

- 자폐증, 아스퍼거 증후군 및 주의력결핍 과잉행동장애 관련 웹사이트

  ° www.add.org
  국립 주의력결핍장애협회(National Attention Deficit Disorder Association)

  ° www.autism.org
  사회적 이야기(social story)에 대한 모든 것이 있는 웹사이트, 꼭 한 번 가 보세요.

  ° www.dyspraxiafoundation.org.uk
  통합운동장애에 대한 필요한 모든 정보가 있다.

  ° www.hyperlexia.org
  다독증(어린 나이에 책에 너무 빠시는 능력)에 대한 많은 정부 및 관련 사이트들이 링크되어 있다.

  ° melbourne.citysearch.com.au/E/V/MELBO/0073/33/39/1.html
  얼렌 난독증센터

  ° www.members.tripod.com/~Rsaffran/index.html
  응용행동분석(applied behavioural analysis: ABA)에 관한 모든 것이 있다.

  ° www.ocfoundation.org
  강박증 재단(Obsessive Compulsive Foundation)

˚**www.nas.org.uk**

국립 자폐증학회(National Autistic Society)

˚**www.pyramidproducts.com**

그림교환 의사소통 시스템(Picture Exchange Communication System: PECS)에
대한 정보가 있다.

˚**www.tonyattwood.com.au**

아스퍼거 증후군의 모든 측면에 대한 많은 정보가 있는 토니 애트우드의 홈페
이지. 숙제에 관한 4페이지는 반드시 읽어 보아야 한다.

˚**www.trainland.triapod.com**

필요한 많은 웹사이트를 검색할 수 있다.

• **홈스쿨링 관련 웹사이트**

˚**www.education-otherwise.org**

대안 홈스쿨링에 관한 정보가 있다.

˚**www.he-special.org.uk**

영국의 홈스쿨링에 대한 자료가 있다.

˚**HE-SPECIAL-UK@yahoogroups.com**

홈스쿨링과 학교 문제를 가진 사람들을 위한 인터넷 기반 지지 그룹

• **왕따 관련 웹사이트**

˚**www.bullying.co.uk**

왕따에 대한 모든 종류의 조언과 지원이 있는 영국 웹사이트

° **www.ilgitaekwondo.org**

내가 속해 있는 태권도 도장 웹사이트

° **www.kukkiwon.or.kr**

세계태권도본부 국기원

° **www.successunlimited.co.uk**

왕따와 관련해 여러분이 할 수 있는 모든 것이 있는 웹사이트

° **www.theappleaday.co.uk**

왕따, 건강, 피트니스, 공포증 그리고 다른 여러 가지 것들에 관한 많은 사이
트가 링크되어 있다. 지저분하지만 정보가 많다!

• **음식과 의료 관련 웹사이트**

° **www.autism.com/ari**

샌디에이고에 있는 자폐증 연구기관. 자폐증에 대한 최근 연구들에 대한 정보
가 있다. DAN(Defeat Autism Now) 설립자들의 협의회

° **www.autismmedical.com**

알레르기에 의한 자폐증에 대한 유용한 자료와 포럼이 있는 웹사이트

° **www.feingold.org**

미국과 전 세계에서의 페인골드 식이요법(the Feingold diet)에 대한 모든 것들
이 있다.

° **www.gfcfkids@yahoogroups.com**

전 세계 어디에서든지 무(無) 글루텐/카세인 식이요법의 적용을 위한 인터넷
기반 지지 그룹

° **www.gfcfkidsuk@yahoogroups.com**
무 글루텐/카세인 식이요법과 다른 형태의 생물의학적 개입의 적용을 위한 영
국에서의 인터넷 기반 지지 그룹

° **osiris.sunderland.ac.uk/autism**
선더랜드 프로토콜(Sunderland Protocol, 생물의학적 개입의 합리적 단계)을 보유
하고 있는 자폐증 연구단체

• 자폐증과 아스퍼거 증후군 관련 센터 주소

° **Asperger Syndrome Coalition of the US**
ASC–US, Inc. PO Box 49267, Jacksonville Beach, FL 32240–9267, USA
Tel: 866 4ASPRGR or 866 427 7747

° **Autism Society of America**
7910 Woodmont Avenue, Suite 300 Bethesda, MD 20814–3067, USA
Tel: 800 3AUTISM or 301 657 0881

° **Education Otherwise**
PO Box 325, Kings Lynn, PE34 3XW, UK
Tel: 0845 478 6345

° **Home Education Advisory Service(HEAS)**
PO Box 98, Welwyn Garden City, Herts AL8 6AN, UK
Tel: 01707 371854
Fax: 01707 338467

° **National Autistic Society**
393 City Road, London EC1V 1NG, UK
Tel: 020 7833 2299
Fax: 020 7833 9666

• 음식과 의료 관련 센터 주소

° **Allergy Induced Autism(AIA)**

11 Larklands, Longthorpe, Peterborough PE3 6LL, UK

Tel: 0845 1300004

Fax: 01733 331771

° **Alternative Therapy Network**

1120 Royal palm Beach, Blvd. 283, Royal palm Beach, FL 33411, USA

° **Autism Research Unit**

Department of Pharmacy Health & Well-being, Faculty of Applied
Sciences, University of Sunderland, Sunderland SR1 3SD, UK

Tel: 0191 515 2581

° **Feingold Association of the USA**

554 E. Main Street, Suite 301, Riverhead, NY 11901, USA

Tel: 631 369 9340

° **Hyperactive Children Support Group(HACSG)**

71 Whyke Lane, Chichester, West Sussex PO 19 7PD, UK

Tel: 01243 539966

Fax: 01243 552 019

° **International Health Foundation**

PO Box 3494, Jackson, TN 38303, USA

Tel: 901 427 8100

Fax: 901 423 5402

주의력 결핍장애(ADD)와 주의력결핍 과잉행동장애(ADHD)에 대한 알레르기 및
영양학적 접근과 관련된 책과 정보를 제공

아스퍼거 증후군, 그 낯선 이름에 대하여

30~40대인 부모들은 학교에서 꺼벙이라는 별명을 가진 친구들을 한두 명쯤 기억할 수 있을 것이다. 순진한 듯하기도 하고 엉뚱하기도 하지만 관심이 있는 분야에 대해서는 만물박사고, 굼뜨고 운동을 잘 못하고, 다른 아이들이 뭐라고 하든 그다지 관심이 없는 그런 친구들이 있었다. 이런 친구들은 대부분의 아이들과 다른 별난 행동들 때문에 왕따를 당하기도 하고 억울하게 오해를 받기도 했다.

꺼벙이의 사전적 정의는 성격이 야무지지 못하고 조금 모자란 듯한 사람을 낮잡아 이르는 말이다. 이는 '꺼병이'에서 유래되었다고 하는데, 꺼병이는 못생긴 외모에 암수 구분도 안 되는 꿩의 어린 새끼를 뜻하는 말이다. 꺼벙이가 사람들에게 널리 사용되게 된 것은 1970년대 길창덕 선생님의 만화 『꺼벙이』를 통해서다.

그런데 요즘 이런 친구들보다 좀 더 심각한 형태를 아스퍼거 증후군(asperger's syndrome)이라는 이름으로 설명하고 있다. 그리고 그들을 이해하고 그들이 자신의 약점을 보완하고 강점을 최대한 발휘할 수 있도록 도울 수 있는 길이 열리고 있다.

아스퍼거 증후군은 아직 많은 사람에게 생소한 단어다. 최근 아스퍼거 증후군에 관한 몇몇 책들이 번역돼 소개돼서 일반인들에게 점차 알려지기 시작하였고 인터넷 공간을 통해 많은 부모들이 여러 가지 정보를 접하고 있다. 네이버에 '**아스퍼거 가족모임방**'이라는 카페는 우리나라에서 가장 회원 수가 많은, 아스퍼거 자녀를 둔 부모들이 만든 자조모임으로 활발히 운영되고 있고 몇몇 부모들의 열정적인 활동으로 많은 자료와 정보를 보유하고 있다.

한스 아스퍼거, 희망의 메시지

한스 아스퍼거는 오스트리아의 빈에서 소아과 의사로 일하며, 소아에서의 반항적/비정상적 발달에 대해 큰 관심을 가지고 있었다. 그는 치유교육학(heilpadagogik)의 열렬한 지지자로서 그의 클리닉에서는, 특히 사회적 상호작용(social interaction)에 어려움을 보이고 행동문제를 가진 어린 소년들을 대상으로 교육적 형태의 개입이 두드러졌다. 1944년 한스 아스퍼거는 정상 지능과 정상적인 언어발달이 있지만, 자폐증과 유사한 행동을 보이고 사교기술 및 의사소통 기술에 현저하게 어려움이 있는 남자아이들에 대해 자폐적 정신병질(autistic psychopathy)이라고 명명한 논문을 발표하였다. 하지만 그의 연구는

 역자 후기

그가 죽은 지 1년 후 영국의 자폐증 전문가인 로나 윙(1981)이 34명의 환아를 '아스퍼거 증후군'이라고 명명한 논문을 발표하면서 세계적으로 알려지기 시작했다.

아스퍼거 증후군은 미국의 『정신장애의 진단 및 통계편람(DSM-IV)』에 1994년에야 수록되어 전문가와 일반인들에게 알려진 지 불과 10여 년밖에 되지 않았다. 지난 10년간 아스퍼거 증후군에 대한 수백 편의 과학적 논문이 출판되었다. 인접 분야의 발전도 아스퍼거 증후군에 대한 보다 나은 이해를 가능하게 했고 보다 복잡하고 복합적인 양상을 띠게 되었다. 고기능 자폐증(high-functioning autism), 의미-화용론적 언어 장애(semantic-pragmatic disorders), 비언어적 학습 장애(non-verbal learning disability), 우뇌 기능부전(right-hemisphere dysfunction), 병리적 요구 기피(pathological demand avoidance), 강박 성격장애(obsessive-compulsive personality disorder), 주의력과 운동기능 및 감각 결핍(deficits in attention, motor control and perception: DAMP), 주의력결핍 과잉행동장애(attention deficit/hyperactivity disorder: ADHD), 사회성 부족과 학습장애를 가진 소녀(girls with social deficits and learning problems) 등 많은 용어들은 비교적 새로운 것이며 아스퍼거 증후군과 겹치거나 공유하는 증상과 핸디캡으로 이어지는 양상이나 기능 손실을 언급한다. 정신의학에서 사용하는 아스퍼거 장애의 진단의 핵심은 '**사회성 부족**'이라고 하겠다. 그래서 아스퍼거 증후군을 **사회 학습장애**(social learning disability)라고 부르기도 한다. 이것이 아스퍼거 장애를 넓은 의미의 **자폐 스텍트럼 장애**의 일부에 포함시키는 이유다. 인접 분야에 흩어져 연구되던 내

용들이 아스퍼거 장애라는 큰 이름 아래에서 서로 소통하고 함께 연구되어 아이들을 도울 수 있는 체계적인 방법으로 발전해 가는 것은 반가운 소식이다.

한스 아스퍼거는 아스퍼거 증후군 아이들과 특별한 친화력을 가졌는데 그것은 그 자신이 아스퍼거 증후군의 전형적인 경우로 간주되는 성격 특성의 많은—아마 모든—면을 가졌기 때문이라고 이야기된다. 그의 딸과 스웨덴의 아스퍼거 증후군 전문가인 길버그 그리고 영국의 자폐증 전문가인 프리츠가 함께한 면담에 따르면, 한스 아스퍼거는 사회적 관계에서의 완고한 태도, 일상의 규칙을 지키려는 극단적인 요구 등의 지나친 완벽주의를 가지고 있었다고 한다. 하지만 그의 이러한 특성이 자신의 어려움을 극복하고 비슷한 처지에 있는 다른 사람들에게 도움이 되는 길을 열었다는 점에서 아스퍼거 증후군 또는 장애가 아이들에게 낙인이 아니고 희망이라는 메시지를 주는 듯하다. **'세상은 한 사람에 의해 구원된다.'** 는 말처럼 우리 한 명 한 명이 자신의 어려움을 품고 최선을 다해 살아간다면 그것은 나아가 서로에게, 세상을 위해 큰 의미가 될 것이다.

중학교, 우리 아이들의 꿈을 위해

개인 클리닉을 운영하고 '아스퍼거 가족모임방'의 상담의를 맡으면서 세 살부터 대학원생까지 다양한 연령대의 아스퍼거 증후군을 지닌 많은 사람들을 만나게 되었다. 그들을 만나며 우리의 아이들에게 가장 힘든 시기는 중학교 때인 것 같았다. 중학생이 되면 공부량

 역자 후기

이 늘어나는 것은 물론이고 또래 사이의 압력도 최고조에 이르고 아이들 스스로 청소년기를 겪으면서 많은 변화를 경험하게 되는데, 이때 우울증을 겪거나 폭발적으로 화를 내면서 학교 적응에 어려움을 보이고 학교를 휴학하게 되는 경우도 생긴다.

하지만 우리나라에서는 이런 아이들을 위한 대안교육 등 사회적 안전망이 너무도 미비하고 홈스쿨링 등 대부분을 부모가 직접 감당해야 하는 상황이다. 초등학교 입학 전부터 다양한 치료를 접하고 부모와의 관계가 튼튼한 아이들은 학교생활에 비교적 쉽게 적응할 수 있다. 치료적으로는 개인면담 치료와 약물치료가 가장 효과적인 것으로 보이며 또래끼리 함께하는 사회성 그룹도 시도되고는 있지만 앞으로 많은 연구와 경험이 필요하다.

이 책의 저자인 열세 살 소년, 루크 잭슨은 아스퍼거 증후군을 지닌 아이들과 부모들에게 당당히 이렇게 이야기한다.

"자신의 자녀가 아스퍼거 장애를 가졌다는 것을 알게 된 부모님들에게 내가 줄 수 있는 최고의 조언은 그저 그 아이를 있는 그대로 받아들이라는 것뿐이다. 여러분과 여러분의 자녀의 삶은 이제 여러분이 기대했던 것과 다른 코스를 가게 될 수도 있다. 하지만 그것도 마찬가지로 중요하고 보다 매혹적이고 깨달음이 넘칠 수 있다."

아이들이 당당하게 자신의 삶을 살아갈 수 있도록 그 터전을 다지는 것은 우리 어른들의 몫일 것이다. 그리고 그것은 많은 사람들이 함께 해야만 이루어질 수 있다.

> 희망이란
>
> 원래부터 있는 것이라고 보기 어렵고
>
> 없는 것으로 보기도 어렵다.
>
> 그것은 지상의 길과 같다.
>
> 원래 지상에는 길이 없었으나
>
> 걷는 사람이 많아지면서 그것은 길이 되었다.
>
> ―루쉰

이 책에서 소개되고 있는 무(無) 글루텐/카세인 식이요법은 자폐증에 대한 보완 대체요법으로 많이 사용되고 있지만 아직 과학적인 연구를 통해 입증되지는 않은 상태로 보다 많은 연구가 필요하다고 2008년도 Cohrane review에서 보고하고 있다.

마지막으로 소아정신과 의사로서 처음부터 하나하나 지도해 주신 서울대학교 홍강의 교수님, 조수철 교수님, 김붕년 교수님과 이 책을 소개해 주신 유희정 교수님께도 감사드린다. 오랜 시간 원고를 기다려 준 학지사 김진환 사장님과 꼼꼼히 교정을 봐 준 신경아 씨에게 감사드린다. 그리고 항상 물심양면으로 도와주는 부모님과 아내 유원 그리고 사랑하는 딸 혜원, 아들 준영에게도 감사하다.

덧붙여 아스퍼거 증후군과 관련하여 추천할 만한 서적과 웹사이트를 소개하니 관심 있는 분들께 도움이 되기를 바란다.

274  역자 후기

《 아스퍼거 증후군 관련 도서 》

1. 필독 개론서

이상연, 조장래 공역(2006). 세상과 소통을 꿈꾸는 아스퍼거 증후군 아이들(Tony
　　Attwood 저). 궁리.

2. 심화된 내용을 담은 전문적인 책

곽승철, 전선옥, 강민채, 박명숙, 이옥인, 임인진, 정은영, 홍재영 공역(2008).
　　자폐 스펙트럼 장애 교육: 현장 지침서(Martin Hanbury 저). 학지사.

김혜리, 조경자, 이수미, 고숙남, 한미경, 차재연, 최현옥 공역(2008). 아주 특
　　별한 마음: 자폐 및 아스퍼거증후군 아동의 이해(Peter Szatmari 저). 시그마
　　프레스.

김혜리, 유경 공역(2001). 자폐아동도 마음읽기를 배울 수 있다: 교사와 부모를 위
　　한 실용적 지침서(Patricia Howlin, Simon Baron-Cohen, Julie Hadwin
　　공저). 시그마프레스.

김혜리, 정명숙, 박선미, 박영신, 이현진 공역(2002). 자폐증과 아스퍼거 증후군
　　아동: 치료자와 부모를 위한 지침서(Patricia Howlin 저). 시그마프레스.

김효정 역(2005). 자폐인의 성공적인 고용을 위한 안내서(Marcia Datlow Smith,
　　Ronald G. Belcher, Patricia D. Juhrs 공저). 시그마프레스.

이소현 역(2006). 아스퍼거 증후군-성공적인 통합교육을 위한 전략(Brenda Smith

myles 저). 학지사.

이정미 역(2008). 자폐아동을 위한 사회성 이야기 그림책: 의사소통과 놀이, 감정 가
르치기(Jed Baker 저). 시그마프레스.

이정미 역(2008). 자폐증과 아스퍼거 증후군을 위한 파워카드 기법(Elisa Gagnon
저). 시그마프레스.

3. 아스퍼거 증후군을 지닌 본인이나 그 부모님이 쓴 자서전적 책

김상용, 강경숙, 홍혁 공역(2008). 벽을 넘어서: 행복을 찾은 어느 자폐인의 이야기
(Stephen Shore 저). 시그마프레스.

노지양 역(2008). 낯설지 않은 아이들: 자폐증의 치료와 교육을 위한 어느 아버지의
보고서(Roy Richard Grinker 저). 애플트리태일즈.

박경희 역(2005). 아스퍼거 증후군 아들을 키우며(Gena P. Barnhill 저). 특수교육.

박경희 역(2005). 어느 자폐인 이야기(Temple Grandin 저). 김영사.

배도희 역(2007). 브레인맨, 천국을 만나다(Daniel Tammet 저). 북하우스.

신홍민 역(2008). 자폐 어린이가 어른들에게 꼭 알려주고 싶은 열 가지: 어른들이 알아
야 할 자폐에 대한 오해와 진실(Ellen Notbohm 저). 한울림스페셜.

윤미연 역(2004). 나의 라디오 아들(Barbara Lasall 저). 한언.

윤상운 역(2006). 고릴라 왕국에서 온 아이(Dawn Prince-Hughes 저). 북폴리오.

이문재, 김명희 공역(2007). 샘에게 보내는 편지(Daniel Gottlieb 저). 문학동네.

홍한별 역(2005). 나는 그림으로 생각한다: 자폐인의 내면 세계에 관한 모든 것
(Temple Grandin 저). 양철북.

홍한별 역(2006). 네모난 못: 잃어버린 자폐증의 역사를 찾아 떠난 아버지의 여행
(Paul Collins 저). 양철북.

4. 소설 및 동화

고은진 역(2008). 저 문 너머로: 자폐 소녀와 가족의 성장 이야기(후지이에 히로코 저). 솔.

신혜경 역(2007). 벤에게 외계인 친구가 생겼어요(Kathy Hoopmann 저). 스콜라.

신혜경 역(2007). 벤은 나와 조금 달라요!(Kathy Hoopmann 저). 스콜라.

신혜경 역(2008). 벤의 특별한 친구 리사(Kathy Hoopmann 저). 스콜라.

유은영 역(2005). 한밤중에 개에게 일어난 의문의 사건(Mark Haddon 저). 문학수첩리틀북스.

윤구병 역(1996). 까마귀 소년(야시마 타로 저). 비룡소.

이윤선 역(2008). 나무소년(Kiara Brinkman 저). 열린생각.

햇살과나무꾼 역(2008). 나는 선생님이 좋아요(하이타니 겐지로 저). 양철북.

5. 만 화

김은진 역(2005). 도토리의 집 1-7(야마모토 오사무 저). 한울림.

주정은 역(2003-2008). 나의 사랑하는 아들아 1-12(토베 케이코 저). 자음과 모음.

《아스퍼거 증후군 관련 한국 웹사이트》

° cafe.naver.com/asperger.cafe	아스퍼거 가족 모임방(네이버 카페)
° blog.naver.com/yrshin60	뉴욕에서 불어오는 향기(네이버 블로그)
° cafe.daum.net/fmschool1	부모를 위한 책읽기(다음 카페)
° cafe.daum.net/jape1234	자폐(발달장애)정보나눔터(다음 카페)

✂ 저자 소개

루크 잭슨 Luke Jackson

루크는 4남 3녀 중 넷째로, 이 책을 쓸 당시 열세 살이었다. 그는 아스퍼거 증후군을 지니고 있고 그의 남동생 둘은 각각 ADHD, 자폐증을 지니고 있다. 그는 이 책 외에도 『자폐증, 아스퍼거 증후군, ADHD를 위한 무(無) 글루텐/카세인 식이요법 가이드북(*A User Guide to the GF/CF Diet for Autism, Asperger Syndrome and AD/HD*)』 등을 썼다.

✂ 역자 소개

이주현
소아 청소년 정신과 전문의

- 한림대학교 강동성심병원 정신과 전공의 수료
- 아산시 정신보건센터장 역임
- 서울대학교병원 소아정신과 임상 강사 역임
- 現 아이나래 정신과의원(잠실 소재) 원장
    멘토소아청소년연구소 원장
    한림대학교 의대 외래 부교수
    아스퍼거가족모임방(cafe.naver.com/asperger.cafe) 상담의로 활동 중
    임상소아연구회 회원
    한국자폐학회 기획이사
    자폐스펙트럼연구회 기획이사
    한국융연구원 상임연구원

역서
- 『정신건강을 위한 투쟁』(공역, 학지사, 2006)

논문
- 「집단따돌림 피해학생을 대상으로 한 인지행동적 집단치료 개발을 위한 예비 연구」
    (공저, 2002)
- 「아산시 특수학급의 정신의학적 진단 조사」(공저, 2006)

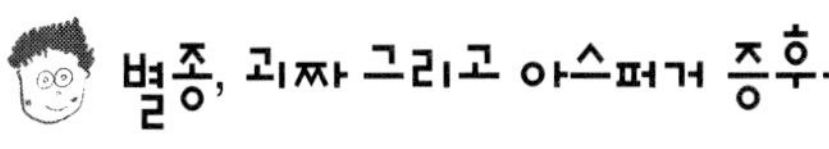 별종, 괴짜 그리고 아스퍼거 증후군

– 아스퍼거 증후군 청소년을 위한 생활지침서

Freaks, Geeks & Asperger Syndrome (A User Guide to Adolescence)

2009년 6월 13일 1판 1쇄 발행
2024년 9월 25일 1판 8쇄 발행

지은이 • Luke Jackson
옮긴이 • 이주현
펴낸이 • 김진환
펴낸곳 • (주) 학지사
　　　　04031 서울특별시 마포구 양화로 15길 20 마인드월드빌딩
대표전화 • 02)330-5114　　　팩스 • 02)324-2345
등록번호 • 제313-2006-000265호

홈페이지 • http://www.hakjisa.co.kr
인스타그램 • https://www.instagram.com/hakjisabook

ISBN 978-89-93510-17-1 93180

정가 12,000원

출판미디어기업 학지사

간호보건의학출판 **학지사메디컬** www.hakjisamd.co.kr
심리검사연구소 **인싸이트** www.inpsyt.co.kr
학술논문서비스 **뉴논문** www.newnonmun.com
교육연수원 **카운피아** www.counpia.com
대학교재전자책플랫폼 **캠퍼스북** www.campusbook.co.kr